LA REPRESENTACIÓN DE
LA LEYENDA NEGRA
EN LA FRONTERA NORTE DE MÉXICO

ENSAYO

PRIMERA EDICIÓN

ÉDGAR COTA TORRES

Serie *Reflexión* # 12

Universo de Palabras

414 W. Flower St.
Phoenix, Arizona 85013 USA
Tel. (602) 264-5011. Fax (602) 604-8179
editor@orbispress.com
www.orbispress.com

LA REPRESENTACIÓN DE LA LEYENDA NEGRA EN LA FRONTERA NORTE DE MÉXICO
ÉDGAR COTA TORRES

Serie Reflexión #12
Primera Edición/First Edition, 2007

International Standard Book Number/
Número Internacional Normalizado para Libros:
ISBN: 1-931139-48-2
© 2007 Copyright by Edgar Cota Torres
© 2007 Editorial Orbis Press

WWW.ORBISPRESS.COM

Las opiniones expresadas y el estilo literario son responsabilidad exclusiva del autor. *Editorial Orbis Press* aboga por la libre expresión y la creatividad respetando la ideología y usos lingüísticos personales y regionales. *Editorial Orbis Press* no necesariamente comparte la ideología o la interpretación, real o ficticia, que de los hechos haga el autor. *Editorial Orbis Press* no asume responsabilidades legales del contenido de esta obra. *Derechos reservados.* Se prohíbe la reproducción total o parcial de esta obra, excepto para citas en reseñas, análisis literarios, bajo ninguna forma o ningún medio electrónico, mecánico, de fotocopiado, grabación, impreso o cualquier otro, sin permiso escrito del autor y de *Editorial Orbis Press.*

Concepto y diseño de portada y contraportada:
Departamento artístico de *Editorial Orbis Press*
con la asistencia de Leonardo Reichel. Fotografía de portada:
Tijuana, Avenida Revolución. © 2007 Servicios de imagen
de *Editorial Orbis Press.* Imágenes interiores, archivo del autor.

*Dedico esta obra
a Julia, Rebecca, Xóchitl y Tonantzín*

ÍNDICE

AGRADECIMIENTOS..V

Capítulo 1
La frontera en su literatura: definiciones y teorías de lo fronterizo..............9

Capítulo 2
La construcción histórica e imaginaria de la frontera..................43

Capítulo 3
Retorno a la tierra natal: la frontera norte de México.
Gabriel Trujillo Muñoz...91

Capítulo 4
Instrucciones para cruzar al otro lado de la "leyenda negra".
Luis Humberto Crosthwaite..135

Capítulo 5
Mujer y frontera en los cuentos de Rosina Conde........................177

Conclusión..215

Bibliografía...221

AGRADECIMIENTOS

Antes de mencionar a las personas que han compartido el esfuerzo de culminar este proceso, quiero agradecer a aquéllas que de una u otra manera han colaborado para que haya continuado por el largo camino de la educación que me trajo hasta la Pennsylvania State University y posteriormente a la University of Colorado en Colorado Springs. Sinceramente, detrás de esta investigación hay una lista extensa de individuos que han sido, durante una etapa de mi vida, un modelo a seguir.

Quiero agradecer a los maestros Carrillo y Limón por su paciencia y dedicación durante el par de años que me educaron y me enseñaron inglés. De igual manera, el apoyo del Profesor Alfredo Cuéllar fue fundamental ya que me abrió las puertas de su hogar para que pudiera continuar con mi educación. Posteriormente, encontré en el maestro Julio Gaytán de Caléxico High School la inspiración que me motivó a iniciar el programa de licenciatura en español. Durante esa época también tuve la fortuna de conocer a la familia Ayala la cual básicamente me adoptó como su cuarto hijo para que pudiera culminar con mis estudios en Caléxico, California. La motivación y la fe en mí continuaron durante el proceso de obtener la licenciatura en español gracias al incondicional apoyo, que hasta hoy tengo, del Dr. Sergio Elizondo, profesor que también me "obligó" a iniciar el programa de maestría y me recomendó con sus colegas que a la postre se convertirían en mis guías durante el programa de maestría, me refiero a los profesores Carlos Guillermo Wilson y Gustavo Segade.

También destaco la importancia de toda mi familia materna. Mi madre Velia, quien también tuvo que cruzar la frontera entre México y Estados Unidos para darme lo que ha sido mi herencia: "Mijo, tú herencia es que hayas nacido en los Estados Unidos, no la desaproveches"; mi abuela Lola, mi segunda madre, quien me crió durante las épocas difíciles, que fueron muchas, en que mi madre tuvo que trabajar largas jornadas en Mexicali para compensar la ausencia de mi padre, ella también me enseñó lo duro que era ganarse la vida como campesino en el Valle Imperial de California, "Édgar, ponte a estudiar, si no quieres pasar el resto de tu vida trabajando como burro". Mi abuelo "Payo", que en paz descanse, le debo algunos de los recuerdos más felices de mi infancia y el apodo cariñoso de "diablo". También les estoy muy agradecido a todos mis tíos por estar conmigo durante las diferentes etapas de mi vida en las que precisé de su ayuda, en especial a mi tía María quien inculcó en mí la literatura por medio de cuentos y lecturas, a mi tía Irma quien apoyó a mi madre para que yo naciera en Los Ángeles, a mi tío Saúl quien fue como mi padre durante muchos años, a mi tía Chagua y tío Manuel quienes en una época me abrieron las puertas de su casa para que iniciara mis estudios en Estados Unidos y a mis tíos Héctor y Pastora por aceptarme en sus hogares durante mis estudios de maestría en San Diego. Sin duda alguna, el apoyo de mis primos ha sido de gran valor, en especial el de mi prima Ivette y el de quien es como un hermano, mi primo, compadre y carnal Larry.

Durante mi estancia en la Pennsylvania State University y en State College conocí a excelentes compañeros y amigos, a todos ellos muchas gracias por su ayuda y amistad; ellos saben a quienes me refiero. De igual manera, quiero mencionar a tres personas muy especiales, a mi suegra Barbara O'Brien por su incondicional apoyo y a mis queridos vecinos Norma y Dick Bloom, cuando llegue a la vejez quiero ser como ustedes.

Tengo que agradecer al Departamento de Español, Italiano y Portugués de la Pennsylvania State University por la oportunidad que me ha brindado de poder aprender del excelente programa que ofrece. Mi formación académica ha sido muy diversa y de un magnífico calibre gracias a la enseñanza y preparación del profesorado. Brindo un sincero agradecimiento a Aída Beaupied, Santiago Vaquera-Vásquez y a Thomas Beebee por sus comentarios que han sido de gran utilidad para este proyecto. El aliento y la confianza para llegar hasta este punto siempre han venido de Julia Cuervo-Hewitt, directora de esta investigación. En ella encontré el apoyo incondicional para culminar con esta meta. Le estoy eternamente agradecido por tener fe en mí y por sacarme adelante para lograr el reto más grande de mi vida.

De igual manera, agradezco la oportunidad brindada por *Editorial Orbis Press* y la confianza que su presidente, el Doctor Manuel Murrieta Saldívar, depositó en este proyecto. Estoy muy agradecido por el endorso otorgado por el IMAC (Instituto Municipal de Arte y Cultura) de Tijuana. Así pues, el apoyo brindado por la University of Colorado en Colorado Springs fue fundamental para culminar la publicación de este libro. También quiero expresar mi gratitud a Gabriel, Rosina y a Julia por su gentiliza y disponibilidad para escribir los comentarios de la contraportada.

Por último, comparto este logro con las personas que han sido mi motivación. Sin ellas, esto hubiera sido inalcanzable. Mi hija Fabiola Xóchitl ha sido muy paciente y comprensiva, y al igual que mi hija Nadia Tonatzin, me han llenado de energía y de cariño con sus sonrisas, abrazos y besos. Sin duda alguna, este libro es una realidad gracias al esfuerzo de mi inseparable compañera, Rebecca, quien nunca ha dudado de mí y que en muchas ocasiones fungió como madre y padre para mantener unida a nuestra familia durante los momentos más agotadores de este proceso. Ellas tres siempre han sido y serán mi inspiración para seguir adelante.

¡Mil gracias a todos!

1

LA FRONTERA EN SU LITERATURA: DEFINICIONES Y TEORÍAS DE LO FRONTERIZO

LA LEYENDA NEGRA

> Sólo que la frontera hay que entenderla no a la manera de una malla o de un muro físico que aísla, sino, más bien, como una membrana protectora que aislando una determinada formación cultural permite asimismo el intercambio con el mundo externo. (Félix Berumen. *La frontera en el centro.* 18)

> Border writing emphasizes the differences in reference codes between two or more cultures. It depicts therefore, a kind of realism that approaches the experience of border crossers.
> (Hicks. *Border Writing. The Multidimensional Text.* xxv)

> Ya me voy a trabajar al norte pa' ganarme yo mucho dinero
> (Los Tigres del Norte. "El Chicano")

En los últimos años el concepto de frontera ha constituido un pensamiento significativo en los estudios críticos literarios y culturales. El concepto parte de las tensiones binacionales y culturales que surgen en la zona fronteriza de México y los Estados Unidos, y de una historia binacional conflictiva de esta región que crea esta zona como un área de tensión en el ámbito socio-político y también cultural de ambas naciones. La aproximación crítica más reciente en torno a los estudios fronterizos se informa de las corrientes del pensamiento occidental que surgen en la segunda mitad del siglo XX como son el nuevo historicismo, el marxismo y, en general, la posmodernidad. Uno de los conceptos críticos de mayor trascendencia para el estudio de lo fronterizo y, en especial, para el presente trabajo es el de "arqueología" de Michel Foucault, así como sus estudios entorno al discurso del poder. En *Madness and Civilization* escribe el filósofo francés:

> The circle was closed: all those forms of unreason which had replaced leprosy in the geography of evil, and which had been banished into the remotest social distance, now became a visible leprosy and offered their running sores to the promiscuity of men. Unreason was once more present; but marked now by an imaginary stigma of disease, which added its powers of terror (205).

En esta obra, en la que se establece una arqueología del miedo que hizo que la sociedad excluyera al leproso y después, en su relación con la idea de desorden social y lo irracional al loco, Foucault hace un detallado análisis de cómo el loco pasó de ser aceptado socialmente a ser un sujeto destinado al estigma social que lo llevó al encierro (66). Foucault menciona que el círculo de encierro que la sociedad occidental creó en torno al leproso incluyó la locura como un tipo de lepra visible, como una enfermedad que causaba el mismo terror porque ponía en peligro el orden establecido. La finalidad de ese encierro era subyugar a grupos humanos ya fueran leprosos, pobres o locos, para destacar la estratificación social a favor de lo "normal", o sea, la razón, que incluía a ricos y cuerdos, y que autorizaba el poder. Este discurso del deseo y del poder que señala Foucault, cumple con el propósito de saciar una necesidad colectiva relacionada a la justificación del poder. Se crea así un vacío social que llenan personas discriminadas marcadas como "inferiores" por la racionalidad del orden: personas que se excluyen y que, por lo general, no pueden superar su situación o cruzar las fronteras de ese círculo de exclusión, por sí solas. La exclusión de estos indeseados hace que los "privilegiados" se sientan superiores y libres para ejercer su poder y seguir justificando su autoridad. En esta dinámica del poder debe de existir un orden que dicte que la persona o el grupo que no forma parte de los "privilegiados" tiene que pertenecer "lógicamente" al mundo del desorden, la enfermedad o la locura.

Hasta cierto punto, estas ideas que articula Foucault en su arqueología de la locura en el pensamiento de Occidente, son similares a las que se han manifestado en la frontera entre México y Estados Unidos prácticamente desde su creación en 1848. En este momento, cuando Estados Unidos cerró su círculo político, también marcó sus límites económicos y sociales con México y estableció una distinción geográfica que a la postre también resultó en una barrera de diferencias basada en una extensa serie de oposiciones binarias (superior/inferior) como las que señala Claire Fox en *The Fence and the River:* "Anglo/Mexican, masculine/feminine, civilization/barbarism, and master/servant" (70). Estas distinciones peyorativas hacia el mexicano crearon una imagen de inferioridad en torno a todo lo mexicano que lo estableció, ante la mirada de la sociedad anglosajona, no como ciudadano independiente del país vecino, sino como igual a los grupos ya excluidos al norte de la frontera como eran los esclavos e indígenas. Ernesto Galarza señala en relación a la entrada de trabajadores mexicanos a los Estados Unidos y la discriminación que éstos sufrían:

> The controversy over discrimination and the blacklisting of areas where it was practiced was also composed in the course of time. The Mexican Government had not felt obliged to approve *bracero* hiring in farming districts where its nationals were likely to be turned away from restaurants, denied refreshment at "white" drinking fountains or sorted by color in buses (76). [1]

Estas percepciones, basadas en una norma de vida estadounidense, generaron un discurso de poder en torno a la región fronteriza del norte de México. Las ciudades fronterizas de esa zona comenzaron a sufrir los embates de esos discursos que construyeron una imagen inferior del mexicano como el Otro a quien, siguiendo una agenda nacionalista, se le consideró patológicamente diferente: diferencia que lo definió más como bárbaro que como civilizado, como un ser relacionado a lo irracional y al temor que produce la diferencia física, la enfermedad. Por lo tanto, se le relegó conceptualmente al "desorden". Esa diferencia hizo del mexicano al sur de la línea divisoria, un ser peligroso para el orden privilegiado del norte de la frontera. Esa proyección del Otro es a la que se refiere Norma Klahn al acuñar el término *"South of the Borderism"* en su artículo "Writing the Border: The Languages and Limits of Representation". Es decir, la percepción derogatoria de Estados Unidos que insiste en considerar la frontera norte de México como la imagen del Otro, como diferente ante el cual se define: "define and defend their own" (125). [2]

El fronterizo mexicano tiende a "aceptar" esa percepción de su vecino del norte a la misma vez que se apodera de ese discurso peyorativo, lo modifica y lo utiliza como resistencia a la mirada hiperbólica del país vecino. De esa resistencia surge un espacio cultural alterno, híbrido, que

---

[1] El libro *U.S.-Mexico Borderlands. Historical and Contemporary Perspectives*, editado por Oscar J. Martínez ofrece varios ensayos sobre el racismo en la frontera.

[2] Más adelante se analizarán ésta y otras visiones cuando se estudie el desmantelamiento de los discursos biculturales en torno a la frontera norte de México.

incorpora características de ambos países que comparten el límite territorial. A la misma vez, la dinámica de esta situación da origen a una óptica también prejuiciosa peyorativa que surge en el centro de México y que cataloga a la frontera norte como una región que carece de identidad mexicana y que está siendo absorbida culturalmente por Estados Unidos, es decir anglicanizada. Para los habitantes del centro del país los habitantes norteños fronterizos, ya sean campesinos o trabajadores urbanos, son agringados y el mexicano que vive al norte de la línea es "pocho". En este estudio se explorará cómo algunos escritores mexicanos fronterizos representan una frontera que resiste las construcciones estereotípicas de ambos países para subvertirlas mostrando una cultura que se adapta a sus realidades y necesidades, con una historia única, singular, que el escritor fronterizo reescribe desde las memorias locales fronterizas, y desde la mirada de una frontera mexicana que también construye una creación híbrida.

Este trabajo es un estudio de la representación, subversión y resistencia de la cultura y de la producción literaria fronteriza de los discursos negativos excluyentes construidos en torno a la frontera, en específico, Baja California Norte, en la obra narrativa de tres escritores contemporáneos mexicanos fronterizos, bajacalifornianos: Gabriel Trujillo Muñoz, Luis Humberto Crosthwaite y Rosina Conde. Estos autores, como se expondrá en los próximos capítulos, presentan desde una misma óptica fronteriza, distintas aproximaciones narrativas a la frontera norte de México en las que se cuestionan las visiones estereotípicas de Estados Unidos así como las del centro de México. Estos tres presentan una revisión del territorio fronterizo con la que se cuestiona y desarticula la construcción discursiva negativa que ha marcado este territorio: que se conoce en la frontera como la "leyenda negra". Los textos que aquí se estudian manifiestan una compleja tensión en su representación de lo fronterizo y ponen de relieve cuestiones culturales, sociales, históricas y teóricas peculiares a la condición fronteriza, misma condición que ha sido afectada por las imágenes excluyentes que se han creado al norte de la línea y en el centro de México de la zona fronteriza norte de México.

Este trabajo se propone que la construcción imaginaria de la frontera, que ha dado lugar a la "leyenda negra", ha sido el resultado de un proceso que se asemeja al que Edward W. Said propone en *Orientalism*. Said concluye que el Oriente, como región desconocida en Occidente, ha sido construido imaginariamente por Occidente desde una óptica esencialista occidental:

> In a sense the limitations of Orientalism are, as I said earlier, the limitations that follow upon disregarding, essentializing, denuding the humanity of another culture, people, or geographical region. But Orientalism has taken a further step than that: it views the Orient as something whose existence is not only displayed but has remained fixed in time and place for the West. So impressive have the descriptive and textual successes of Orientalism been that entire periods of the Orient's cultural, political, and social history are considered mere responses to the West. The West is the actor, and the Orient a passive reactor. The West is the spectator, the judge and the jury, of every facet of Oriental behavior (108-9).

Este trabajo propone que en el caso de la frontera, a pesar de la persistencia hegemónica de contrastar o percibir una cultura mediante relaciones binarias estáticas, esencialistas, en las que al Otro mexicano siempre se le designa una posición subalterna, surge un espacio culturalmente fronterizo, un espacio en el que el rechazo del Otro también exige un intercambio con ese Otro: relación en la que interactúan los que rechazan y los rechazados. En ese sentido, el espacio fronterizo, ya sea geográfico o cultural, se escapa del encasillamiento de los estereotipos que lo definen para encontrar en la multiplicidad y simultaneidad de su condición híbrida, de constante tensión y conflicto, una voz propia como la que articulan los escritores y artistas fronterizos. Esa voz es la de una condición humana en un espacio geográfico en constante flujo y en constante adaptación. En ese sentido, en este estudio se arguye que lo que caracteriza lo fronterizo no es una condición bipolar, dialéctica, entre Norte-Sur, Distrito Federal-Tijuana/Mexicali, superior-inferior, sino una condición de relaciones complejamente rizomáticas, en una densa madeja social, política, histórica, imaginaria, real, ontológica, económica. Esas relaciones rizomáticas también incluyen los prejuicios del norte y del centro así como la resistencia a esos juicios y estereotipos.

Gilles Deleuze y Félix Guattari en *A Thousand Plateaus. Capitalism and Schizophrenia* sugieren que las relaciones humanas no se pueden comprender desde conceptos dialécticos. Por eso proponen la imagen del rizoma como metáfora para esas interrelaciones y para señalar la multiplicidad de diversos cuerpos, campos y sistemas. Además, Deleuze y Guattari destacan que el rizoma opera por medio de la variación, la expansión, la conquista, ramificaciones y su composición por mesetas, *plateaus*, que siempre se encuentran en el medio, y no al principio o al final (21). Deleuze y Guattari escriben: "We call a "plateau" any multiplicity connected to other multiplicities by superficial underground stems in such a way as to form or extend a rhizome" (22).

Esta percepción rizómatica de las relaciones aplicada al espacio fronterizo va muy acorde con la propuesta de Michel Foucault en *The Order of Things*, de que no hay un origen específico y que tampoco existe una cronología perfecta en el pensamiento, historias o relaciones humanas, es decir que la historia no es un progreso causativo de sucesos, sino que está compuesta por digresiones de ideas y hechos:

> The first series of problems corresponds roughly with the *analytic of imagination*, as a positive power to transform the linear time of representation into a simultaneous space containing virtual elements; the second corresponds roughly with the *analysis of nature*, including the lacunae, the disorders that confuse the tabulation of beings and scatter it into a series of representations that vaguely, and from a distance, resemble one another (69-70).

Este tipo de digresión de ideas o intercambios culturales simultáneos son los que marcan el espacio fronterizo entre México y Estados Unidos, y hacen que este territorio, lejos de ser un espacio estático como lo define la "leyenda negra", esté en constante redefinición. La reciprocidad cultural que emerge de estos encuentros ha dado lugar a una serie de estudios culturales diferentes cuya preocupación es entender y definir lo fronterizo desde una perspectiva postmoderna.

Durante la década de los noventa surgen trabajos seminales que se concentran en los estudios culturales y que incorporan una visión abarcadora de la frontera como tema. Partiendo de las nociones de una historia descontinua y de la ruptura del pensamiento dialéctico con el que se labra la historia de esta región a través de discursos hegemónicos y estereotípicos, la frontera y lo fronterizo se proponen como metáfora para la condición rizomática de las interrelaciones humanas. De ahí que escritores, artistas y críticos propongan la rearticulación o reescritura de la frontera que se aparte de las construcciones hiperbolizadas y degradantes que han dominado la caracterización de esta zona. Un trabajo representativo de esta nueva rearticulación, en el contexto general de la América Latina, es *Culturas híbridas* de Néstor García Canclini, texto que incluye la zona política-cultural entre México y Estados Unidos.

García Canclini se aproxima a la cultura latinoamericana evocando "Culturas híbridas, poderes oblicuos", título de uno de los capítulos de su libro, para destacar como condición fronteriza parejas de oposiciones convencionales "subalterno/hegemónico, tradicional/moderno" en Latinoamérica (263). Su intención no es la de analizar oposiciones binarias per se, sino partir de ese encuentro de "poder" y "subyugación" que señala Foucault, para abordar espacios híbridos que evoquen otros instrumentos conceptuales:

> Hegemónico, subalterno: palabras pesadas, que nos ayudaron a nombrar las divisiones entre los hombres, pero no para incluir los movimientos del afecto, la participación en actividades solidarias cómplices, en que hegemónicos y subalternos se necesitan. Quienes trabajan en la frontera en relación constante con el turismo, las fábricas y la lengua de Estados Unidos ven con extrañeza a quienes los consideran absorbidos por el imperio. Para los protagonistas de esas relaciones las interferencias del inglés en su habla (hasta cierto punto equivalente a la infiltración del español en el sur de Estados Unidos) expresan las transacciones indispensables donde ocurren intercambios culturales (324).

Las ideas de Canclini recuerdan las de Homi K. Bhabha en su estudio sobre las polaridades del Uno propio (*Self*) y el Otro (*Other*), y sobre las cuestiones raciales y hegemónicas que forman parte del discurso estereotípico colonialista. Bhabha arriba en *The Location of Culture* a un análisis poscolonial que da cabida a una teoría subversiva, que se distancia de polaridades, en el que se propone una aproximación mutua mediante un "Tercer Espacio", un espacio intermedio o "*in-between* space" (38) que Bhabha propone como espacio híbrido: "And by exploring this Third Space, we may elude the politics of polarity and emerge as the others of our selves" (39). En este tercer espacio o espacio intermedio se lleva a cabo una coexistencia múltiple, similar a los intercambios fronterizos de los que surge una cultura híbrida y una imagen que resiste al colonizador al "aceptarlo" y al apropiarse de su discurso para modificarlo y utilizarlo en la desautorización del poder. En el caso de la frontera norte de México ésta sería la desarticulación de los prejuicios que se emplean en torno a esa zona. Bhabha propone lo que también se señalará en el presente estudio sobre la frontera norte de México: es decir, la idea de que, en el proceso de hibridización, la cultura subyugada ofrece una resistencia que desautoriza la autoridad del dominante. Partiendo de esta idea de Bhabha en *The Location of Culture*, este trabajo sugiere que también en la frontera se produce una resistencia que desautoriza el poder de modo similar a lo que Bhabha señala cuando escribe: "Hybridity is a problematic of colonial representation and individuation that reverses the effects of the colonialist disavowal, so that other 'denied' knowledges enter upon the dominant discourse and estrange the basis of its authority – its rules of recognition" (114).

Partiendo del concepto de frontera Walter D. Mignolo presenta lo fronterizo como ese espacio donde se encuentran simultáneamente diversas culturas e ideas. Mignolo propone en *Local Histories/Global Designs* lo que él llama "Border thinking" o "an other thinking" como la posibilidad de sobrepasar las limitaciones del pensamiento territorial "whose victory was possible because of its power in the subalternization of knowledge located outside the parameters of modern conceptions of reason and rationality" (67). Al referirse a un pensamiento fronterizo Mignolo también rechaza el pensamiento dialéctico para proponer: "thinking from dichotomous concepts rather than ordering the world in dichotomies" (85). Partiendo de esta idea, Mignolo propone que "lo fronterizo" se encuentra en el punto de convergencia entre las historias locales y los diseños globales: "border thinking is located at the intersection of local histories enacting global designs and local histories dealing with them" (310). Es en ese encuentro de lo local con lo global donde, para Mignolo, surge el pensamiento fronterizo, o "border thinking". Como se analizará en el próximo capítulo, al estar en contacto ambos sistemas, el local y el global, generalmente surge una situación hegemónica, es decir, un sistema tiende a dominar al otro, como es el caso de la situación que se da entre México y Estados Unidos al compartir una misma línea divisoria conflictiva.

Las historias locales que surgen de la experiencia fronteriza han sido recopiladas y estudiadas por escritores y críticos a ambos lados de la frontera entre México y Estados Unidos, sobre todo a partir de la década de los años veinte con las investigaciones de los cofundadores de los estudios fronterizos: el historiador Herbert Eugene Bolton[3] y Américo Paredes (King xiii). Pero fue en la década de los ochenta cuando en el norte de México se acrecentó el interés por los estudios fronterizos. En este periodo se llevaron a cabo varios encuentros y se publicaron colecciones literarias y críticas sobre esta zona. Varios de éstos se destacan por su papel pionero y por poner en el punto de mira un movimiento literario en torno a los estudios fronterizos que a la postre se convertirían en semilleros de críticos y escritores, es decir en una base sólida de la cultura regional. En *Mujer y literatura mexicana y chicana. Culturas en contacto*, se recopilan las ponencias del Primer Coloquio Fronterizo llevado a cabo en la ciudad de Tijuana el 22, 23 y 24 de abril de 1987. Ese mismo año, del 31 de abril al 2 de mayo, surge un esfuerzo similar en la ciudad de Mexicali. Como lo indica el título del libro que se publicó con los trabajos presentados durante la *Memoria del Primer Encuentro de Escritores de las Californias*, este texto recoge trabajos presentados en un encuentro entre escritores y críticos de ambos lados de la frontera. El próximo año se realizó en la ciudad de Tijuana, los días 30 de junio y 1 y 2 de julio, otro encuentro que culminó con la recopilación y publicación de los materiales presentados en *Memoria del encuentro de las literaturas de las fronteras*. En 1987 se inició otro proyecto de Editorial Binacional como un esfuerzo compartido entre la Universidad Estatal de San Diego, Unidad Valle Imperial (SDSU-IVC) ubicada en Caléxico, California y la

---

3 Bolton acuñó el término *borderlands* (King, xiii).

Universidad Estatal Autónoma de Baja California (UABC), en Mexicali, Baja California. En esta editorial, como se estipula al inicio de cada uno de sus volúmenes, se incluyen trabajos de nuevos escritores, así como de aquellos que tienen un historial y que abordan de alguna manera la experiencia de la frontera.[4] Además de dar constancia de los inicios de una inquietud literaria fronteriza, en algunos de estos volúmenes también se incluyen trabajos imprescindibles para comprender el estado de los estudios fronterizos hoy en día. Entre éstos hay que incluir *Memoria del Primer Encuentro de Escritores de las Californias* en el que se incluyen a varios escritores y críticos: Roberto Castillo Odiarte, Luis Humberto Crosthwaite, José Manuel Di-Bella, Tomás Di-Bella, Sergio Gómez Montero, Guillermo Gómez-Peña, Emily Hicks, Harry Polkinhorn y Gabriel Trujillo Muñoz. Apunta Humberto Félix Berumen que en esta colección se destacan principalmente dos ensayos: "Literatura de la frontera norte: de la ficción a la realidad" (70-76) de Sergio Gómez Montero y "Deterritorialization and Border Writing" (80-89) de Emily Hicks.[5]

Sergio Gómez Montero, cuya obra alude más a la literatura del lado mexicano de la frontera, augura en su ensayo "Literatura de la frontera norte: de la ficción a la realidad" el desarrollo de una literatura de la frontera norte señalando la importancia en este campo tanto de escritores que escriben fuera de la zona fronteriza como de escritores que escriben desde la frontera. Sin embargo, Gómez Montero reconoce que aún existen limitaciones y diferencias y que no se puede hablar de una literatura fronteriza per se sino más bien de diversas representaciones regionales. Por ello señala la importancia de diferenciar los fenómenos literarios que surgen en el área fronteriza del norte, y también señala las limitaciones que en la literatura regional impone la centralización en México ya que la mayoría de las casas editoriales y de los programas culturales y literarios están ubicados en la Ciudad de México, desde donde ejercen su control sobre otras áreas del país. De hecho, hasta hace pocos

---

4 La editorial binacional se mantuvo activa hasta 1996 con la publicación de *Border Lives: Personal Essay on the U.S.-Mexico Border. Vidas Fronterizas: La Crónica en la Frontera México-Estados Unidos* editado por Harry Polkinhorn, Gabriel Trujillo Muñoz y Rogelio Reyes.
5 Félix Berumen manifiesta en *La frontera en el centro* que ambas reflexiones son de suma importancia ya que "en ellos se encuentran expuestos los dos principales enfoques que existen en torno a la comprensión de la literatura de la frontera" (78-79).

años, México dedicaba gran parte del presupuesto anual a divulgar la cultura en el centro del país, olvidándose de las ciudades del norte. Emily Hicks, en su ensayo "Deterritorialization and Border Writing" propone la idea de una frontera más teórica. Hicks analiza lo que ella llama "Border writing" como un encuentro no sólo de fronteras geográficas sino también de fronteras conceptuales en las que no hay cabida para una única manera de observar lo que surge de estos encuentros: "Border writing, [is] a writing that disrupts the one-way flow of information" (82). Hicks concluye su ensayo con la idea de que: "Border metaphors are holographic in that they recreate the whole social order, but this is merely to say, the 'whole' in its fragmentation" (85). Hicks señala una escritura fronteriza que deja entrever una aproximación a fronteras culturales,[6] fronteras de idiomas, fronteras que se fraguan en los procesos de desterritorialización y territorialización (86)[7] y que se relacionan con el concepto de Said de orientalismo.

En estos ensayos que surgen a ambos lados de la frontera se deja entrever que a pesar de que Estados Unidos y México comparten la misma frontera geográfica, las influencias y experiencias culturales que existen en cada país tienden a ser diversas. Un ejemplo de esta situación es el movimiento Chicano de los años sesentas. Con éste se da al norte de la línea una búsqueda de identidad en una tierra que desde 1848 había dejado de ser, oficialmente, mexicana. Este movimiento supuso un reclamo de aquellas personas de origen mexicano que habían nacido en Estados Unidos y que estaban inmersas en un biculturalismo, un bilingüismo,[8] y, como apunta Tino Villanueva, en un *bivisualismo*, es decir personas con la capacidad de reaccionar de dos maneras distintas ante la misma realidad, de una doble sensibilidad que Villanueva llama "bisen-

---

6 Hicks también apunta que parte de la literatura latinoamericana es literatura de fronteras culturales, económicas y de género (80).

7 Es importante señalar que en este artículo publicado en 1987 se encuentran muchas de las ideas fundamentales que incluye en su libro *Border Writing. The Multidimensional Text*. Las similitudes entre este ensayo, "Deterritorialization and Border Writing", y la introducción de su libro son constantes. Ver las páginas (xxiii-xxxi).

8 Harry Polkinhorn en su ensayo "Alambrada: hacía una teoría de la escritura fronteriza" invita a una separación de las dialécticas "escritura fronteriza 'falsa' o no fronteriza... ya que... es en esa clase de escritura la que está basada sobre una carencia." (30).

sibilismo" (54).⁹ Esta aproximación en la cual se incorporan dos modos de ser, el mexicano y el estadounidense, también fue un intento por "recuperar" el territorio perdido a los Estados Unidos, reconocido durante esta época como el espacio mítico y originario de Azlán o Aztlán el cual, por supuesto, incluye también la región fronteriza entre México y Estados Unidos aunque Aztlán supuestamente se ubica conceptualmente más al norte de la línea.[10]

Sergio D. Elizondo en su ensayo "ABC: Aztlán, the Borderlands and Chicago" señala la necesidad de una definición más metafórica de Aztlán, para así adquirir un significado más completo (13), es decir, un significado que no limite ni excluya a los chicanos fuera del *Southwest*. Elizondo se refiere a una renovación del término Aztlán que incluya las fronteras geográficas entre México y Estados Unidos, y que se extienda al norte, a todos los territorios en Estados Unidos donde se han dispersado los chicanos. El término que propone es *Borderlands*:

> We understand now the Border between the United States of America and the Estados Unidos Mexicanos; now we will do well to consider that Borderlands might be a more appropriate term to designate the entire area over which the Chicano people are spread in this country. In so doing, we would come also to understand that the mere physical extension between the U.S.-Mexico border and, let us say, Chicago, is a fact of human dispersion and *not* a diaspora of the Chicano people. It is not static for us, but rather it has always been a dynamic and natural motion motivated by laws and processes common to all cultures. Our migrations north of the old historical border have extended the geography and social fabric of Aztlán northward in all directions; we have been able to expand our communal life and fantasies (13).

---

9 Tino Villanueva ofrece, en el prólogo de *Chicanos. Antología histórica y literaria*, una detallada etimología e historia del término chicano en la cual analiza el biculturalismo.
10 Los ensayos recopilados por David Maciel en *El México olvidado I. La Historia del Pueblo Chicano* son un excelente recuento de las situaciones en torno a la población mexico-americana en Estados Unidos. Por su parte Charles M. Tatum también hace una labor meritoria en *La literatura chicana*.

Borderlands es una reevaluación y redefinición de lo fronterizo que incluye a todos los chicanos, méxico-americanos, en los Estados Unidos y que desplaza lo "fronterizo" de su ubicación geográfica al ámbito cultural, lingüístico e híbrido. La percepción de Aztlán, que propone Elizondo es la de una geografía que rebasa sus límites físicos. Elizondo, al incluir la ciudad de Chicago y mencionar la expansión de Aztlán del norte hacia todas las direcciones, destaca que estamos ante un proceso dinámico de migración común a todas las culturas. [11]

También, desde una aproximación de la óptica chicana hacia la frontera sur de los Estados Unidos, Gloria Anzaldúa en su trabajo seminal, *Borderlands/La Frontera*, propone que Aztlán, el *Southwest*, esa tierra que perdió México, está siendo "recuperada" hoy en día como pueden constatar los movimientos migratorios: "Today we are witnessing *la migración de los pueblos mexicanos*, the return odyssey to the historical/mythological Aztlán. This time, the traffic is from south to north" (33). El regreso a la tierra prometida, implica una recuperación cultural de Aztlán como *Borderlands*:

> This land was Mexican once
>   was Indian always
>   and is.
>   And will be again (113).

El concepto de *Borderlands* que se construye en el suroeste de los Estados Unidos reemplaza la zona mito-geográfica de Aztlán[12] y abre el espacio conceptual de lo fronterizo a otras culturas y otras fronteras que ya no son sólo chicanas o mexicanas:

> The actual physical borderland that I'm dealing with in this book is the Texas-U.S Southwest/Mexican border. The psychological borderlands, the sexual borderlands and the spiritual borderlands

---

[11] Ese movimiento del norte hacia todas las direcciones ha alcanzado cifras considerables, y lo que es más destacable es que la población méxico-americana no sólo se concentra en los estados del suroeste o en Chicago. En la actualidad estados como Washington, Colorado y Nueva York son hogares de miles de mexicanos y chicanos.
[12] La colección de ensayos *Aztlán Essays on the Chicano Homeland* editada por Rodolfo A. Anaya y Francisco Lomelí es un excelente punto de referencia para comprender las variadas aproximaciones y aplicaciones de este término.

are not particular to the Southwest. In fact, the Borderlands are physically present wherever two or more cultures edge each other, where people of different races occupy the same territory, where under, lower, middle and upper classes touch, where the space between two individuals shrinks with intimacy (19).

Con esta observación, Anzaldúa le otorga una renovada acepción a *Borderlands*. Ahora no sólo se trata de incluir a todos los chicanos en Estados Unidos, sino de intentar revaluar la capacidad incluyente del término Aztlán. Anzaldúa propone que las *Borderlands* se encuentran en todos los lugares donde exista un encuentro entre dos o más culturas, donde personas de distintas razas o de diversos estratos sociales y humanos compartan un mismo territorio, donde se unan dos cuerpos en la intimidad. En general, sin embargo, la reconceptualización chicana de Aztlán y su relación con *Borderlands* está asociada a un intento de recuperar un México mítico en el proceso de creación de una identidad chicana. Para ello se recurre a los ancestros indígenas, los aztecas, como también a condiciones mestizas, híbridas, en las que Anzaldúa incluye la sexualidad. Así pues, *Borderlands* es donde se encuentran todas las fronteras que para esta escritora forman su persona como sujeto fronterizo.

Gloria Anzaldúa, así como otras escritoras y críticas, han destacado también el término *Nepantla*, que en Náhuatl significa "el lugar de en medio", para referirse al concepto de *Borderlands*.[13] Anzaldúa comenta en una entrevista que "It is a limited space, a space where you are not this or that but you are changing. You haven't got into the new identity yet and haven't left the old identity behind either-you are in a kind of transition" (Ikas 13). En otra ocasión comenta: "I was born and live in that in-between space, nepantla, the borderlands ("Chicana Artists" 168).[14] De hecho el término *Nepantla* comparte varias similitudes con Aztlán, específicamente en su origen ya que ambos provienen del nahuatl y, en su significado, en que ambos evocan movimiento. No obstante, existen diferencias entre ambos términos como advierte Stacey Alba D. Skar:

---

13 Pat Mora en *Nepantla. Essays from the Land in the Middle* también hace referencia a este término.
14 El artículo "Chicana Artists: Exploring Nepantla, el Lugar de la Frontera" aparece en *The Latino Studies Reader*, editado por Antonia Darder y Rodolfo D. Torres (163-9).

Nepantla se define sobre todo mediante su ambivalencia. "Se asemeja a Aztlán que era un lugar impreciso. Pero en vez de enfocarse en la búsqueda del origen indígena... este concepto sugiere la posibilidad de reconocer una multiplicidad de orígenes e identidades a veces complementarios pero casi siempre en conflicto (41).

La observación de Skar apunta hacia un movimiento que surge de la multiplicidad y de la ambigüedad así como el arribo a una zona liminal en constante transformación. A pesar de que el concepto de *Borderlands* en su asociación a Aztlán y *Nepantla* se construye desde las realidades de la zona fronteriza de los Estados Unidos, estas concepciones metafóricas se han aplicado a ambos lados de esta frontera así como a otros espacios "fronterizos".

Otra de las perspectivas críticas en torno a lo fronterizo es el artículo "Border of Fear, Border of Desire" en el que Rolando Romero analiza la frontera entre México y Estados Unidos por medio de las metáforas del miedo y del deseo, para proponer que en esa zona retórica no sólo se delinean límites geográficos sino que funciona como un sitio donde Uno establece contacto con el Otro para delinear límites y afirmar su propia identidad:

...critics also make use of the border as a postdeconstructive space in which the demarcation between private and public, self and other, speech and writing, dominant and no-dominant finally collapses. And yet the border is nothing but a rethorical construction, a space of fear and desire in which contact with the other serves only to delineate the boundaries and possibilities of the self (36-37).

Además, evocando los estudios de Michel Foucault, Romero también escribe: "What the self is not must be repressed, pushed back towards the other side of the border. The process of normalization demands the establishment of the law" (37). Desde esa óptica se podría arguir que la simultaneidad y lo ambiguo de espacio intermedio que se advierte en esa zona llamada *Nepantla*, también podría originar una transformación que parte de una tensión que reprime al otro. Así pues, como advierte Skar, la multiplicidad de orígenes e identidades a veces son complementarios pero también pueden estár en conflicto (41). Ésta es la situación que surge a menudo en la frontera compartida por Estados Unidos y México.

Patricia L. Price en *Dry Place; landscapes of belonging and exclusion* apoya y profundiza la tesis de Romero. El imaginario colectivo de los Estados Unidos en relación a la frontera con México se empeña en mostrar que en el lado mexicano de la frontera se concentra la violencia, la perdición, la barbarie, todo lo negativo. Como resultado se fortalece la vigilancia en la frontera y se ve a los mexicanos a través de una óptica antiemigrante, una retórica excluyente donde los Otros son: "aliens" e "illegals" (113). Price no sólo habla de locura en asociación al miedo sino que advierte como producto de la ansiedad que el entorno antiemigrante produce un paisaje paranoico:

> In this paranoid landscape resulting from repeated attempts to pile more border onto the border, it is no surprise that tales of everyday violence, hate, and death abound. Local anti-immigrant activists, do-it-yourself justice, and rising gun-ownership levels have been the response on the part of many U.S. ranchers and property owners (116).

Esta ansiedad como dice Price se puede percibir como el producto de una ruptura de significado entre lugar e identidad (119). Esa ruptura es la que hoy en día arroja como resultado el apoyo para la militarización y la construcción de nuevas murallas en la frontera y la creación de nuevas leyes antiemigrantes con la finalidad de evitar o por lo menos disuadir el flujo migratorio hacia el norte y con ello simultáneamente destacar la imagen del Otro como el invasor, el peligro que siempre está al acecho, la amenaza constante al "sueño americano". Pese a los continuos esfuerzos intimidatorios de Estados Unidos por "sellar" la frontera miles de personas cruzan ilegalmente al mes. El mayor "éxito" de las operaciones de la patrulla fronteriza no es el número de personas que dejan de cruzar la frontera sino el número de personas que mueren en el intento, principalmente por el incremento de vigilancia en sectores donde previamente cruzaba un mayor número de personas sin los mismos riesgos. La consecuencia de esa vigilancia es que hoy se intenta cruzar por sitios de alto riesgo, en áreas desérticas o montañosas.

Por estas razones, el acto de cruzar la línea, por medios legales o ilegales, y los riesgos que ese cruce supone es un tema que se reitera en la literatura y arte popular de la frontera norte de México. El artista dramaturgo, Guillermo Gómez-Peña es una de las figuras más importantes en la conceptualización y representación de la frontera y de lo fronterizo. Su obra se enfoca en el tema de cruzar la frontera, y es en sí un *performance* de los riesgos que se corren al cruzar, en sus representaciones, fronteras reales y metafóricas. Gómez-Peña se ha dedicado desde 1978 a violentar los límites y diferencias que emergen desde las fronteras geográficas, convencionales y conceptuales, a las que él frecuentemente intenta llamar la atención con sus espectáculos teatrales y su arte.[15] Gómez-Peña inició su travesía fronteriza "formal" en 1984 durante un programa de radio titulado "Border Dialogues".[16] En 1985, él y Emily Hicks, David Ávalos y Michael Schnorr fundaron BAW/TAF (Border Art Workshop/Taller de Arte Fronterizo). Al siguiente año Gómez-Peña y sus compañeros presentaron un *performance* en el parque Border Field y Playas de Tijuana justo en la frontera entre Estados Unidos y México. Sin embargo, no fue hasta 1988 cuando, en su representación del personaje *Border Brujo*, comenzó a cruzar fronteras geográficas entre los estados del norte de México, los Estados Unidos, Canadá y Europa (*Wa-rrior* 29). Gómez-Peña menciona que este personaje, el *Border Brujo*, le ha permitido cruzar muchas fronteras: "through him, I discovered the secrets to crossing the border between cultures, communities, institutions, and territories of thought and action (*Warrior* 29). Como destaca Santiago Vaquera-Vázquez, Gómez-Peña ha transportado su parafernalia fronte-riza para ir a sitios más lejanos de los ubicados en las Californias; el *Border Brujo* se ha dirigido a una concepción económica global de la frontera a través de una visión híbrida y rizomática (*Wandering Stories* 81-2). John A. Ochoa también resalta que la frontera de Gómez-Peña siempre es una articulación dialogal y binaria (175) y que entre las muchas dualidades en su

---
15 En *Guillermo Gómez-Peña Dangerous Border Crossers*, él esta muy consciente de que desde que salió de la Ciudad de México en 1978 ha dedicado casi veinte años de su vida a viajar del sur al norte y viceversa.(9)
16 En este programa trabajaba al lado de Marco Vinicio y "The idea was "to gather people from both sides of the border to discuss common problems in the territories of education, politics, and art"" (*Warrior* 25).

trabajo, se destaca una, la compartida por el *performer* y los observadores. La frontera que se articula en sus presentaciones no deja de ser una ficción movible (177). No obstante, es importante reiterar que estos cruces son parte de una frontera edificada por él, una construcción entre él y su público. Ochoa escribe: "Gómez-Peña instead thanks his audience for having allowed him *his* false liminality, for colluding with him and allowing him to remain in this space by remaining his accomplices" (185).

El *Border brujo, el Aztec/high-tech, el Warrior for Gringostroika* o el artista continúa creando y cruzando fronteras con el fin de poner a prueba la tolerancia de su público y la propia. Este proceso de entrada y salida, o viceversa, articula, en su vaivén, una constante revaloración de límites conceptuales y geográficos. Gómez-Peña está consciente de que para adquirir una visión del espacio fronterizo, en este caso el de México y Estados Unidos, es imprescindible cruzar en ambas direcciones e incluso traspasar otras fronteras geográficas. Consecuentemente, con esa visión de Gómez-Peña, en el caso de la literatura y la teoría de la frontera, no es fructífero, ni mucho menos recomendable, analizar la producción literaria y teórica de un lado sin tomar en cuenta la del otro. No obstante, como apunta Santiago Vaquera-Vásquez, ha habido poco interés crítico en promover la visión de la frontera del lado mexicano desde las provincias del norte. En base a esta observación Vaquera-Vásquez cuestiona la metáfora de las *Borderlands*: "to what degree does current discourse on the Borderlands illuminate the border region, and to what degree does it obscure the very region from which much of this discourse derives?" (*Wandering Stories* 74). Posteriormente, Vaquera-Vásquez sustenta que esta situación se debe en parte a que mucho del discurso Chicano cultural ha desdeñado la perspectiva mexicana del norte. Para ilustrar esta coyuntura da un par de ejemplos sobre estudios fronterizos en los que se ignora la producción cultural del norte de México: "the Spring 1997 issue of *Review: Latin American Literature and Arts*...the most recent study by José David Saldívar, *Border Matters*, focuses on the border but once again fails to note northern Mexican cultural production" (86). De hecho el capítulo de este texto titulado *Tijuana Calling: Travel Writing, Autoethnography, and Video Art* presenta varias representaciones culturales de Tijuana, pero sólo incluye a críticos que no son del norte de México, tales como Beverly Lowry, Luis Alberto Urrea, Rubén Martínez, Richard Rodríguez, y Guillermo Gómez Peña. Patricia L. Price también observa el dominio de la perspectiva de las *Borderlands*, con lo que se excluye una visión mexicana. Este desequilibrio crítico que excluye la óptica del sur de la línea, dice Price, nos puede llevar, "to a literally and figuratively one-sided depiction of the border... in ways that actively forget the ongoing regressions, exclusions and repressions along both sides of the border" (110). Esta exclusión no implica que no exista una producción cultural o crítica en la región norte de México, región en la que sobresale la obra de bajacalifornianos como Sergio Gómez Montero, Humberto Félix Berumen, José Manuel Valenzuela Arce y Socorro Tabuenca Córdoba de Ciudad Juárez, entre otros.

De entre los escritores críticos fronterizos del norte de México, Sergio Gómez Montero, como apunta Humberto Félix Berumen en *La frontera en el centro*, es el pionero de los estudios literarios fronterizos (80). Esto se constata con la publicación de su libro *Sociedad y desierto. Literatura en la frontera norte*,[17] el cual fue uno de los primeros estudios serios sobre el tema de la frontera. En su ensayo "Lenguaje y frontera" aparecen las siguientes observaciones referentes a las características comunes en la franja fronteriza norte de México:

> -La falta de comunicación horizontal: un fronterizo de un estado le es desconocido al fronterizo del estado vecino.
> -La formación demográfica de las ciudades es resultado, primordialmente, de masivos procesos de migración, fenómeno que avasalla en el ámbito poblacional pero que no ha logrado borrar la singularidad que es propia de los habitantes originarios de la región.
> -La estrecha interdependencia económica que se da entre los dos lados de la frontera, y que hoy en particular genera fenómenos de complejidad creciente (la interdependencia es de carácter asimétrico, lo cual significa que las actividades económicas,

---

[17] En este libro se recopilan sus artículos y ponencias más sobresalientes referentes a la literatura de la frontera del norte. Otros de sus libros sobresalientes son: *The Border the Future of Postmodernity* y *Tiempos de cultura, tiempos de frontera*. En éstos junto con ensayos más recientes, se han republicado un par de trabajos que aparecieron en *Sociedad y desierto. Literatura en la frontera norte*.

políticas e ideológicas del lado mexicano se encuentran subordinadas a las del país vecino).

-El impacto alienante que causan los medios masivos de comunicación de ambos lados de la frontera.

-La resistencia que muestran en particular los jóvenes mexicanos y de origen mexicano (pertenecientes a los sectores populares de la población), hacía la hegemonía de la cultura de consumo capitalista, lo que los ha llevado a reivindicar formas de vida aparentemente periclitadas y marginales y a crearse códigos de comunicación específicos.

-Una profunda interrelación entre las costumbres y modos de vida de la población fronteriza mexicana y la de origen mexicano y mexicana que radica en los estados fronterizos de la Unión Americana (10-11).

Estas características que propone Gómez Montero del territorio fronterizo, debido a su geografía, presentan dos aspectos importantes, el primero relacionado al paisaje desértico que define la creación de una diferencia de pueblos y, por lo tanto, de una cultura diferenciada[18] y la posibilidad de un cruce continuo de personas, ideas, representaciones culturales y todo lo que esto conlleva entre ambos países ha contribuido en la tradición literaria y cultural de la frontera norte. Gómez Montero centra su atención en la singularidad de esta región que la convierte en una de las zonas estratégicas de la nación (*Sociedad y desierto* 10, 93) de México, específicamente porque "es un límite en tensión continua en donde la presencia avasallante de los Estados Unidos es para México una espada de Damocles desde tiempo atrás" (*Sociedad y desierto* 93). Además, la alteridad en tensión contribuye para que esta región se convierta en un espacio estratégico, ya que la frontera del lado mexicano es la primera línea de defensa ante la presencia avasallante de Estados Unidos. Un límite con el que se intenta preservar la diferencia, en muchos casos, es

---

18 En el ensayo *Frontera: espacio, tiempo y postmodernidad* explica que:
"los pueblos que se asientan en un determinado ecosistema generan por necesidad culturas acordes a las características de ese entorno ambiental, y desde allí se manifiestan como culturas diferentes".
No es gratuito, pues, hablar de desierto, si esto define la concreción de la diferencia: se habla, así, de diferente naturaleza y por lo tanto de pueblos diferentes con culturas diferenciadas (*Sociedad y desierto* 92).

a través de un rechazo a la cultura y política del país del norte. Del otro lado de la frontera se presenta una situación similar, un intento constante por evitar la "incorporación" del Otro. Sin embargo, y como se puede apreciar en esta división fronteriza impuesta violentamente hace décadas,[19] no ha sido posible contener las influencias culturales en ninguno de los lados. De hecho, la disparidad que se intenta aislar es la misma que crea las *Borderlands*: un espacio liminal, alterno. Gómez Montero toma prestado de la geología el término ecotono para referirse a la frontera compartida por México y Estados Unidos. Ecotono[20] implica el contacto entre dos sistemas diferentes para crear entre ellos una zona de influencia donde se intercambian informaciones, y así originar una zona nueva y diferente. Gómez Montero se refiere en específico con el término ecotono a una zona que se extiende hacia el norte de Estados Unidos y hacia el sur en el caso de México (*Sociedad y desierto* 96-7). Por lo tanto, en estas zonas "ecotónicas" de intercambio se producen representaciones artísticas singulares que suelen incorporar formas de vida de los dos lados de la frontera; ya no son expresiones completamente mexicanas ni estadounidenses, sino representaciones conjugadas por las negociaciones entre ambos con las que se crea un intercambio siempre en movimiento.

Humberto Félix Berumen se ha dedicado a estudiar esas representaciones y a quien se le deben las visiones panorámicas más completas de la narrativa de la frontera norte de México. Además de sus visiones abarcadoras, recientemente ha publicado dos libros de suma importancia para los estudios fronterizos: *Tijuana la horrible. Entre la historia y el mito* (2003) y *La frontera en el centro* (2004).[21] En su última publicación, como

---

19 En el próximo capítulo se entrará en detalle sobre el surgimiento de esta división.
20 A continuación incluyo la nota con la que Gómez Montero define este término proveniente de la ecología: "Un ecotono es una transición entre dos o más comunidades diversas como, por ejemplo, entre bosque y pradera o entre una comunidad marina de fondo blando y otra de fondo duro. Es una zona de unión o de cinturón de tensión que podrá tener acaso una extensión lineal considerable, pero es más angosta, en todo caso, que las áreas de las comunidades adyacentes mismas. La comunidad ecotonal suele contener muchos de los organismos de cada una de las comunidades que se entrecortan y, además, organismos que son característicos del ecotono y que a menudo están confiados en él. Con frecuencia, tanto el número de especies como la densidad de población de alguna de ellas son mayores en el ecotono que en las comunidades que lo bordean. La tendencia hacia una diversidad y una densidad aumentadas en las uniones de comunidades se designa como el *efecto del borde*" (subrayado en el original): E. P. Odum: *Ecología*, Interamericana, México, 1984, p. 174. Vale la pena señalar que, en la actualidad, *efecto del borde* se conoce cada vez más como *efecto de frontera*. (*Sociedad y desierto* 101).
21 Los siguientes son otros de sus libros publicados: *Antología del cuento contemporáneo de Baja California* (1997), *De cierto modo. La literatura de Baja California* (1998), *Texturas. Ensayos y artículos sobre literatura de Baja California* (2001) y *Narradores bajacalifornianos del siglo XX* (2001).

lo denota el título, Berumen coloca la frontera norte de México en el punto de mira de su estudio para proponer y analizar metodologías que faciliten el acercamiento a ésta y a sus estudios regionales. Conciente de las limitaciones teóricas que existen, Berumen ofrece "valorar el papel y la importancia de la frontera en cuanto a la generación de nuevos sentidos culturales" (25). A continuación se reproduce un resumen de sus observaciones:

a) La necesidad de reconocer a las fronteras culturales primordialmente como espacios contradictorios de intermediación, negociación simbólica e intercambio cultural.
b) Entenderlas como fronteras de interacción semiótica, de interferencia y transformación entre formaciones culturales diferentes...
c) Resaltar el papel productivo que desempeñan las fronteras en cuanto a la innovación, la recreación, la heterogeneidad cultural y la intersección entre elementos culturales de distinto origen. Pero también por lo que hace a la resistencia cultural que mantienen entre sí dos o más comunidades de distinto origen histórico que se encuentran en un mismo espacio geográfico.
d) Reconocer con ello la función mediadora que desempeñan las fronteras entre lo propio y lo ajeno, entre lo interno y lo externo...
e) Considerar las fronteras como ese mecanismo dinámico de traducción, filtración y adaptación que hace posible la reelaboración constante de nuevos valores y nuevos símbolos...
f) En consecuencia, pensar que las fronteras semióticas presuponen siempre el pluralismo dialógico, es decir, la polifonía discursiva. En el sentido más amplio de intercambio cultural y en oposición al más restringido de "influencia" intercultural (25-6). [22]

Berumen considera que no es suficiente saber qué teorías aplicar a la frontera, o qué es lo que acontece en esa región, sino "llegar a com-

---

22 Las observaciones de Félix Berumen son bastante atinadas y comparto totalmente la observación que destaca en el inciso c), ya que de cierta manera esa es una de las motivaciones que despertaron en mí el interés por los estudios de la frontera norte de México.

prender la forma cómo la frontera actúa de manera productiva y cómo ella misma constituye un mecanismo dinámico de reelaboración continua de nuevos significados" (27). En síntesis, Berumen destaca un complejo dinamismo que desempeñan las fronteras lo cual resulta en una hetereogenidad cultural mediante la mezcla de distintos elementos. No obstante, y a pesar de una interacción fronteriza, también resalta "la función mediadora fronteriza entre lo propio y lo ajeno, entre lo interno y lo externo". Esto no sólo alude a la creación de un espacio alterno sino a una resistencia cultural establecida por ambas comunidades fronterizas.

Algunas de sus reelaboraciones o, si se quiere, revaloraciones, han sido tomadas en cuenta por críticos como Socorro Tabuenca Córdoba y Norma Klahn. Tabuenca Córdoba en *Mujeres y Frontera. Una perspectiva de género* cuestiona la concepción errónea que se presenta en México de que la identidad nacional depende de la cercanía a los Estados Unidos para señalar que:

> Las conclusiones generales, sobre todo de los estudios lingüísticos y de los de conservación de tradiciones, concuerdan en que la identidad nacional no depende tanto de la vecindad geográfica, sino de la clase social, pues la clase media y alta de las principales ciudades mexicanas han ido amoldándose al estilo de vida norteamericano y han incorporado en su habla anglicismos y calcos del inglés. Lo anterior ha permitido desarticular el discurso sobre la frontera como una comunidad bilingüe y bicultural, en relación con su vecino del norte; tipo de discurso que se ha manejado también en el ámbito literario (15).

El desmantelamiento de los discursos biculturales referente a la frontera norte de México ofrece como alternativa, basándose en la conglomeración de personas de todas partes del país, una visión multicultural y plurilingüe (16). Esto implica, como Tabuenca Córdoba señala, una reflexión diferente sobre la cultura e identidad de esta región. Ella propone que tanto en las principales ciudades de la frontera norte de México como en las del centro y sur del país, se han incorporado formas de vida norteamericanas. Esa es una tendencia que surge, de acuerdo a Tabuenca Córdoba, por cuestiones de status social (medio, alto). No obstante, el discurso estereotipado del centro de México hacia la frontera norte, continúa vigente. Éste básicamente se centra en la aceptación de que la región fronteriza, dada su cercanía con el país del norte, es poco mexicana: que es una región agringada, peyorativamente diferente, o en palabras de Octavio Paz, es "lo abierto" (*Laberinto de la soledad* 85). En síntesis, ésta es una visión que parte de conceptos construidos en el centro de México que simultáneamente pudieran denotar además de un distanciamiento, una ignorancia en torno a la frontera ya que, como señala Harry Polkinhorn al referirse a la frontera entre México y Estados Unidos, la frontera "no es una cosa; la única manera de entender a la frontera, es cruzarla" (*Alambrada* 31). Socorro Tabuenca en su disertación doctoral acuña este tipo de invención o aproximación como región agringada o poco mexicana, como "*North of the Borderism*". [23]

> "*North of the Borderism*" sería la forma en que el centro del país distingue a la franja fronteriza mexicana. La imagen que se ha inventado de la frontera norte como espacio es la de un sitio de fácil penetración cultural ya sea por medio del lenguaje, costumbres, o estilo de vida producto del contacto inmediato con los Estados Unidos. En las concepciones de estos discursos, los habitantes de la frontera norte resultan ser los desarraigados, vendepatrias, pochos, individualistas o faltos de identidad nacional dentro de un extenso etcétera de calificativos mayormente peyorativos (186).

La visión centralista a la que Tabuenca hace referencia repite, en parte, el discurso de la nación mexicana que hace de la Malinche una traidora, una mujer mala:

> De ahí el éxito del adjetivo despectivo "malinchista", recientemente puesto en circulación por los periódicos para denunciar a todos los contagiados por tendencias extranjerizantes. Los malinchistas son los partidarios de que México se abra al exterior: los verdaderos hijos de la Malinche, que es la Chingada

---

23 Socorro Tabuenca dice que ésta es una expresión similar a la acuñada por Norma Klahn, expresión en la cual utilizó ideas de Edward Said. La expresión a la que se refiere es "*South of the Borderism*".

en persona. De nuevo aparece lo cerrado por oposición a lo abierto. (Laberinto 95)

El análisis que presenta Octavio Paz sobre la soledad de los mexicanos hace hincapié en el malinchismo y machismo mexicano que también es aplicable a la frontera norte de México, ya que las ciudades norteñas fronterizas son vistas desde el centro del país como sitios que están siendo absorbidos por la cultura anglosajona, por los *otros*: "Los demás son los 'hijos de la chingada': los extranjeros, los malos mexicanos, nuestros enemigos, nuestros rivales. En todo caso los 'otros'" (Paz 83).

Por otro lado Norma Klahn emplea el término "*South of the Borderism*" (125) para referirse a la imagen de la frontera norte de México en la que la percepción de Estados Unidos ve la frontera norte de México como la imagen del Otro, como diferente ante al cual Estados Unidos se auto-define (125). Es una invención derogatoria, basada principalmente en un discurso hegemónico, en la que se incluye todo lo que no se piensa ser, o quiere ser, Estados Unidos. Klahn escribe que, en el mejor de los casos, los mexicanos son vistos a través de la óptica estadounidense como:

> mysterious, romantic, fun-loving, laid-back, and colorfully primitive; alternatively, Mexicans are seen as conniving, highly sexualized, disorderly, lazy, violent, and uncivilized. Hollywood appropriated all of the images, from "greaser" and violent bandit to Latin lover and Mexican spitfire (125).

Además de la visión de los Estados Unidos y la del centro de México, está la versión del fronterizo de su otro otro, o sea la visión que tiene el fronterizo mexicano del estadounidense o del "otro lado": de lo que no se es. Como Octavio Paz observa en *El espejo indiscreto*: [24]

> Antes de ser una realidad, los Estados Unidos fueron para mí una imagen. No es extraño: desde niños los mexicanos vemos a ese país como al otro. Un otro que es inseparable de nosotros y que,

---

[24] Este ensayo ha sido recopilado en el primer volumen titulado *El peregrino en su patria* que compone la colección *México en la obra de Octavio Paz*.

al mismo tiempo, es radical y esencialmente el extraño. En el norte de México la expresión "el otro lado" designa a los Estados Unidos. El otro lado es geográfico: la frontera; cultural: otra civilización; lingüístico: otra lengua; histórico: otro tiempo (los Estados Unidos corren detrás del futuro mientras que nosotros todavía estamos atados a nuestro pasado); metafórico: son la imagen de todo lo que no somos. Son la extrañeza misma. Sólo que estamos condenados a vivir con esa extrañeza: el otro lado es el lado contiguo. Los Estados Unidos están siempre presentes entre nosotros, incluso cuando nos ignoran o nos dan la espalda: su sombra cubre todo el continente. Es la sombra de un gigante. La idea que tenemos de ese gigante es la misma que aparece en los cuentos y las leyendas. Un grandulón generoso y un poco simple, un ingenuo que ignora su fuerza y al que se puede engañar pero cuya cólera puede destruirnos (413)

Ese otro, al norte, es, como dice Carlos Fuentes en *El espejo enterrado*, "una tierra extraña" (372). A pesar de tratarse de un gigante extraño, éste continúa atrayendo a millones de mexicanos anualmente con la esperanza de ser parte de una imagen preconcebida "del norte", de progreso. Es conocimiento popular saber que si se tiene éxito en la travesía de cruzar la frontera geográfica, también se podrán cruzar otras fronteras, como señala Paz: esas fronteras históricas, en la que se vive en otro tiempo. El tiempo presente mexicano, se convertirá en recuerdos, es decir, se transformará inmediatamente en un pasado lejano. Ésta es sólo una de las "condiciones" que se necesitan para ingresar al espacio futuro estadounidense ya que existen también otras implicaciones y otras *nepantlas* en el proceso de cruzar otras fronteras culturales psicológicas, lingüísticas o metafóricas. [25]

Por su importancia geográfica, conceptual cultural y metafórica, la

---

25 La novela *Gringo viejo* de Carlos Fuentes dialoga con el cruce de fronteras por medio de la llegada de dos norteamericanos, Harriet Winslow y el gringo viejo, a Chihuahua. Ambos comparten un capítulo de la Revolución mexicana al lado de Tomás Arroyo, periodo en el que continúan cruzando fronteras más allá de la establecida al sur de Estados Unidos, "El gringo viejo decía que ya no hay frontera pa los gringos, ni pal este ni pal oeste ni pal norte, sólo pal sur, siempre pal sur" (174). Después de la muerte del viejo y de Arroyo, Harriet Winslow, al cruzar la frontera de regreso a Estados Unidos con el cadáver del gringo viejo recordó las palabras de su amigo: "cada uno llevaba adentro su México y sus Estados Unidos, su frontera oscura y sangrante que sólo nos atrevemos a cruzar de noche" (177).

frontera norte de México no ha sido de interés sólo para los escritores fronterizos.[26] Escritores consagrados del centro del país también han incursionado en temas fronterizos, como, por ejemplo, Carlos Fuentes en sus novelas *Gringo Viejo, Cristóbal Nonato* y *La frontera de cristal*. De hecho, si adoptamos la teoría del holograma y entendemos la literatura fronteriza como una literatura "desterritorizada", como sugiere Emily Hicks en *Border Writing. The Multidimensional Text*, podríamos incluir dentro del panorama metafórico fronterizo hasta la narrativa de Gabriel García Márquez, Julio Cortázar y Luisa Valenzuela, entre otros, ya que, como Hicks observa, "border writing re-presents and translates from a multiplicity of perspectives" (10). [27]

Uno de los estudiosos de la frontera bajacaliforniana que examina la multiplicidad y las diversas perspectivas del área fronteriza es José Manuel Valenzuela Arce.[28] Dos de sus libros más recientes sobre el tema de lo fronterizo desde la perspectiva mexicana son *Jefe de jefes. Corridos y narcocultura en México* (2002)[29] y la colección de ensayos *Por las fronteras del norte. Una aproximación cultural a la frontera México-Estados Unidos* (2003).[30] En el segundo, además de compilar valiosos trabajos relacionados a la frontera, en el primer capítulo que titula "Centralidad de las fronteras. Procesos socioculturales en la frontera México-Estados Unidos" hace un

---

26 Me refiero a escritores fronterizos que escriben de la frontera desde la frontera.
27 El libro de José David Saldívar *The Dialectics of Our America. Genealogy, Cultural Critique, and Literary History*, también es de gran utilidad ya que en éste se analiza la obra de escritores latinoamericanos como José Martí, Roberto Fernández Retamar, Gabriel García Márquez y Alejo Carpentier y también dedica un capítulo a algunos escritores y críticos chicanos. Saldívar invita a una aproximación desde la hibridez y del espacio de en medio de las *Borderlands*: "for theory is now written not from a condition of critical "distance," but rather from a place of hybridity and betweennes in our global Borderlands composed of historically connected postcolonial spaces" (153).
28 José Manuel Valenzuela Arce es doctor de ciencias sociales con especialidad en sociología por el Colegio de México. Actualmente, es director del Departamento de Estudios Culturales de El Colegio de la Frontera Norte, en Tijuana.
29 Este estudio será de gran utilidad para subsecuentes capítulos.
30 Entre su extensa lista de publicaciones se encuentran: *Empapados de sereno. El movimiento urbano popular de 1928-1988* (1991), *El umbral de la filera* (1993), *En muchos lugares y todos los días. Vírgenes, santos y niños Dios. Mística y religiosidad popular en Xochimilco* (1997), *A la brava, ése. Identidades juveniles en México: cholos, punks y chavos banda* (1997), *Vida de barro duro: cultura popular juvenil en Brasil* (1997), *Nuestros piensos. Las culturas populares en la frontera México-Estados Unidos* (1998), *El color de las sombras: chicanos, identidad y racismo* (1998), *Implecable y Dinamita. La construcción del discurso nacional* (1999), *Jefe de jefes. Corridos y narcocultura en México* (2002). Además es compilador y coautor de los libros: *Entre la magia y la historia. Tradiciones, mitos y leyendas de la frontera* (1992), *Decadencia y auge de las identidades* (1992), *Oye cómo va. Recuento del rock tijuanense* (1999), *Por las fronteras del norte. Una aproximación cultural a la frontera México-Estados Unidos* (2003) y los *Estudios culturales en México*.

meritorio esfuerzo sistemático de teorización fronteriza. Valenzuela Arce divide este capítulo en tres apartados: *Metáforas emocionales de la frontera, Ámbitos e intersticios transfronterizos* y *Procesos socioculturales de la frontera*. El apartado de las metáforas que se divide en tres secciones: *Mexicans are semi-civilized people, De la patria doliente al estereotipo del pocho* y *La frontera como zona de tolerancia*, es el de mayor utilidad para este trabajo por su aproximación a la frontera norte de México como construcción imaginaria. Al igual que el presente estudio, este ensayo de Valenzuela Arce concuerda con las perspectivas de Socorro Tabuenca Córdoba y Norma Klahn, o sea, con los conceptos de *"North of the Borderism"* y *"South of the Borderism"* respectivamente.

En su detallado estudio de lo fronterizo, *De la patria doliente al estereotipo del pocho*, Valenzuela Arce señala el término "pocho" que se le aplica al mexicano-americano al norte de la línea como un estigma de exclusión que también alcanzó a los fronterizos del norte de México. Él señala que este término es un regionalismo sonorense proveniente de la lengua opata, que significa "corto" o "rabón", y cuyo derivado *potzico*, significa "cortar la hierba", "arrancarla con todo y sus raíces" (39). Como bien sustenta Valenzuela Arce, "pocho" es una palabra que se ha empleado en México inicialmente para referirse al chicano o mexicano que ha emigrado a Estados Unidos. Con el tiempo, el "pocho" "se convirtió en la imagen estigmatizada de una población que supuestamente había perdido su identidad nacional, que se había contaminado en los Estados Unidos, que se había agringado, que había traicionado a los suyos..." (39). No obstante, como él apunta, el *apochamiento* no se quedó en el país estadounidense, también alcanzó a los habitantes de la frontera norte de México por colindar con *el otro lado* (40). Además, Valenzuela Arce presenta una genealogía de este vocablo que se ha usado al norte de la frontera para los mexicanos aclimatados a la vida del norte, para mostrar las perspectivas estereotipadas de la frontera y de los fronterizos de algunos escritores e intelectuales. Entre ellos incluye a Amado Nervo, Martín Luis Guzmán, Agustín Yánez, Juan Rulfo, Octavio Paz y al antropólogo Manuel Gamio.[31] En fin, se trata de una visión despectiva,

---

31 Además de proporcionar los nombres, también presenta ejemplos específicos de su obra en las páginas 40 y 41. Para obtener una interpretación más detallada de estos autores se puede consultar *Umbrales sin fronteras* de José Manuel Valenzuela Arce, mimeografiado, Tijuana, 2000.

estereotipada, del centro de México hacia los habitantes fronterizos del norte. Esta observación es similar a la que propone Socorro Tabuenca Córdoba con la frase "*North of the Borderism*". En sí, como se ha mencionado previamente, esta construcción por parte de los paisanos del centro cataloga a los fronterizos de pseudo-mexicanos, excluyéndolos del grupo privilegiado nacional; exclusión que de cierto modo afirma una cierta mexicanidad superior y privilegiada del centro.

La interpretación fronteriza "*South of the Borderism*" que propone Norma Klahn parte de conceptos similares a los estudiados por José Manuel Valenzuela Arce. En "La frontera como zona de tolerancia" Klahn analiza la construcción imaginaria estadounidense de la frontera norte de México y observa que ésta está infestada de imágenes estereotípicas: "plagada de perversión, inmoralidad, corrupción, crueldad e hipocresía" (42). Respecto a los valores en esta región: "el polo de la maldad está en el lado mexicano, sitio privilegiado para las drogas, la violencia, la prostitución y el narcotráfico" (42). De hecho, en esta zona de tolerancia

> "cobra forma la figura de la frontera como muro de contención en un doble sentido: contención de los mexicanos expulsados por la pobreza y alentados por la búsqueda de mejores opciones, y contención de las preocupaciones de los sectores estadounidenses, temerosos de la estridente invasión mexicana que algunos imaginan... En algunos otros permanece la idea de la invasión silenciosa que sólo se percibe en el creciente "morenear" de los espacios estadounidenses" (44-45).

Así pues, la frontera del norte de México no satisface las "exigencias" de su país en cuanto a la pureza de su mexicanidad, ni mucho menos las de su vecino del norte. Por un lado, se le cataloga como un área que no es auténticamente mexicana porque supuestamente está siendo absorbida paulatinamente por el país del norte y, por el otro, como una zona de maldad y perdición: lo que se conoce como la "leyenda negra" que marca y sirve de sombra estereotípica a las definiciones de esa zona. Los componentes principales de esta leyenda son el alcoholismo, la ludopatía, la prostitución y la drogadicción que se dan en ciertas zonas a lo que se le añade la corrupción (desorden e irracionalidad) el crimen y la violencia, que surgen de todos los otros componentes. Esta imagen denigrante e hiperbolizada se extiende hasta imponerse en torno a todo lo fronterizo.[32] Como observa Ken Ellingwood: "The border has always been a site of conflict and of contradictory meanings. It is at once an exit and an entrance, the porous membrane between two cultures, a gateway and a wall" (6). Por su parte Rosemary A. King escribe: "The U.S.-Mexico border functions as an articulation of ideological difference on two counts: It acts as a barrier generating cultural conflict and as a bridge promoting respect for cultural difference" (125). Es decir, los conflictos políticos y migratorios entre ambos países han sido continuos, no obstante han dado origen a una constante creación cultural.

Los textos de Gabriel Trujillo Muñoz, Luis Humberto Crosthwaite y Rosina Conde que se analizarán en los siguientes capítulos dialogan, representan y revaloran las imágenes estereotipadas que le imponen la "leyenda negra" a la frontera norte de México, y también ofrecen la frontera como metáfora de la mujer, razón por la que el malinchismo implícito es tan importante. Para facilitar una aproximación a ese diálogo, el próximo capítulo presenta una arqueología, en el sentido que le da Foucault al término, de la construcción de la "leyenda negra fronteriza". En el proceso de esa construcción también se toma en cuenta las "reacciones" de la propia frontera ante esas construcciones. Me refiero a una óptica y negociación fronteriza que he nombrado "Zonkeismo revolucionario"[33] y que consiste en una creación auto-referencial de resistencia del espacio fronterizo basada en la construcción de una imagen superficial por algunos habitantes de las ciudades fronterizas. Esta resistencia violenta, la superflua noción de que en la frontera no hay cultura porque esta región no es parte del "verdadero" México o porque es un sitio peligroso de "perdición" y desorden. La vasta producción literaria que se ha hecho patente en los últimos años en algunas ciudades fronterizas, específicamente y para el enfoque de este estudio en Mexicali y Tijuana, Baja California Norte, consta lo contrario. Escritores bajacalifornianos como Trujillo Muñoz, Crosthwaite y Conde están conscientes de las

---

32 Cabe mencionar que en ocasiones esta imagen también es adoptada por personas del interior del país, principalmente por aquellos que no están familiarizados con estas ciudades o que conocen el territorio fronterizo sólo a través de los sistemas masivos de comunicación de una manera consistente.
33 En el próximo capítulo se explicará en detalles lo que significa esta expresión.

percepciones fronterizas engañosas y, a través de su literatura, rescriben la frontera desde la visión del fronterizo mexicano. Para complementar la visión teórica e histórica de la representación de la "leyenda negra" en la obra de estos escritores se hará una lectura y un análisis de un número selecto de sus textos con el fin de explorar cómo representan, rescriben y subvierten en esa representación los estereotipos y prejuicios de la "leyenda negra" que se ha creado en torno a la frontera norte de México.

El tercer capítulo se limita a analizar la producción literaria detectivesca de Gabriel Trujillo Muñoz reunida en *El festín de los cuervos. La saga fronteriza de Miguel Ángel Morgado*. En este capítulo se explora el tema del auto-reconocimiento y reencuentro del fronterizo de su tierra natal, la frontera, siempre teniendo en cuenta que, por medio del proceso de recuperación del espacio fronterizo, se cuestiona y se presenta otra versión de la "leyenda negra" desde una óptica fronteriza con la que el escritor, en este caso Trujillo Muñoz, se apropia de su propio espacio y se re-construye como agente de su propio imaginario cultural en diálogo con, por un lado, la realidad vivida y, por otro, los estereotipos que definen ese (su) espacio.

El cuarto capítulo es una exploración de la obra cuentística de Luis Humberto Crosthwaite y de la representación en sus cuentos de las experiencias fronterizas cotidianas dentro de la complejidad de esta región. Se explora cómo el autor, a través de la re-presentación de una frontera humana, distinta a la objetificada por una "leyenda negra" que se le impone de afuera, ofrece una tensión, una desarticulación y una sub-versión de los estereotipos que le hacen sombra al fronterizo; a la misma vez que sus cuentos presentan situaciones diarias, las experiencias vividas por el fronterizo, como es el cruzar la línea, pero desde una visión propia, fronteriza, tijuanense.

El quinto capítulo examina, en la cuentística de Rosina Conde, la apertura del concepto de frontera que Conde estrechamente vincula a la mujer y a la violencia fronteriza. Conde desplaza la condición fronteriza a una condición humana, de género, para proponer a la mujer como metáfora de la frontera, y viceversa, y a la frontera/mujer, como metáfora de ese *Nepantla* (espacio intermedio) en que subsiste la mujer mexicana siempre cruzando "Borderlands" sociales, de género, e inclusive existenciales y ontológicas, siempre invirtiendo el esencialismo de los estereotipos que definen tanto a la mujer como a la frontera norte de México. En un proceso de desterritorización, de la zona fronteriza, como el fronterizo en la obra de Trujillo Muñoz y Crosthwaite, la mujer en los textos de Conde encuentra voz propia y logra violentar los límites que la excluyen para convertirse en sujeto propio de sus circunstancias.

Trujillo Muñoz, Crosthwaite y Conde parten de historias locales y de la mirada del fronterizo en la construcción literaria de lo fronterizo. Con esas representaciones, los textos de estos escritores borran fronteras, violentan el proceso de las imágenes que excluyen a una zona y una condición humana y proponen, con el acto transformativo de la escritura, otras fronteras que cruzar, otros rostros y otros territorios humanos de la condición fronteriza que se distancien de las aproximaciones estereotípicas y excluyentes que construyen y divulgan la "leyenda negra". En los próximos capítulos, se ofrece un detallado análisis de los textos de estos tres escritores que proponen un proceso de reevaluación y desenmascaramiento de la frontera norte de México en su literatura.

LA CONSTRUCCIÓN HISTÓRICA E IMAGINARIA DE LA FRONTERA

LA LEYENDA NEGRA

> The atmosphere of the border-it is like a good confession: poised for a few happy moments between sin and sin
> (Greene. *Another Mexico*. 13)

> Tijuana es arte Bart Sánchez.
> (Yépez. "Tijuana: Procesos de una ciudad de ciencia ficción sin futuro". 41)

> Yo era bootlegga de marca
> porque no me habían pescado,
> porque todos mis entregos
> los hacía con cuidado
>
> Aquí en este San Antonio,
> todos los alrededores
> nunca pescan los bootlegga
> nomás los trabajadores.
> (Francisco Montalvo y Andrés Berlanga. "Corrido de los Bootleggers")

El territorio fronterizo compartido por México y Estados Unidos es un espacio definido por una franja divisoria que marca las divisiones políticas y geográficas entre ambos países. A pesar de esta fragmentación territorial, que en ocasiones puede ser una cerca, un muro, una montaña, un desierto o un río, surgen manifestaciones sociales y culturales que unen a los habitantes de ambos lados de la frontera. De esta interacción surge una cultura local fronteriza a ambos lados de lo que los fronterizos denominan "la línea"[34] cuyas manifestaciones adquieren una peculiaridad rizomática que rebasa sus propias dimensiones territoriales. Partiendo de su construcción histórica, del cruce a través de esa "línea" y de las constantes repercusiones políticas y sociales en esta zona, han surgido pueblos, y una cultura fronteriza en constante redefinición.

Desde la óptica estadounidense su mirada al sur de "la línea" se concentra en la desigualdad, la tensión, la problemática que conlleva ser vecino de un país una vez conquistado que considera semi-

---

34 Las personas de esta región fronteriza tienden a referirse a la división y el área entre ambos países como la línea. Es muy común escuchar a alguien decir "Voy a la línea" o "voy pal otro lado".

civilizado y, por ende, se concentra en la desigualdad, la tensión, la problemática que conlleva ser vecino de un país una vez conquistado que considera semi-civilizado y, por ende, enemigo, como señala Jorge A. Bustamante (301).[35] Al otro lado de "la línea", el mexicano, en su intento por esclarecer los problemas que desestabilizan la frontera, arguye que muchos de los problemas que surgen en la zona fronteriza del norte de México tienen su origen, o por lo menos una gran participación en ese origen, en el lado norteamericano. Para Estados Unidos, sin embargo, dada la política adoptada por las autoridades de inmigración, México es el único responsable por esa mala fama con la que se ha identificado la frontera norte de México: lo que se ha llegado a conocer en la región fronteriza como la "leyenda negra".[36]

La mala fama de esta región, que incluye el flujo de droga y alcohol, la prostitución y los juegos de azar, no sólo se ha propagado en Estados Unidos sino también en gran parte de México. Si por un lado es cierto que los aspectos que componen la "leyenda negra" de la frontera norte de México son problemas y situaciones reales en la vida contemporánea

---

35 En su libro *Cruzar la línea. La migración de México a los Estados Unidos* Bustamante destaca que debido al incremento del narcotráfico y de indocumentados se han promovido las siguientes medidas: "La construcción de una cerca de acero de más de 30 kilómetros de largo entre San Diego y Tijuana; la Propuesta 187 aprobada por 59% de los votantes en California el 8 de noviembre de 1994; la "Operación Bloqueo", realizada en la frontera de El Paso-Ciudad Juárez, o la "Operación *Gatekeeper*", llevada a cabo entre Tijuana y San Diego, estas dos últimas por iniciativa de las autoridades de inmigración de los Estados Unidos, son medidas que no sólo usan la frontera para separarse del país vecino, sino que implican una definición de éste como país enemigo (301).
36 El término se origina en el siglo XIV y se le reconoce a Bartolomé de las Casas como creador de una imagen negativa de los españoles que se definió con el término de "leyenda negra". Después de su conversión al escuchar el Sermón de Montesinos en 1511 en la República Dominicana, dedicó su vida a la defensa de los indígenas resaltando las atrocidades cometidas por los españoles en el Nuevo Mundo. Para constatar lo anterior basta consultar el primer volumen de la edición presentada por Lewis Hanke de *Historia de las Indias*. "Bartolomé de las Casas ha sido llamado noble Apóstol de los indios, piadosamente fanático, principal creador de la 'Leyenda Negra' contra España y 'auténtica expresión de la verdadera conciencia española'"(x). William S. Maltby en su libro *The Black Legend in England* también destaca la importancia de Las Casas en relación con este término "he waged a surprisingly effective battle against Spanish abuses in the Indies, but most particularly against those of the encomienda system" (14). Además Maltby apunta que *La brevísima relación* la cual fue publicada por vez primera en 1551, fue traducida al inglés y apareció en Inglaterra en 1583. Fecha para la cual ya existía una relación despectiva inglesa referente a España. De hecho, con esta publicación inglesa, Maltby menciona que "it was not until 1583, when the growing enmity between Spain and England could no longer be disguissed, that the first English language edition of the work appeared in the stalls of London booksellers" (15). Finalmente, el sentimiento anti-hispano en Inglaterra según Maltby, se originó cuando aún se buscaba un concepto de nacionalismo en Europa (9). Esta situación fue similar en el caso de Estados Unidos. "The "Black Legend" has undeniably played a large part in the troubled relations between the United States and its Spanish-speaking neighbors, and it continues to influence British policies with regard to Spain. However difficult it may be to isolate, it remains a factor in international affairs." (9) El libro *La leyenda negra* de Julián Juderías también incluye información relevante respecto a la "leyenda negra" en España.

del fronterizo mexicano, por otro también se debe aceptar que a través de la óptica anglosajona, se juzga esta región de forma generalizada y, por analogía, a todo México. Estudiosos de la frontera como José Manuel Valenzuela Arce, Nora L. Bringas Rábago, J. Igor Israel González Aguirre, Jorge A. Bustamante, Socorro Tabuenca Córdoba, Norma Iglesias Prieto, David R. Maciel y Humberto Félix Berumen entre muchos otros están conscientes de esta problemática e intentan, mediante diversas aproximaciones y análisis, no sólo sopesar sino destacar aspectos que distancien a esta zona de las generalizaciones creadas por estos juicios denigrantes. Así mismo, escritores fronterizos entre los que se encuentran, Gabriel Trujillo Muñoz, Rosina Conde, Luis Humberto Crosthwaite, Heriberto Yépez, Rosario Sanmiguel, Federico Campbell y Juan Antonio Di Bella recurren a la representación de una condición fronteriza marcada por el crimen, la droga, la prostitución y la corrupción con el fin de problematizar y subvertir esas imágenes hiperbolizadas, tan arraigadas en torno a la frontera norte de México.

En el presente capítulo se estudiará a fondo la construcción histórica, económica e imaginaria de la "leyenda negra" en la frontera de Baja California Norte, a través de una arqueología de esta zona siguiendo el modelo que ofrece Michel Foucault y destacando el papel que tanto México como Estados Unidos han tenido en la construcción geográfica y humana de la frontera. También se analizará la resistencia que surge desde la frontera para combatir las creaciones de los dos países en torno a esta área que justifican la exclusión del fronterizo. Incursionar en una arqueología de la "leyenda negra" que define la frontera resulta una tarea ambiciosa que lleva en primer lugar a reflexionar sobre las condiciones y situaciones en las que nace la zona fronteriza y cómo es que surgen y se afianzan los mitos y las leyendas en torno a ella, en especial, para los propósitos de este estudio, en el estado de Baja California Norte. Con ese fin, en este capítulo se hará una aproximación histórica y social que abarque la Guerra de Estados Unidos y México, la Revolución Mexicana y sus implicaciones fronterizas, la ley de Prohibición de Estados Unidos y las repercusiones sociales y culturales que éstas han aportado a la relación entre ambos países y a la construcción discursiva de lo fronterizo mexicano en el imaginario de Estados Unidos y México.

Fue en lo que es hoy Texas donde se llevaron a cabo los primeros conflictos fronterizos de gran escala transnacional, incluyendo el asalto al fuerte del Alamo en 1836 y otros altercados que finalmente llevaron a ambos países a una confrontación armada. En 1846 el presidente de los Estados Unidos, James Polk le declaró la guerra a México, y ordenó que se ocupara el territorio ubicado entre los ríos Nueces y Bravo entre Texas y Coahuila.[37] Como respuesta a las órdenes de Polk, el gobierno mexicano mandó tropas para defender el territorio en disputa.[38] Estas órdenes resultaron en una batalla entre los generales Zachary Taylor y Mariano Arista, conflicto que el presidente Polk interpretó como una invasión mexicana afirmando como justificación ante el Congreso estadounidense que la "sangre norteamericana había sido derramada en tierra norteamericana" (Moyano Pahissa 97). La guerra, desde la perspectiva de los Estados Unidos de América, demostró la debilidad militar y económica de México, como recalca José Manuel Valenzuela Arce al citar a Roa Bárcena:

> La guerra evidenció la debilidad de nuestro país y la ausencia de un proyecto integrador y de fuerzas sociales con la capacidad cohesionadora. México padecía diversos problemas que no fueron superados, como la codicia, la ambición, la falta de preparación y la debilidad militar. Éstas fueron condiciones insuperables para la reciente nación, pues los conflictos internos continuaron incluso cuando el país era ocupado por las fuerzas extranjeras (*Por las fronteras del norte* 16).

Dichas victorias dejaron a México sin más opción que firmar el 2 de febrero de 1848 el tratado de Guadalupe Hidalgo, con el cual se puso fin a la guerra y México se vio forzado a ceder más de la mitad de su territorio. Varios de los veintitrés artículos que componen este *Tratado de paz, amistad, límites y arreglo definitivo entre la República Mexicana y los Estados Unidos de América* destacan la autoridad y las condiciones que ejercerá

---
[37] Las referencias históricas que se incluyen en este capítulo provienen del artículo titulado "La invasión norteamericana. 1846-1848" de Angela Moyano Pahissa que forma parte de *Visión histórica de la frontera norte de México*, tomo I; de no ser así, se presenta la información de dónde fue extraída la información.
[38] Antes de la invasión norteamericana que se llevó a cabo de 1846 a 1848, Texas ya había declarado su independencia de México en 1836, y en 1845 se anexó a los Estados Unidos.

Estados Unidos. Entre ellos, el Artículo V menciona dónde se marcará la línea divisoria entre ambos países y presenta el procedimiento para esta delineación: [39]

> La línea divisoria entre las dos Repúblicas comenzará en el Golfo de México, tres leguas fuera de tierra frente á [sic] la desembocadura del Río-Grande, llamado por otro nombre río Bravo del Norte ó [sic] del más profundo de sus brazos: si en la desembocadura tuviere varios brazos correrá por mitad de dicho rio [sic], siguiendo el canal mas profundo donde tenga mas de un canal, hasta el punto en que dicho rio [sic] corta el lindero meridional de Nuevo-México: continuará luego ácia [sic] Occidente, por todo este lindero meridional (que corre al Norte del pueblo llamado Paso) hasta su término por el lado de Occidente; desde allí, subirá ácia [sic] el Norte por el lindero occidental de Nuevo-México, hasta donde este lindero esté cortado por el primer brazo del rio [sic] Gila...y del rio [sic] Gila hasta su confluencia con el rio [sic] Colorado; y desde la confluencia de ambos rios [sic] la línea divisoria, cortando el Colorado, seguirá el límite que separa la Alta de la Baja California hasta el mar Pacífico.

De los siguientes artículos, el Artículo VIII define la estancia de los ciudadanos mexicanos en lo que pasará a ser parte del territorio de Estados Unidos; el Artículo IX se refiere a la ciudadanía de los residentes mexicanos en dichos territorios; el Artículo XI alude a la condición de los ciudadanos mexicanos y estadounidenses que sean capturados por los indígenas, a quienes se les nombra miembros de "tribus salvages" y la condición de dichas tribus; el Artículo XII estipula que en consideración a la extensión territorial se pagará la suma de quince millones de pesos al gobierno mexicano; y en el Artículo XXII se establecen las reglas en caso de que se suscitase otra guerra entre ambas naciones. Muchos de estos artículos se invalidaron pocos años más tarde.

---

39 El texto que utilizo para citar secciones de este Tratado es el artículo de Ángela Moyano Pahissa, *La invasión norteamericana. 1846-1848* recopilado en *Una visión histórica de la frontera norte de México* (I: 112-7).

Después de arduos esfuerzos de las comitivas de ambos gobiernos para trazar la línea divisoria de una frontera geo-política, William H. Emory, uno de los miembros de la comitiva de Estados Unidos, observó que fijar la línea como lo estipulaba este tratado era desfavorable para su país. Éste comunicó repetidamente al gobierno estadounidense que no sería posible trazar una carretera de este a oeste, ni colocar una vía ferroviaria dadas las condiciones del terreno. Estas observaciones iniciaron nuevas polémicas entre ambos gobiernos. Estados Unidos insistía en adquirir la amplia región conocida como La Mesilla, al sur de Nuevo México. Se argüía que las más de seis mil millas de este territorio habían sido incluidas en el Tratado de Guadalupe Hidalgo y, aprovechando las pésimas condiciones económicas de Antonio López de Santa Anna,[40] se iniciaron tratos para la adquisición de estas tierras a cambio de una compensación monetaria. María Eugenia Bonifaz de Novelo explica las condiciones de esa adquisición en su apartado "El trazo y monumentación de la línea divisoria internacional" incluido en el libro *Una visión histórica de la frontera norte de México*:

> Así, Santa Anna, el 25 de septiembre de 1853, secretamente entró en tratos con el gobierno americano respecto a la venta del codiciado territorio, y el 30 de diciembre de 1853 se firmó el Tratado de Mesilla o Gadsden Purchase, compra que ratificó el Congreso de Estados Unidos el 30 de junio de 1854, por $10.000.000.00 (132).

Con la venta estratégica de este territorio se redacta El Tratado de la Mesilla[41] que no fue simplemente un contrato de compra-venta, sino que se aprovechó la ocasión para hacer enmiendas al Tratado de Guadalupe Hidalgo. Entre los cambios más importantes que se introducen están la abolición del Artículo XI sobre las "tribus salvages" y la sustitución del Artículo V por el Artículo I del Tratado de Mesilla en el que

---

40 Santa Anna fue militar, político mexicano y presidente de la república de 1833 a 1834. El plan liberal de Ayutla terminó con su gobierno en 1855.
41 El texto que utilizo para citar secciones de este Tratado es *Una visión histórica de la frontera norte de México*. (I: 130-1).

se reubica una vasta porción de la frontera. Finalmente quedó la división geográfica como se conoce hoy día, y se estipula en dicho artículo que: "La línea divisoria establecida de este modo, será en todo tiempo finalmente respetada por los dos gobiernos, sin permitir ninguna variación en ella"(130). Una vez que Estados Unidos adquirió el área deseada se comprometió a respetar los límites establecidos.

Es así, a grandes rasgos, que se establece la división geográfica como una marca que evoca en México un acto de violencia, y que consolida la ruptura entre mexicanos y estadounidenses originada, desde la perspectiva mexicana, por una invasión del vecino del norte del territorio mexicano.[42] Esta ruptura no sólo creó una zona fronteriza en la que siguió rigiendo la tensión y los conflictos políticos y económicos que llevaron a los dos países a una guerra, sino que, de igual manera, también se dio inicio a una relación en la que Estados Unidos, como vencedor, impuso condiciones que continuaron presionando la nueva zona fronteriza con demandas económicas y militares.

Décadas más tarde, durante los años de la Revolución Mexicana, surgió otra situación en la que se destapa de nuevo la violencia y la tensión entre los dos países vecinos. Además de una vasta cantidad de pugnas internas durante la Revolución Mexicana surgieron también conflictos políticos binacionales en los que se vio implicada directamente la zona fronteriza. Como John S. D. Eisenhower apunta en su texto *Intervention!*, la violencia incrementó dramáticamente durante la segunda mitad de 1915 y principios de 1916 (187). Eisenhower señala que muchos factores aportaron al incremento de esta fricción; no obstante, de éstos, los tres de más importancia son:

> ...the U.S. assistance to Carranza forces at the Battle of Agua Prieta, which embittered Pancho Villa against the gringos; the planned rebellion of Mexican-Americans in the vicinity of Brownsville, Texas and Matamoros, Tamaulipas; and the wanton murder of seventeen American citizens at the Cusi mines, near the city of Chihuahua (187).

---

[42] Esta ruptura para muchos sigue siendo motivo de un resentimiento histórico que emana tensiones adicionales a las que cotidianamente comparten ambos territorios.

Durante esta época conflictiva en la que pondera la inestabilidad y la lucha por el poder territorial, se destacan varias figuras importantes, siendo la más sobresaliente Francisco Villa:[43] hombre respetado y admirado por sus numerosas victorias, y cuya fama le brindó el apoyo de miles de personas. Villa pasa, visto por la óptica anglosajona, de héroe revolucionario a temido bandido.[44] De hecho, el gobierno de Venustiano Carranza, quien contaba con el apoyo de Estados Unidos, declaró oficialmente que Villa era un bandido y era buscado por el gobierno[45] (Eisenhower 218). Villa pasó de ser un hombre respetado y admirado a ser un hombre temido, especialmente en el área fronteriza con los Estados Unidos, área que incluye los estados de Sonora y Chihuahua. El presidente Woodrow Wilson apoyaba a Carranza, lo cual fue un elemento más que colaboró en el derrocamiento de la División del Norte. Como resultado, Villa inició una campaña de odio y terror contra los estadounidenses que habi-taban la frontera. No se puede negar que fueron muchas las atrocidades cometidas por Villa y los villistas: entre ellas, la que más ha resaltado en la memoria de los historiadores, es la del 9 de enero de 1916 conocida como la masacre de Santa Isabel, Chihuahua, en la cual fueron asesinados 16 estadounidenses que se dirigían a trabajar en minas en territorio mexicano. También el ocho de marzo del mismo año, Villa encabezó los asaltos a Columbus, Nuevo México. Aunque la mayoría de las bajas fueron villistas, este asalto probó y constató que la zona fronteriza estadounidense era blanco fácil, y que el gobierno de Carranza no podía controlar a Villa. Además reforzó su imagen como un bandido temido, al dejar una estela de pánico entre los habitantes de la frontera.

Estas complicaciones estuvieron a punto de originar otra guerra entre ambas naciones. La relación entre los presidentes Woodrow Wilson y Venustiano Carranza se deterioró a raíz de estos hechos y de la presión

---

[43] Su verdadero nombre era Doroteo Arango. Nació el año de 1878 en San Juan del Río, Durango y fue asesinado en Parral, Chihuahua en 1923.

[44] Una vez que culmina su época de gloria, después de las derrotas sufridas en 1915 ante Plutarco Elías Calles en Agua Prieta, Sonora y por último la desintegración de su ya decadente División del Norte al ser vencida en Hermosillo, Sonora. La División del Norte fue un ejército formado por Pancho Villa en 1913. Adquirió renombre y respeto al vencer al ejército de Huerta en las batallas más famosas de la Revolución Mexicana.

[45] Francisco Villa no era el único "bandido" de esa área, frecuentemente había asaltos, especialmente en la frontera entre Brownsville y Matamoros. Eisenhower reporta que en la segunda mitad de 1915 se reportaron veinticinco incidentes (211).

de sus ciudadanos. A pesar de todo, se optó por resolver estos conflictos a través de medios diplomáticos, los cuales no fueron muy transparentes y culminaron con lo que se conoce como la Expedición punitiva. Ésta consistió en la entrada de tropas estadounidenses a territorio mexicano con el único fin de buscar y capturar a Villa. El 16 de marzo de 1916 el general John J. Pershing cruzó la frontera hacia México y como era de esperarse, el pueblo mexicano reprobó esta acción y, consecuentemente, se intensificó la tensión entre ambos países. No obstante, Estados Unidos continuó con la búsqueda que se llegó a prolongar por casi un año, periodo durante el cual surgieron otros altercados. El 12 de abril se originó un tiroteo en Parral entre los estadounidenses y los carrancistas y el 21 de junio, de nuevo, esta vez en Carrizal, surgió una batalla entre el ejército mexicano y el estadounidense que estuvo a punto de culminar en guerra. Finalmente, el 5 de febrero de 1917 Pershing y sus hombres cruzaron la frontera de regreso a Estados Unidos sin cumplir con su objetivo.

Durante esta época revolucionaria y de disputas fronterizas se fortalece la hegemonía política de Estados Unidos sobre México y el estereotipo del mexicano como bárbaro, incapaz de solventar sus propios problemas y de contener a sus bandidos. Para ilustrar esta situación basta consultar el texto de Mark Cronlund Anderson, *Pancho Villa's Revolution by Headlines*, en el cual se reproducen veintiocho caricaturas periodísticas publicadas entre 1913 y 1915. De éstas, veintisiete aparecieron en diarios de Los Angeles, California; San Francisco, California; Chicago, Illinois y Denver, Colorado. En una de estas ilustraciones se representan a los mexicanos como habitantes de un minúsculo país observado constantemente por la amenazadora y omnipotente mirada de los Estados Unidos.

Fig. 1. Anderson, 140.

En contraste, otra representa a Estados Unidos en compañía del Tío Sam, como un gigante todopoderoso que tiene tanta influencia y poder sobre México que puede controlar y "enjaular" a todos los líderes y políticos mexicanos.

Fig. 2. Anderson, 202.

En estas representaciones previas a la masacre de Santa Isabel y el asalto a Columbus, Nuevo México, la imagen de Pancho Villa figura como un héroe guerrero con cualidades estadounidenses.

LA LEYENDA NEGRA

Figure 28. "LET VILLA DO IT!" Reproduced from the *Denver Post*, March 10, 1915.

Fig. 1. Anderson, 204.

Posteriormente, la imagen ya mexicanizada de Villa, hace que se le represente como un bandido. Anderson escribe: "This framing waned over time, but even in its decline, Villa's Mexicanness plagued his image like a parasite, feeding off the stereotyped elements of his birthright-backwardness, racial limitations, and moral decrepitude" (203-4). También se enfatizó el fracaso de la Revolución porque en realidad no significaba o garantizaba el progreso en México.

Figure 2. "REVOLUTION!" Reproduced from the *San Francisco Examiner*, February 17, 1913.

Fig. 1. Anderson, 128. [46]

---

[46] Todas las caricaturas, al igual que la información de la fuente han sido extraídas del texto de Anderson, *Pancho Villa's Revolution by Headlines* y se ha señalado el número de página del cual provienen.

Estas pugnas que han quedado inscritas en la historia binacional de México y Estados Unidos, además de compartir actos violentos y resultados desfavorables para los mexicanos, también destacan tres aspectos a los que previamente se ha hecho alusión: primero, el importante papel que desempeñó la frontera durante esos conflictos; segundo, el afianzamiento de una imagen denigrante y estereotípica de México y sus habitantes; y, finalmente, el nacimiento de una hegemonía discursiva en torno a todo lo fronterizo. Esto es lo que Norma Klahn ha llamado "South of the Borderism" para referirse a la invención de Estados Unidos de la imagen del vecino del sur y así definir y defender la suya: "to define and defend their own" (125). En base a esos aspectos, propongo que es en esa relación hegemónica y estereotípica entre los Estados Unidos y México donde se establecen las bases para la construcción, la aceptación y la resistencia de lo que hoy se conoce como la "leyenda negra" de la frontera norte de México. Una vez que se aceptó "la inferioridad de México" tal vez como la que representan las ilustraciones que hacen circular los periódicos, se facilitó la recepción de algunos estereotipos cuyos orígenes se remontan a la Guerra de Estados Unidos y México y la Revolución Mexicana. En general, estos catalogaban a los mexicanos como personas bárbaras, incivilizadas e inferiores y, por partida doble, se exaltaba la superioridad militar y económica de la raza anglosajona; en sí, se hiperbolizaban los contrastes raciales y físicos (Fox 72). El sentimiento de superioridad estadounidense se incrementaba con la devaluación de la imagen del otro, del mexicano. Este mecanismo publicitario o de distracción funcionó satisfactoriamente para Estados Unidos durante ambos periodos conflictivos. Sin embargo, no fue suficiente para desviar la atención de todos los problemas internos de Estados Unidos ya que una porción de la población estaba conciente de la problemática relacionada al alcohol durante el final del siglo XIX y el inicio del XX.

Desde su origen como nación, Estados Unidos utilizó el alcohol como una forma de generar dinero por medio de un impuesto al whiski que desembocó en la Rebelión del whiski en 1794. Más tarde, y en parte debido a las inmigraciones,[47] el alcohol fue protagonista de varias discor-

---

[47] Alrededor de 1840, Estados Unidos recibió un gran número de inmigrantes, en su mayoría, alemanes e irlandeses de bajos recursos para quienes el beber bebidas alcohólicas era parte de su cultura y vida cotidiana

días. Para finales del siglo XIX, mucha gente concordaba con que el alcohol era un problema que generaba accidentes, pobreza, enfermedades, crimen y desperdicio (Lieurance 45-6). Esto apoyó el surgimiento de varias organizaciones y campañas contra las bebidas alcohólicas y bares que a su vez motivaron la creación de la Enmienda 18 de 1917. Esta enmienda prohibió la producción, la venta y el consumo de bebidas alcohólicas en Estados Unidos y dio origen al Acto Nacional de Prohibición, también conocido como Volstead Act o "ley seca".

La "ley seca" es otro aspecto que contribuye a las fricciones fronterizas y, una vez bien arraigada la relación hegemónica y estereotípica de la zona fronteriza mexicana, crea las condiciones para lo que se llega a llamar en la frontera la "leyenda negra". A partir de 1919, las bebidas alcohólicas se convierten en una obsesión para el pueblo estadounidense, hecho que culmina en dos vertientes destacables: el contrabando de alcohol y un auge turístico en la frontera norte de México. Conscientes de esta obsesión, hubo quienes estuvieran dispuestos a todo para saciar la demanda y enriquecerse. Así es como se inicia el contrabando de licor proveniente de México, Canadá y el Caribe (Lieurance 69). Esta situación dio lugar al crecimiento del crimen organizado en el que se destaca como uno de sus cabecillas, Al Capone. La introducción ilegal de licor por los llamados "*rumrunners*" a Estados Unidos y la venta de personas conocidas como "*bootleggers*" pronto se convirtió en uno de los negocios más lucrativos de la época.[48] Sin embargo, el acceso al licor ilegal, el cual muchas veces estaba alterado con agua y era de un precio muy alto, no satisfizo a todos los consumidores. Hubo quienes, especialmente los que vivían cerca de la frontera con México, cruzan al país vecino frecuentemente para mitigar su sed ya que allí el consumo del alcohol era legal. Es a raíz de esta situación que surge otro acontecimiento relevante, la denominada época de oro del turismo en Baja California Norte (Félix Berumen 157) desde 1919 a 1933.

(Lieurance 24). Más tarde a principios del siglo XIX se registró la segunda migración considerable compuesta por judíos de Rusia, Rumania y Polonia, católicos de Irlanda y otros grupos de Hungría y Alemania. Estos grupos también eran de bajos recursos y les gustaba beber bebidas alcohólicas en bares (Lieurance 25).

48 Según Lieurance el nombre de bootleggers probablemente surge en la década de 1880 cuando se prohibió la venta de alcohol en Kansas y Oklahoma. La gente vendía licor en los pueblos y lo escondía en sus botas (68).

Durante este periodo, otros pueblos mexicanos fronterizos, no sólo Mexicali y Tijuana, se convirtieron en atracciones turísticas internacionales, entre ellos, Ciudad Juárez. Oscar J. Martínez en *U.S.-Mexico Borderlands: Historical and Contemporary Perspectives* destaca las consecuencias de tal "turismo" en Ciudad Juárez: "Juárez had unenviable fame before the Prohibition Era, but with the passage of the dry law this town achieved unprecedented notoriety. Bars, cabarets, gambling houses, brothels, honky-tonks, lewd shops, and dope parlors proliferated" (151-2). Con respecto a Mexicali, Gabriel Trujillo Muñoz en *Mexicali centenario: una historia comunitaria, 1903-2003* cita un artículo del 1965 del periódico mexicalense, *La voz de la frontera*, en el cual se hace referencia a la vasta cantidad de centros nocturnos, casas de juego y mujeres que ya operaban en estos sitios:

> Había doce cabarets en la avenida Reforma. En la acera de enfrente, de la Melgar hacia el oriente estaba el "American Bar".... En la esquina opuesta se hallaba la "Nogales"...luego seguían "El Gato Negro" "El Blue Fox" y "El Cañón de Oro".... [...]los de postín "El Tecolote", "Southern Club", "Gambrinus", "Climax" y San Diego. En "El Tecolote", en la parte trasera del casino, el cabaret y la cantina se hospedaban más de doscientas mujeres, seleccionadas entre las más bellas y de todas las nacionalidades (82).

Finalmente menciona, como el más destacado de esta zona conocida como la zona roja por su extensión y capacidad, al cabaret "Mexicali".[49]

David E. Lorey en *The U.S-Mexican Border in the Twentieth Century*, además de describir la magnitud y cantidad de bares que proliferaban en Tijuana, destaca como una de las atracciones principales, el casino Agua Caliente:

---

[49] Otra constancia de este tipo de lugares ubicados en el área fronteriza de Mexicali se puede encontrar en el texto *Forging the Tortilla Curtain* de Thomas Torrans en las páginas 15 y 16.

A large complex. It included gambling rooms, bars, restaurants, theaters for floor shows, a dog racetrack, a horse racetrack, a golf course, and an airport. Its owners, Baron Long, Wirt G. Bowman, and James N. Crofton, had operated night spots in southern California prior to Prohibition. The clientele comprised mostly U.S. citizens, especially prosperous Californians, among them many well-known movie stars of the period. Tijuanenses (residents of Tijuana) who worked at Agua Caliente as waiters, dealers, or bartenders during those years recall serving those stars as Clark Gable, Douglas Fairbanks, Jean Harlow, the Marx Brothers, Jimmy Durante, Búster Keaton, Johnny Weissmuller, Bing Crosby, Dick Powell, and the celebrated gangster Al Capone (46-47).

Humberto Félix Berumen también escribe con respecto a Tijuana: "Es ésta la época durante la cual proliferaron abiertamente las cantinas a lo largo de lo que hoy es la Avenida Revolución (con 75 cantinas en 1926, según el registro de la historiadora "Ángela Moyano Pahissa, 1983:116)" (*Tijuana la horrible* 157).

De estas y otras descripciones que resaltan la magna presencia de centros nocturnos, se puede deducir que no se escatimaba al invertir en bares u otros sitios de ocio y diversión ya que las ganancias en éstos eran considerables. Para mantener esta situación lucrativa, se renovaban los espectáculos y la variedad nocturna, además de una fuerte propaganda que a grandes rasgos comunicaba que en estos sitios se encontraba toda clase de diversión a precios bastante razonables. Es importante destacar que la mayoría de estos sitios de diversión y consumo, como apunta Humberto Félix Berumen, fueron fundados y explotados casi exclusivamente por ciudadanos de Estados Unidos (*Tijuana la horrible* 155). Fueron los norteamericanos los que inicialmente aportaron con inversiones financieras y su propia concurrencia a estos sitios los motivos para que más tarde se catalogaran a estas ciudades como sitios de perdición, ciudades vistas a través de una "leyenda negra" que se fue construyendo en torno a ellas que definía la zona fronteriza como un espacio de libertinaje y corrupción al margen de la ley. Esta aportación, que en principio se reduce a un desplazamiento del norte hacia el sur en un movimiento de territorialización, es la que frecuentemente ignoran los que se empeñan en aceptar y vociferar que la zona fronteriza mexicana es sinónimo de corrupción, ilegalidad, alcohol, droga, prostitución y juegos de azar.

Sería injusto aceptar que el único legado que dejaron estas actividades fundadas en satisfacer vicios ilegales en Estados Unidos fue adverso porque también emanaron de ella situaciones favorables. En el caso específico de Mexicali, fue durante esta época, y gracias a la "ley seca" que floreció esta ciudad ya que previamente contaba con muy pocos habitantes. La abundancia de burdeles, cantinas y casinos pronto amplió las posibilidades laborales y se inició una importante migración de habitantes del interior de México hacia Mexicali, contribuyendo así a que el pequeño poblado que era Mexicali se convirtiera en una metrópoli fronteriza.[50] Otra razón que subraya Gabriel Trujillo Muñoz es la producción de cerveza, ya que, gracias al "falso puritanismo de los vecinos del norte..." (81), Miguel González Quiroz fundó la cervecería Mexicali. Trujillo Muñoz relata que una vez que se aprobó la Ley Volstead, algunos licoreros de San Diego temían que sus bebidas alcohólicas fueran desechadas, y decidieron vendérselas a un precio muy reducido al señor González Quiroz. Explica Trujillo Muñoz que:

> ...Mexicali donde la cerveza era, como el algodón, oro puro, transparente, ambarino, la causa por la que un "raquítico villorrio con unas cuantas casas" se volviera una ciudad hecha y derecha, donde las noches eran más animadas que las jornadas diurnas y las calles permanecían llenas hasta la madrugada." (Trujillo Muñoz, *Mexicali centenario* 81).

En Tijuana sucedió una situación similar a la de Mexicali, aunque a mayor escala y, por ende, con mayores repercusiones. Humberto Félix

---

50 Otro acontecimiento de singular importancia que atrajo a más de cuatro millones y medio de mexicanos a la frontera, aunque en esta ocasión con la intención de trabajar en el país del norte, fue el programa bracero. Éste se puso en marcha en 1942 con un convenio bilateral entre ambos países. Estados Unidos necesitaba urgentemente la mano de obra para cosechar sus productos agrícolas ya que participaba en la segunda Guerra Mundial mientras que México contaba con muchos habitantes dispuestos a trabajar en el norte para mejorar su situación económica. Los programas braceros terminaron en 1964 por decisión de Estados Unidos. El libro *Merchants of Labor: The Mexican Bracero Story* de Ernesto Galarza ofrece un amplio panorama de este programa.

Berumen en *Tijuana la horrible: entre la historia y el mito*, basándose en diversos estudios resume el crecimiento de Tijuana en un lapso de no más de diez años y concluye que: "A la presencia del turismo norteamericano, en efecto, debió Tijuana su desarrollo urbano, su crecimiento demográfico (de 1 228 habitantes en 1921 pasó a 11 271 en 1930) (Küsel, 1998: 11-48)" (60-1). Berumen también señala que fue durante este periodo que Tijuana alcanza "una proyección internacional; y más que ninguna otra consecuencia visible, buena parte de su mala reputación pública" (61). [51]

De nuevo, es imponderable destacar, como lo hace Berumen, que Tijuana se convirtió en "el patio trasero para el desenfreno moral" (62). Las actividades que durante la época de la Prohibición resultaban ilícitas en Estados Unidos, al otro lado de la frontera se encontraban al por mayor y la frontera se fue convirtiendo en una válvula de escape del puritanismo anglosajón. Lo que se consideraba inmoral e ilegal en Estados Unidos, en la frontera mexicana formaba parte de actividades cotidianas. Lo que muchas veces se ha ignorado por conveniencia es que estas ciudades florecieron como resultado de las actividades de turistas estadounidenses, clientela a la que se le ofrecía lo que ésta demandaba, es decir, lo que no era legalmente permitido en su tierra. La línea fronteriza no sólo marcó la división entre ambas naciones sino que también estipuló un estilo de vida, un desarrollo reflejado parcialmente por un intercambio cultural y económico de producción, demanda y consumo que surge de las necesidades del consumidor norteamericano. Estos centros turísticos, por llamarlos de alguna manera, surgieron en su gran mayoría, como ya se ha mencionado, con el capital estadounidense y la migración. Es así como Tijuana y Mexicali evolucionan hasta llegar a ser verdaderos centros urbanos: ciudades engendradas, en parte, por una necesidad que surge del norte, necesidad relacionada a la trasgresión que culminó, como resultado, en la creación de una imagen estereotípica peyorativa de la frontera norte de México.

La fama de la frontera de Baja California como sitio de vicios y corrupción se ha arraigado con mayor ahínco en Tijuana que en Mexicali.

---
51 En Ciudad Juárez el desarrollo fue similar respecto a crecimiento urbano y al nacimiento de la mala fama fronteriza. No entro en detalles sobre la situación de esta ciudad porque en el presente estudio me concentro en Baja California Norte.

Es inobjetable que ambas ciudades nacen por las mismas razones durante la época de la "ley seca" de Estados Unidos. Sin embargo, Tijuana, a pesar de su desarrollo comercial e industrial, es una ciudad en la que el turismo constituye un factor determinante para su economía. El caso de Mexicali es algo diferente, ya que gracias a la copiosa producción agrícola de su valle, no existió la necesidad de continuar con una subsistencia turística basada en la prostitución, el alcohol y las drogas. No insinúo que no existan los componentes de la "leyenda negra" en esa ciudad, más bien resalto lo que es de cierto modo obvio: o sea, que en Tijuana los factores que construyen la "leyenda negra" permanecieron con mayor tenacidad y por ende existen de manera más visible. José Alfredo Gómez Estrada observa lo siguiente referente al tema:

> Hoy día, a más de cincuenta años de aquella época que dio origen a la llamada "leyenda negra", puede decirse que Mexicali ha lavado su honor, Tijuana en cambio, a pesar de su evidente desarrollo comercial e industrial, provoca a distancia fantasías que tienen que ver con una ciudad de diversión y placeres, aún cuando la moral vigente no es tan cerrada como la de los lejanos "secos" de la década de los años veinte (30).

La complicidad de Estados Unidos en la construcción real e imaginaria de esta zona es un factor determinante para la creación y el desarrollo de la "leyenda negra". Esto significa que al ser México "víctima" de esta hiperbolizada leyenda, también contribuye en la reafirmación de ésta. Las ciudades fronterizas conscientes de ser parte de México por muy diversas que sean, y aunque en ocasiones se les señale como americanizadas, explotan el pasado indígena y por partida doble exprimen el legado nefasto de la "leyenda negra". Estos "atractivos" han sido en sí una farsa que con el transcurrir de las décadas se han adoptado en ciudades como Ciudad Juárez, Tijuana y Mexicali. Es importante notar cómo se plasman estos aspectos turísticos en los tradicionales recuerdos fronterizos, mexicanos. Es cierto que en la frontera no existen principales atracciones turísticas como en otras regiones del país, por ejemplo pirámides, grandes museos, catedrales, sitios históricos. Por ende, se debe de partir de una construcción, un área que no sea del todo desconocida pero que simultáneamente aporte atractivos únicos. Como la frontera se considera una ventana por la que se visualiza en muchas ocasiones todo un país, al turista se le ofrece una vasta cantidad de establecimientos de curiosidades, *curious shops* en los que pululan inagotables cantidades de recuerdos "mexicanos". Predominan las pinturas y cerámicas con motivos indígenas: pirámides, calendarios aztecas, emperadores, mujeres y dioses aztecas, así como también abundan las camisetas y recuerdos que representan temas relacionados al alcohol y el libertinaje "fronterizo". También se da el curioso caso de la Avenida Revolución en Tijuana, donde se encuentran los ya afamados burros pintados de cebras que aparentan tirar carretas coloridamente decoradas con motivos mexicanos pero, que en realidad, están a la espera de quienes deseen montarlos y tomarse una fotografía para así llevarse un recuerdo de la frontera, de México, irónicamente a través de la figura de una cebra. Santiago Vaquera en su artículo "Tijuana Postcards: geografías imaginarias" alude a estos burros e incluso incluye una fotografía de 1968 en la que su madre y él están sentados en uno de ellos. Néstor García Canclini en su libro *Culturas híbridas* también incluye una fotografía de estos burros representando cebras (299). Canclini escribe:

> Donde las fronteras se mueven, pueden estar rígidas o caídas, donde los edificios son evocados en otro lugar que el que representan, todos los días se renueva y amplía la invención espectacular de la propia ciudad. El simulacro pasa a ser una categoría central de la cultura. No sólo se revitaliza lo "auténtico". La ilusión evidente, ostentosa, como las cebras que todos saben falsas o los juegos de ocultamiento de migrantes ilegales "tolerados" por la policía norteamericana, se vuelve un recurso para definir la identidad y comunicarse con los otros (301).

(Frysinger).⁵²

El burro-cebra o el "zonkey" [z(ebra) (d)onkey] como lo ha nombrado Heriberto Yépez en "Tijuana: Procesos de una ciudad de ciencia ficción sin futuro" (41), se ha llegado a convertir en una firma de la zona y es ya un clásico recuerdo de una visita a Tijuana, para muchos turistas, será la única impresión que conserven de México. Desde hace décadas los burros-cebra irónicamente forman parte intrínseca de la fachada de la Avenida Revolución como si éstos fueran la única constante en una zona de cambios y de permanente redefinición. Cuando algunos establecimientos cierran, inmediatamente son reemplazados por otros: bares, discotecas, restaurantes, tiendas de curiosidades, farmacias, etc, continúan apareciendo en dicha avenida. Pero los burros exóticos disfrazados de cebras africanas se mantienen allí como parte íntegra de la tarjeta postal tijuanense. Se podría decir que esta imagen híbrida (realidad/farsa) del burro-cebra es un tipo de observador, un testigo estático de la

---

52 La fotografía de Galen Frysinger fue extraída del siguiente sitio:
http://www.galenfrysinger.com/tijuana.htm.

trasformación de esta avenida, un enlace entre un pasado tradicional y el presente: un hito en la condición fronteriza entre lo propio y lo ajeno, lo real y lo imaginario.

En estos tres grupos de recuerdos fronterizos se puede sintetizar lo que representa y la manera en que se construye una frontera turística. La parafernalia indígena tiene dos propósitos básicos: primero, compone y satisface las expectativas de los turistas sobre lo que esperan encontrar en México, y también denota un orgullo mexicano por un pasado azteca de plenitud y poder. Cabe mencionar que ésta es la parafernalia que se ha hecho popular en los grandes centros turísticos de la zona central de México. Si hay algo de lo que la mayoría de los mexicanos se enorgullece es el legado cultural y arqueológico de los indígenas, principalmente de los aztecas. Como Benedict Anderson señala en *Imagined Communities*: "Spanish-speaking mestizo Mexicans trace their ancestries, not to Castilian conquistadors, but to half-obliterated Aztecs, Mayans, Toltecs and Zapotecs." (154). Esta aceptación nacionalista podría ser una respuesta parcial a lo que Socorro Tabuenca llama "North of the Borderism" (*La frontera textual* 186), una mirada desdeñada desde el interior de México hacia las ciudades fronterizas del norte. En general, esta visión negativa centralista consiste en observar el área fronteriza como una región "agringada" o americanizada. Por otro lado, los recuerdos que aluden a la mala reputación fronteriza no dejan de ser una construcción basada en las demandas y expectativas turísticas y mercantiles que sustentan la "leyenda negra" de estas ciudades y afirman lo que Norma Klahn define como "South of the Borderism" (42). Ante estas dos visiones contrarias, los burros pintados no sólo representan el simple enmascaramiento de las ciudades fronterizas, es decir, la viva imagen de la farsa montada por los comerciantes mexicanos en su intención de representar un México que en esa zona no ofrece grandes atractivos naturales o históricos. Al no tener una imagen propia, la comercialización de la región se ve obligada a inventar a un México[53] cuyas características pre-colombinas y/o

---

53 Ramón Eduardo Ruiz apunta algo similar sobre el tema en su libro *On the Rim of México. Encounters of the Rich and Poor*: "The purpose of this Mexican Disneyland is to please outsiders, especially the tall and blond. To cite David Nicholson-Lord, an English author, all of this adds up to what he refers to as 'airport art' and the 'trinketization of cultures'." In diverse ways, tourism, he argues, "changes tradition," and "particularly in the Third World," where one must situate the Mexican border, "that change looks and feels like degradation." That bit of

exóticas desplazan las necesidades de vida en la frontera con el fin de responder a las necesidades y demandas de los consumidores; situación hasta cierto punto similar a la de los turistas durante la época de la "ley seca" en la frontera. De igual manera, esta imagen carnavalesca podría interpretarse como una respuesta, una represalia al "South of the Borderism" y "North of the Borderism". La piel pintada con rayas negras del "zonkey", más bien representa a modo de "performance" en el afán de imitar la apariencia de una cebra, un tapiz rizomático sin principio ni fin: una manifestación única de la hibridez fronteriza de esta región que defino como "Zonkeismo revolucionario".[54] Es decir, el burro-cebra es un enmascaramiento, una invención fronteriza que representa la resistencia que surge de la hibridez en la frontera. De este modo, se puede decir que la cultura fronteriza resiste aceptando al otro. Mediante esta "aceptación" se ataca la autoridad colonizadora y se desautoriza el discurso del "dominador" para finalmente subvertir la "leyenda negra".[55]

Para aprovechar la condición de puente turístico de estas ciudades fronterizas, los comerciantes se ven ante la necesidad de satisfacer las expectativas de los turistas con un "recuerdito" tradicional o precolombino, o con la visita a un bar en busca de la mala fama de la frontera que forma parte de la comercialización de la zona como sitio anfitrión de actividades relacionadas al alcohol, las drogas y la prostitución. De manera que en el intento de responder a las demandas del turismo, el comercio fronterizo simultáneamente construye y reafirma la frontera como un espacio "mexicano" que acoge los elementos que llevan a la creación de la "leyenda negra" y cuya realidad es la fachada, que como las rayas negras sobre el burro, se han pintado para promover el turismo comercial.

La convivencia entre ambas naciones, en el caso de México, como

---

wisdom strikes you with startling clarity when you wait in your auto at international gates to enter the United States; on one side, there is row after row of wooden stalls ("the last chance to buy") displaying vulgar statues, grotesque clay pigs, and gaudy blankets and, on the other, vendors on foot hawking identical merchandise. Obviously, what Americans purchase determines what is made and sold. You wonder about the taste of the Americans who buy these eyesores, and if you are of Mexican descent, you feel shame for what has befallen the country of your parents". (57)

54 Éste es un término que he creado combinando el llamado "Zonkey" (burro-cebra) y su ubicación en la Avenida Revolución, "zonkeismo revolucionario".

55 Los relatos de Luis Humberto Crosthwaite, que analizaremos en el capítulo 4, dan constancia de este proceso de resistencia y subversión.

proveedor de recuerdos, servicios y experiencias, y en el de Estados Unidos, como consumidor y turista, se sustenta gracias a los mutuos beneficios de esta dinámica de negociaciones fronterizas. Las ciudades al sur de la frontera crean toda una parafernalia de objetos mexicanos, o bien, si se quiere, de un México exótico fronterizo y de servicios que son de costo bastante accesible para los consumidores del norte, lo cual hace que los pueblos mexicanos al sur de "la línea" sean sitios atractivos para sus vecinos del norte. El intento de satisfacer al turismo extranjero y las implicaciones que ese intento acarrea se podría observar como un juego en el que los participantes de ambos lados del cerco son ganadores aunque generalmente se acostumbre a jugar en cancha, es decir terreno mexicano.[56] Al sur de "la línea" se obtienen beneficios monetarios mientras que los consumidores del norte adquieren diversión, un recuerdo o un servicio que en la mayoría de las veces está estrechamente relacionado a la transgresión de las leyes del norte, así afirmando y confirmando la "leyenda negra" fronteriza. Este elemento lúdico, como bien señala Johan Huizinga en su texto *Homo Ludens,* manifiesta que para que un juego sea más encantador es necesario que se rodee de misterio (25). La zona fronteriza mexicana, sin duda, posee esta cualidad ya que las imágenes, sus estereotipos, a pesar de ser denigrantes, resultan enigmáticos, tentadores y en muchas ocasiones requieren el uso de tácticas como de las rayas negras del burro-cebra, en el caso de los tijuanenses y del desplazamiento de un disfraz para usar otro en el caso de los turistas del norte. Es decir, algunos estadounidenses, adoptan otra personalidad, otra máscara al incursionar en la frontera norte de México. Huizinga escribe "Ese ser otra cosa y ese misterio del juego encuentran su expresión más patente en el disfraz. La 'extravagancia' del juego es aquí completa, completo su carácter 'exatraordinario'. El disfrazado juega a ser otro, representa, 'es' otro ser" (26).

En esta dinámica de demanda y consumo, y de "performances" los comerciantes no son los únicos benefactores y explotadores de la "leyenda negra". Actualmente, y a mayor escala, esta leyenda fronteriza ha acaparado atención internacional por el cuantioso flujo de drogas y

---

[56] Aunque por lo general el turismo llega a la frontera mexicana en busca de distracción, placer o mercancía, en la actualidad se importan algunos de estos deseados objetos entre los que se destaca la droga.

por lo que estas actividades del narcotráfico significan para las ciudades mexicanas al sur de los Estados Unidos. La situación en estas ciudades hoy día recuerda a la época de la Prohibición de Estados Unidos. A principios del siglo XX las ciudades fronterizas se convirtieron en un oasis de alcohol. Por un lado, como antes mencionado, había en general dos grupos de personas: uno que traficaba con bebidas alcohólicas y las introducía a Estados Unidos y otro que, para obtener un "servicio" cruzaba la frontera, lo obtenía, pagaba y regresaba al país de origen sin tener que confrontar problemas legales. Para los habitantes que tenían acceso directo a México, debido a la cercanía geográfica, éste era un trámite rutinario y sin mayores complicaciones. Hoy esta dinámica, hasta cierto punto, ha cambiado. Si bien, son muchos los que podrían constatar que en Tijuana se pueden adquirir drogas con bastante facilidad, tampoco se puede negar que generalmente es para consumición local. Son pocas las personas que se arriesgan a ser capturadas por introducir droga para su consumo personal al país del norte. En la actualidad no es ni siquiera necesario cruzar "la línea" para obtener la codiciada mercancía ya que existen organizaciones de narcotraficantes que se encargan eficientemente de este proceso. Debido a la alta demanda de estos productos en Estados Unidos[57], los cárteles de droga mexicanos se han convertido en organizaciones extremadamente prósperas y millonarias tal y como observa David E. Lorey:

> In the 1980's, drug trafficking reemerged as a pressing issue in border life, broadly affecting U.S.-Mexican relations as well as the regional economy and society. The United States blamed Mexico for its role as the source of the illegal drugs from being transshipped through the border region to the United States. Indeed, Mexico had clearly come to supplant Colombia

---

57 Ramón Eduardo Ruiz analiza en su libro *On the Rim of México* la situación de las drogas. En su capítulo titulado "La Maldición" presenta cifras alarmantes relacionadas a los consumidores estadounidenses: "Already by 1989, as the State Department acknowledges, Americans consumed 60 percent of the illegal narcotics in the world. One report by the National Institute on Drug Abuse (NIDA) claims that approximately 37 percent of Americans, age twelve and older, use illicit drugs at some time in their lives" (172). En el programa "The War on Drugs: The Reality Behind the Movie Traffic Border War: The México/U.S. Drug Connection" televisado por abc NEWS Nightline se explica detalladamente cómo operan los narcotraficantes para introducir la droga a Estados Unidos. También se hace hincapié sobre la facilidad con la que adquieren drogas tres adolescentes estadounidenses (2001).

in the U.S.-Latin America drug trade; Andean countries controlled the production and Colombia controlled the refining of cocaine, but Mexican drug lords dominated distribution and marketing in the United States.
Mexico countered such changes by arguing that its extensive drug interdiction programs could not change the fact that the U.S. market represented the principal stimulant to drug trafficking. U.S. consumers continued to spend in excess of 50 billion dollars per year on illegal drugs (161).

Todavía hoy surgen conflictos similares a los de la época de la Prohibición. Ambos países implicados continúan "beneficiándose" mediante una actividad que a diferencia del alcohol se considera ilícita a ambos lados de la frontera: el narcotráfico. Una vez más,[58] como en el caso de la prostitución, estas actividades generan vastos beneficios para la zona fronteriza y para algunos de sus habitantes; al incrementarse el flujo de droga en una ciudad fronteriza, forzosamente surgen empleos e inversiones con lo que el mercado regional, basándose en servicios legales e ilegales, experimenta un crecimiento considerable. Este desarrollo fronterizo suscitado por el tráfico de drogas produce un alto precio social y humano estrechamente relacionado con la violencia y la muerte. Obviamente, y al ser producto de un acto delictivo, las ganancias obtenidas por el flujo de droga no están sometidas a ningún tipo de impuesto o regulación, esto colabora al monto de ganancias millonarias. Sin embargo, esta situación no permite una "libre" o transparente distribución de los bienes obtenidos. Por ende, los narcotraficantes se ven obligados a lavar gran parte de sus ganancias invirtiendo en inmuebles hoteleros, residenciales, de diversión, etc. Ya que las sustancias ilegales transportadas y distribuidas generan ganancias tan copiosas, es bastante común comprar "favores," información y hasta vidas con el único fin de cumplir con el objetivo: distribuir y vender la droga en el mercado estadounidense.[59] Con ese fin se ha desatado una fuerte ola

---

58 Recordemos que Tijuana, Mexicali y Ciudad Juárez florecieron como ciudades gracias a la Ley Volstead, al flujo de alcohol y a las facilidades que brindaba el gobierno para establecer bares, casinos y prostíbulos.
59 Para obtener un detallado recuento histórico sobre la influencia de las drogas en Estados Unidos, puede consultar el capítulo "Politics and Profits of the "War on Drugs" del libro *Forging the Tortilla Culture* de Thomas Torrans.

de violencia en algunas ciudades fronterizas mexicanas. Los crímenes conocidos entre los narcotraficantes como "ajustes de cuentas" violentos están al orden del día. Frecuentemente se descubren cadáveres de presuntos narcotraficantes con el "sello" del "narco", el tiro de gracia, un disparo en la cabeza. Los políticos, jefes policíacos, abogados y todos los que estén vinculados con procesos contra los narcotraficantes o con actos de corrupción también son víctimas de la ley del "narco". Lo que resulta sumamente alarmante son los crímenes contra periodistas por simplemente desempeñar su trabajo. El publicar crónicas e investigar sobre los actos delictivos de los"narcos" puede costarle la vida a cualquier periodista sin importar el sexo, la popularidad, o el periódico o noticiero para el que trabaje.[60] Es inobjetable que los resultados adversos, producto de este comercio ilegal, sobrepasan los beneficios generados ya que relativamente son pocas las personas que obtienen ganancias considerables y sin embargo muchas las que sí se ven envueltas en actos violentos y criminales. Este tema, al igual que el alcoholismo, son dos aspectos de la "leyenda negra" estrechamente vinculados a la prostitución, otro elemento que forma parte de la mala fama fronteriza.

La prostitución que sostiene el auge turístico en la frontera norte mexicana, tiene como punto de partida también la época de la "ley seca". Con la apertura de bares y centros de diversión, también se originó una intensa comercialización de servicios sexuales. Ya que gran parte de la clientela provenía de Estados Unidos, en la que se incluía a artistas millonarios, era fácil encontrar a prostitutas de diferentes países del mundo. Como ya se ha mencionado, una vez que termina la Prohibición en Estados Unidos, concluye la llamada "época de oro" turística de esta frontera. No obstante, los componentes de la "leyenda negra" que surgen en el área fronteriza durante esa época perduran para convertirse en "atractivos" contemporáneos que continúan atrayendo un turismo cautivado por lo exótico, la violencia, la diversión desmedida y la ilegalidad. Ahora la mayoría de las sexo-servidoras o trabajadoras sexuales son

---

[60] De acuerdo a la información de Teodoro Rentería Arróyave en "Zapatenado", un sitio del internet, de 1983 a la fecha han sido asesinados 56 periodistas en México de los cuales 22 fueron privados de su vida durante el sexenio del Presidente Vicente Fox (Rentería).

mexicanas que entran en esta profesión por necesidad económica, como señalan Elena Azaola y Cristina José Yucamán en su libro *Las mujeres olvidadas*: "Pero en realidad, la prostitución ha sido ante todo una fuente de trabajo y, en casos excepcionales, el origen de un pequeño poder" (39). Ramón Eduardo Ruiz también destaca esta situación precaria del país que al ofrecer pocas oportunidades crea la necesidad según Ruiz: "Poverty and oppression surely explain much prostitution; the blame lies with a society and a system that forces the poor to seek work in foreign lands or as prostitutes" (55). Por si no fuera suficiente, las prostitutas son estigmatizadas y es común que la sociedad las señale con el dedo acusador sin considerar todos los factores que motivan a las mujeres a ejercer este trabajo. Muchas veces se está consciente de que los bajos recursos económicos influyen en esta decisión pero existe una doble conciencia moral en la que también se incluye la idea de que las mujeres aptas para brindar ese servicio tienen cierta inclinación hacia "tales actividades" y, por lo tanto, son rechazadas y excluidas, como observa Azaola:

> Al igual que ocurre en otros ámbitos, lo que aquí se observa es una especie de doble actitud o doble moral frente a la prostitución. Por una parte, es vista como el producto de la falta de otras opciones para sustituir y, por ende, como una situación irremediable donde no hay mucho que elegir. Por otra, es vista como una actividad que sólo las que tienen determinadas inclinaciones o desviaciones suelen desempeñar y, por ende, como una actividad que en cualquier caso debe ser reprobada y amerita el rechazo de la comunidad (106).

Paradójicamente, en la irracionalidad de este racionamiento, la persona recriminada es la que ofrece el servicio sexual, no la que lo compra. Es muy poco común que también se señale al cliente que solicita servicio ya que la sociedad acepta que existen personas "desviadas" que se dedican a la prostitución. No obstante, se debe tener presente que en la prostitución, en todas situaciones hay más de una persona "cómplice": la que se prostituye y la que la solicita. Pero en la frontera, ambas están estrechamente relacionadas a la condición de ilegalidad que se establece en la zona norte de México, donde las prostitutas son numerosas porque los consumidores, que cruzan del país del norte, también lo son. [61]

Así como la mujer se vende por dinero, el cuerpo, espacio, de esta zona fronteriza se prostituye al producir imágenes inventadas de la frontera para el turismo de Estados Unidos. Es otro tipo de prostitución que, como hemos visto anteriormente, explota y depende de las condiciones que dan lugar a la "leyenda negra". El turista, que no piensa de esta manera, agrava la situación al generalizar la frontera con México y creándose la idea de que todo el país es como lo que observa y busca en las ciudades fronterizas. Sobre esta condición, Debra A. Castillo y Socorro Tabuenca comentan lo siguiente en *Border Women. Writing from la frontera*:

> Rangel Gómez's reading of Tijuana's infamous international image as a meat market for the United States-U.S. men cross the border to purchase sex from Mexican women, while Mexican men cross the border to sell their labor in U.S. fields-is a potent one, suggesting that from both central México as well as the United States there arises a tendency to feminize Tijuana in a particularly marginalizing and stigmatized manner. Tijuana, in this respect, confirms the primacy of centrist nations about the provinces by antinomy. By setting Tijuana and its inhabitants outside the traditional construction of motherland (*madre patria*) as a domestic space writ large, those Tijuanan generous ladies, frivolous women, and decayed prostitutes help define the normalized space, holding up a distorting mirror to central Mexico's sense of itself as a nation of decent women and hardworking men (126).

Si por un lado no es justo juzgar toda una nación por lo que se contempla a escasos metros de Estados Unidos en México, por otro, tampoco se le puede reprochar del todo al turismo fronterizo estadou-

---

61 Desgraciadamente, ellas son las recriminadas ya que los hombres, los clientes, no tienen que compartir la estigmatización y consecuencias que con su colaboración en la prostitución pueden acarrear.

nidense ya que su percepción, en muchas ocasiones, se basa en lo que observa: una construcción edificada para ellos, una ilusión que se vende como realidad y que también funciona como resistencia a la influencia norteamericana. Algunas de estas "realidades" no son exclusivas de la frontera norte mexicana ya que se comparten, por ejemplo, con la ciudad de Las Vegas en el estado de Nevada donde el turismo americano llega con expectativas similares.[62] Pese a que esta ciudad estadounidense y algunas regiones fronterizas mexicanas subsistan en parte, gracias a los vicios, existe una disparidad notable; los juegos de apuestas son el vicio de mayor explotación y difusión en Las Vegas, mientras que hoy en día, éste no es el caso en el territorio mexicano.

En la actualidad son pocos los centros de apuesta legales que operan en México. En el 2005, el gobierno de México hizo pública una lista de veintidós permisos generales. Entre éstos se destacan los otorgados a los legados que dejó el Casino Agua Caliente[63] (lo que ahora se conoce como el hipódromo Agua Caliente) en Tijuana y sus distintas sucursales dispersas en las ciudades fronterizas y sitios turísticos del país. Este lugar ha subsistido gracias a los diversos eventos de apuestas como las carreras de caballos y de perros galgos. Es importante aclarar que éstos no son casinos como los que abundan en Las Vegas, ya que, como lo manifiesta la Ley Federal de Juegos y Sorteos de México, sólo se permiten "cierto tipo" de juegos.[64]

---

62 También algunas de las principales atracciones de Las Vegas son los elementos que componen la "leyenda negra" fronteriza, éstas hacen de Las Vegas uno de los destinos turísticos más visitados en Estados Unidos.
No obstante, existe una notable diferencia de precios en algunos de los servicios disponibles. También resulta más placentero para el turista estadounidense visitar México y de antemano tener la opción de sentirse superior debido a la situación económica de ambos países, ya que al ir a Las Vegas muchas veces implica pasar a ser uno más de los jugadores de máquinas tragamonedas o apostadores.

63 Este casino fue inaugurado en Tijuana en 1928 y clausurado seis años más tarde debido a que el presidente Lázaro Cárdenas derogó la ley que autorizaba los casinos en México el 1 de diciembre de 1934.

64 **ARTICULO 1º.-** Quedan prohibidos en todo el territorio nacional, en los términos de esta Ley, los juegos de azar y los juegos con apuestas.
ARTICULO 2º.- Solo podrán permitirse:
I. El juego de ajedrez, el de damas y otros semejantes; el de dominó, de dados, de boliche, de bolos y de billar, el de pelota en todas sus formas y denominaciones; las carreras de personas, de vehículos y de animales, y en general toda clase de deportes

II. Los sorteos.
Los juegos no señalados se considerarán como prohibidos para los efectos de esta Ley.

(Ley Federal de Juegos y Sorteos, Texto Vigente. Nueva ley publicada en el Diario Oficial de la Federación el 31 de diciembre de 1947.) <http://www.cddhcu.gob.mx/leyinfo/pdf/109.pdf>.

Esta Ley a pesar de que resulta anacrónica en virtud de que ha sido superada por una realidad que obviamente no se asemeja ya a la de 1947, año en el que se publicó, aún conserva cierta vigencia respecto a la prohibición de casinos. Esto da pie a un arduo debate entre la Comisión de Turismo y la Cámara de Diputados que impera en el arraigado y laberíntico mundo de la política mexicana.[65] Básicamente, la discusión surge a partir de la insistencia de la Comisión de Turismo por legalizar los casinos amparándose en un desarrollo económico y por la abstención de la Cámara de Diputados cuyos miembros auguran, en caso de ser avalados los casinos, una decadencia social.[66]

A pesar de las diferencias y similitudes entre ciudades como Las Vegas y centros urbanos fronterizos, la ciudad estadounidense no cuenta con la misma etiqueta que ha estigmatizado a Tijuana como un sitio peligroso y de perdición. Por esta razón las imágenes construidas, las de las figuras de réplicas autóctonas, las de los burros-cebra o "zonkeys" y la de libertinaje e ilegalidad "aprobada" nacen como respuesta al turismo que, de antemano, se acepta que es adinerado pues procede de un país económicamente "superior". En Tijuana se vende lo que el turismo pida; y el turismo demanda lo que no puede encontrar en su país. Esta es una de las razones por las que la "leyenda negra" ha tomado proporciones hiperbólicas en la frontera. Es indudable que existe el alcohol, y también, clandestinamente, las drogas y la prostitución en Estados Unidos pero, en México, al estar en otro país, ese acceso es más exótico y más asequible, aunque el precio que ya hoy se pagan en ciudades como Tijuana sea elevado.

Como se ha podido observar la convergencia de estas dos naciones y sus necesidades han brindado vigencia y diseminación a esta imagen denigrante y que desde hace unas décadas ha contribuido a la gestación de una cultura de drogas, una narcocultura, que al igual que la "leyenda

---

[65] Respecto a la política mexicana, ésta tiene una reputación bastante peyorativa, producto de la enraizada corrupción que originó el Partido Revolucionario Institucional (PRI) en su gobierno de 71 años. Muchas personas emplean el término "la polaca" para referirse a la política mexicana en un tono lúdico, irónico y despectivo.
[66] Pese a los recientes reveses sufridos por la Comisión de Turismo ante la Cámara de Diputados, no cabe duda que esta polémica continuará hasta que se resuelva. Mientras exista este desacuerdo, continuarán vigentes algunas memorias vividas durante la Prohibición, a pesar de que ya hace más de ocho décadas que el presidente Lázaro Cárdenas derogó la ley que permitía los casinos en México.

negra" extiende sus raíces, su razón de existir, a ambos lados de la línea divisoria entre México y Estados Unidos.[67] Las drogas se han convertido en el principal motor de la "leyenda negra" y los narcocorridos continúan cumpliendo con la labor de inmortalizar y propagar las crónicas que narran las vidas de los personajes que habitan en el narcomundo. Si por un lado, los escritores fronterizos han participado en la paulatina creación de una cultura que va más allá y que, al representar el lado humano de una condicion fronteriza, subvierte los aspectos que nutren la "leyenda negra", por otro, los narcocorridos suelen ser apologías del narcotraficante y por ende colaboran en la sustentación de la mala fama fronteriza. Sin embargo, también es justo destacar que algunos narcocorridos no sólo interpretan la cotidianidad de ese mundo, sino que cuestionan sus ventajas monetarias, glorificación y exotismo al exponer los riesgos que implica la participación en el mundo de las drogas y el éxito de algunos cuerpos policíacos en la lucha contra el narcotráfico.

La violencia arraigada en las ciudades fronterizas durante las últimas décadas se debe en gran medida al asentamiento de los cárteles de droga en ciudades como Tijuana y Ciudad Juárez. En éstas y otras ciudades fronterizas se empaquetan y se almacenan las drogas para introducirlas al mercado estadounidense, su principal consumidor en el mundo. Elias Castillo y Meter Unsinger destacan lo siguiente referente a las ganancias que dejan el negocio de las drogas y de su procedencia:

> Another concern is that the economy of the United States could be influenced to some degree by financial bodies in which there has been heavy investment of money by drug cartel. In Mexico alone, the figure has been estimated at $2.4 billion per year. Virtually all of that money would have come from drug sales in the United States (216).

---

67 Recordemos que la extensa demanda estadounidense por las drogas ha colaborado para que muchas ciudades fronterizas sean los hogares de los principales cárteles de tráfico de drogas. Por otro lado, México y su laberíntico sistema judicial, amparado en muchas instancias por una arraigada corrupción, mantiene una activa colaboración en este fenómeno social.

La fuerte cantidad de dinero que surge de esta actividad ha hecho mella en la sociedad mexicana. Una de las constantes de este fenómeno social es la que ha experimentado la producción del corrido,[68] fuertemente influido en los últimos años por aquéllos dedicados a las actividades del narcomundo y a sus protagonistas. Estos, conocidos como narcocorridos, también como corridos prohibidos, corridos perrones y corridos pesados, se han convertido en unos de los géneros musicales más rentables en el norte de México y en algunas ciudades de los Estados Unidos. Mark Cameron Edberg en su libro *El Narcotraficante Narcocorridos & the Construction of a Cultural Persona on the US-Mexico Border* menciona que estos corridos, además de tratar la temática del narcomundo, también se han convertido en una especie de droga en sí.

> So while narcocorridos are about a constructed world of selling drugs (or people, as the case may be), they are themselves a kind of drug, at least from one angle. Sell drugs, make money, be powerful – no matter what your humble roots may be. Sell narcocorridos, make money, be powerful – no matter what your humble roots (109).

Algunas interrogantes que surgen a raíz de este exitoso fenómeno musical-cultural son las siguientes: ¿Por qué gozan de tanta fama los narcocorridos? ¿Qué tipo de audiencia contribuye en el éxito de esta música? ¿Cómo nace un narcocorrido y cuáles son los elementos esenciales que lo forman? ¿Cuál es la intención de los compositores y de los cantantes de este tipo de música? ¿Hasta qué punto las letras de estas canciones reflejan la sociedad norteña de México? ¿Existen otros exponentes de una narcocultura más allá de los musicales? Y, por último, ¿Cómo subvierten o apoyan los narcocorridos la "leyenda negra" de la frontera norte de México?

---

68 Vicente T. Mendoza define este género musical en *El corrido mexicano*: El corrido es un género épico-lírico-narrativo, en cuartetas de rima variable, ya asonante o consonante en los versos pares, forma literaria sobre la que se apoya una frase musical compuesta generalmente de cuatro miembros, que relata aquellos sucesos que hieren poderosamente la sensibilidad de las multitudes; por lo que tiene de épico deriva del romance castellano y mantiene normalmente la forma general de éste, conservando su carácter narrativo de hazañas guerreras y combates, creando entonces una historia por y para el pueblo. Por lo que encierra de lírico, deriva de la copla y el cantar, así como de la jácara, y engloba igualmente relatos sentimentales propios para ser cantados, principalmente amorosos, poniendo las bases de la lírica popular sustentada en coplas aisladas o en series (IX).

Para responder a estas preguntas será necesario hacer un breve análisis de este fenómeno aunque no necesariamente en el mismo orden.[69] La fama de este género musical se debe en parte a que los narcocorridistas se inician "abajo", es decir que muchos de ellos son de origen humilde y del estado de Sinaloa.[70] Esto contribuye a que un extenso sector de la población, principalmente de bajos recursos y joven, se identifique con algunas de estas composiciones populares. Hasta cierto punto, se podría sugerir que las letras de los narcocorridos le dan voz a los que no la han tenido, a los excluidos, marginados y pobres; y de igual forma reflejan la idea de que sí es posible tener una vida llena de poder y comodidades aunque siempre impere el riesgo de ser capturado o asesinado, advertencia que muchas veces se hace presente en las propias letras de los narcocorridos. Como Tracy Arwari destaca en su artículo el "Narcocorrido: Cantando de la frontera":

> Las canciones proveen el acceso en esta hampa y dejan que su público viva indirectamente por los narcotraficantes, aunque en realidad luchan por la supervivencia. La música ofrece un método de escapismo que explica la verdad de la sociedad fronteriza y su identidad, una versión que continuará tocando la banda sonora de las ametralladoras y las sirenas (106).

La relación entre la fama y la creación de los narcocorridos es estrecha en el sentido de que gran cantidad de las canciones las escribe gente de pueblo. Muchos son de origen humilde y han trabajado duro antes de tener la dicha del éxito y de convertirse en compositores profesionales. Entre ellos están: Ángel González, compositor de unos de los narcoco-

---

[69] Para obtener visiones más amplias referente al tema recomiendo la lectura de los siguientes textos: *Narcocorrido Un viaje al mundo de la música de las drogas, armas y Guerrilleros* (2001) de Elijah Wald quien hace un estudio periodístico muy completo basándose en entrevistas a compositores y cantantes de este género; José Manuel Valenzuela en *Jefe de jefes Corridos y narcocultura en México* (2002) analiza la narcocultura mexicana a través de un serio análisis de las letras de los narcocorridos y de las implicaciones sociales; por último el libro de Mark Cameron Edberg titulado *El Narcotraficante Narcocorridos & the Construction of a Cultural Persona on the U.S. Mexico Border* (2004) aporta nuevas aproximaciones teóricas para analizar al narcotraficante y a su entorno.

[70] El estado de Sinaloa tal y como lo constatan cientos de narcocorridos es tierra de "gallos jugados" es decir de hombres que muestran un comportamiento estoico en el mundo de las drogas. Como Elijah Wald señala: "Si uno le menciona "Sinaloa" o le especifica "Culiacán" a un mexicano lo primero que piensa es en drogas y violencia. La fama del estado dentro del mundo de las drogas tiene unos cien años ..." (50).

rridos más exitosos y originales de todos los tiempos "Contrabando y traición" de 1972, popularizado por Los Tigres del Norte; Paulino Vargas, quien todavía compone, y ya ha sido inmortalizado por otro corrido que convirtieron en éxito los Tigres del Norte durante la década de los setenta "La banda del carro rojo"; también Rosalino "Chalino" Sánchez se creó una digna reputación de compositor además de intérprete de narcocorridos. Lo que resulta aún más impresionante de esta figura es que, además de la inmensa popularidad como héroe popular que adquirió después de su muerte, al ser acribillado a balazos a la edad de treinta y dos años,[71] se le dedicaron cerca de 150 corridos. Según Sam Quinones:

> In the months following his death, close to 150 *corridos* were written and recorded about him. This makes Chalino Sánchez, according to ethnomusicologists, probably the most written about *corrido* subject in the century old history of the genre, eclipsing even Pancho Villa (Quinones 28).

Mario Quintero, el vocalista de la agrupación de Los Tucanes de Tijuana, también ha tenido mucho éxito con los narcocorridos. Otros, que aún no han tenido esta suerte, intentan compartir sus historias durante conciertos o por medio de cartas. Quintero dice en una entrevista que:

> "Nosotros radicamos en Tijuana, y en Tijuana es un choque de culturas; hay gente de todas partes del mundo y toda esa gente llega con una historia. Esa gente se acerca a los grupos que cantamos corridos y nos cuenta muchas historias, nos mandan cartas, incluso gente que está en prisión me mandan cartas con su historia, con su vida. Entonces yo veo la historia más interesante, que digo yo, bueno esta historia es similar a la del otro, que le pueda interesar, que se pueda identificar con ella. La desarrollo y ya le pongo yo el 50% mío que yo creo que

---

[71] La muerte continuó cobrando vidas en la familia de Chalino. El popular cantante Adan "Chalino" Sánchez, hijo de Chalino, murió en un accidente automovilístico, a la edad de 19 años, mientras realizaba una gira en México.

funciona pero es de lo mismo real, que yo veo cómo se mueve la gente" (Wald 115).

Ésta es la causa de mayor peso para que tanta gente humilde se identifique con este estilo de música. Por lo general, los compositores, los interpretes, los narcotraficantes y las personas que escuchan los narcocorridos son personas que se identifican con las ideas e historia que se expresan en esas canciones ya que muchos de ellos han vivido u observado en su entorno la pobreza extrema y han podido, aspiran o se imaginan, abandonar esa situación gracias a la narcocultura. Paradójicamente, la narcocultura - en cuanto a venta de drogas o la representación popular de ese mundo – se convierte en la vía y promesa del "sueño americano". Existe también un tipo de narcocorrido por encargo, es decir que modificando una antigua tradición de patronato artístico, un narcotraficante le encarga a un compositor un corrido a cambio de obsequios, protección o dinero. Este fue el caso de Chalino Sánchez en los inicios de su carrera artística. Después de la muerte de Sánchez, surgió la "chalinomanía", especialmente en California y en el norte de México, dando inicio a una extensa imitación de cantantes y compositores que dirigían sus canciones al extenso público de Chalino. José Manuel Camargo, mejor conocido como el As de la Sierra es uno de los más exitosos narcocorridistas y cantantes con un estilo similar al de Chalino Sánchez. El As de la Sierra comenta sobre su profesión:

"Esto de la cantada es un trabajo como de un periodista, por decir. A mí me pagan por hacer un corrido, yo lo hago ¿Por qué no? Para mí no es un delito, porque es mi trabajo. Entonces si a mí llega un narcotraficante, que yo le componga un corrido, yo lo hago con gusto…" (Wald 94-95).

En la misma entrevista, el As de la Sierra también explica cuáles son algunos elementos esenciales para componer un corrido:

"Un corrido se lo puedo hacer a un albañil, a un periodista, a quien yo quiera. A quien pida un corrido yo se lo hago, no precisamente porque tiene que matar o porque es narcotraficante. Para hacer un corrido, nada más ocupo en qué fecha naciste, cómo se llaman tus padres, en qué trabajas, o a qué te dedicas, de dónde vienes, cómo se llama tu pueblo-y con eso ya sale el corrido. O sea, no precisamente tiene que andar pasando *trailers* con mota" (Wald 95).

Por último el As de la Sierra comenta que, a pesar de la popularidad con la que cuenta, su trabajo como escritor, cantante y trovador del narcotráfico no deja de ser peligroso (como lo prueba además el asesinato del cantante Valentín Elizalde, "El gallo de Oro", acribillado el 25 de noviembre de 2007, en Reynosa, Tamaulipas, aparentemente por "narcos" del "cártel del golfo"):

> "Mi público es un público-como le diré-un público de narcotraficantes. No todos, o sea hay gente que tiene ilusión de ver al As de la Sierra, de conocerlo, pero en mi público todo el tiempo va a haber gente de negocio, así le llamo yo. Entonces, para mí, no nada más es subirme a cantar, es muy peligroso. Esto de componer corridos- yo puedo componerle un corrido a usted y usted tiene un enemigo que no le parece y puede acarrearme problemas hacia mí. O sea, esto no es un juego, es algo delicado. Yo tengo que llevarme gente que me esté cuidando, ya no falta. Así es, son asuntos delicados" (Wald 96).

En el transcurso de esta entrevista el As de la Sierra comenta que este es un simple negocio, observación muy similar a lo señalado por la familia Rivera de Cintas Acuario.[72] Ellos están concientes de que producen música comercial no apta para niños. Pero también saben que existe un amplio mercado que escucha y compra los narcocorridos; Jenni Rivera señala que "el pueblo compra lo que siente" (Wald 143) y no lo que muchas veces la industria del disco trata de imponer. Su comentario, como veremos a continuación, constata las observaciones de las agrupa-

---

72 Esta es una familia que radica en Los Ángeles. Tres de ellos son cantantes y productores de narcocorridos. Los hermanos Lupillo Rivera y Jenni Rivera y su padre Pedro Rivera son propietarios y colaboradores en el negocio familiar discográfico, Cintas Acuario.

ciones más taquilleras del momento. En el juego de consumo, cultura popular y demanda fronteriza, el narcotráfico ha generado otro negocio millonario: la venta de millones de discos compactos de narcocorridos que narran, como los trovadores y romanceros medievales, las hazañas y aventuras de narcotraficantes popularizándolos como personajes locales, mitificando su ilegalidad y convirtiendo a algunos en héroes culturales.[73] Pero no todos los narcocorridos se limitan a una glorificación; algunos representan un "burrocebrismo" que parte del propio narcomundo y que presenta a sus héroes como héroes trágicos y víctimas que se resisten a la autoridad.[74] Una aproximación de los dos grupos norteños más exitosos del momento, Los Tigres del Norte y Los Tucanes de Tijuana y de la joven agrupación conocida como Grupo Exterminador permitirá trazar con más claridad la evolución del narcocorrido.[75]

En la década de los setentas eran pocos los narcocorridos populares. Entre ellos se destacaban dos[76] interpretados por la agrupación norteña

---

[73] Cabe destacar que los corridos revolucionarios, como apunta Vicente T. Mendoza abarcan más de 20 años de luchas (XXXV), y que también desempeñaron un papel en la creación cultural heroica. Canciones que surgen de la Revolución Mexicana, "La cucaracha" por ejemplo, es una glorificación de Pancho Villa que pasa a formar parte de una tradición y cultura nacional. Obviamente, Mendoza no incluye a los narcotraficantes entre los asuntos que trata el corrido, sin embargo existen paralelismos entre los rasgos de los protagonistas de los corridos revolucionarios y de los narcocorridos. Mendoza explica que: Forman el núcleo de la sección de *valientes* los hechos de individuos que despliegan sus facultades desafiando los peligros, las persecuciones y la muerte. Pasadas las guerras en que el soldado encaraba al invasor, acostumbrado a la vida de guerrillero, en espera del albazo o prevenido para caer sobre el contrario, quedó en el mexicano del campo el hábito de luchar, de oír silbar las balas y oler la pólvora, por su propia naturaleza inquieta, por sostener su prestigio personal o por simple deporte. Armado y pertrechado, siempre a caballo, participando de la doble fama de héroe y de salteador, da suficiente motivo a los corridos de tipos de esta especie que principian en las guerras de Independencia y llegan hasta los días de la Revolución. Los rasgos distintivos de estos hombres son: la presencia de ánimo en los momentos críticos, la fe religiosa en los peligros y la plena confianza en sus armas, en su caballo y su puntería. Las hazañas de una multitud de hombres armados, rebeldes a todos los gobiernos, perseguidos en calidad de *bandoleros*, forman un grupo a parte. Los hubo románticos como Valentín Mancera o Heraclio Bernal, que robaban a los ricos para dar a los pobres; y los había profesionales y acreditados o de simple oportunidad. Aparecían solos o formando parte de cuadrillas famosas, acosadas por los resguardos, comisiones y acordadas, al frente de las que estaban hombres de igual audacia y valor, y los hubo en tiempos más recientes que a la sombra de la Revolución cometieron toda suerte de depredaciones y atropellos (XXXVII-XXXVIII). Los narcotraficantes también podrían considerarse como valientes y bandoleros, como machos estoicos desafiantes ante el peligro, la ley y la muerte que continúan siendo parte de un imaginario cultural que impulsa la imagen creada de la frontera norte de México. Esta cualidad estoica, acompañada de la opulencia de los narcotraficantes que se plasman en los narcocorridos ha llenado el espacio que dejaron personalidades como Villa y Carranza.
[74] La recepción del público referente a la mitificación de los héroes culturales y trágicos del narcomundo surge de dos vertientes: la primera, y la que acapara más atención, es la que se concentra en el exotismo, una atracción de lo prohibido; y la otra se genera partiendo de un repudio en torno a todo lo relacionado al mundo de las drogas.
[75] Estos tres grupos de música norteña son muy populares, sin embargo no son los únicos ya que existen innumerables agrupaciones en ambos lados de la frontera entre México y Estados Unidos.
[76] "Camelia la tejana" y "La banda del carro rojo".

más popular del mundo, Los Tigres del Norte, cuyos corridos abarcan una temática muy diversa: el amor, la situación de los inmigrantes, eventos políticos y de corrupción y el narcomundo, entre otros. Como dicen los Tigres del Norte en la introducción del corrido titulado "Jefe de jefes", ellos sólo cantan la pura verdad:

> -A mí me gustan los corridos
> por que son los hechos reales de nuestro pueblo.
> -Sí a mí también me gustan
> por que en ellos se canta la pura verdad.
> -Pues ponlos pues.
> -Órale ahí van.

Sin embargo, ésta muchas veces no circula libremente. Los miembros de este grupo están conscientes del impacto que sus canciones tienen en un sector de la sociedad mexicana y méxico-americana, razón por la cual son muy cuidadosos al seleccionar el vocabulario que incluyen en sus corridos. Ésta es una de las principales razones por las cuales la prensa y la ciudadanía ha respetado y admirado su trayectoria musical.[77] Otra de las claves principales de su éxito[78] es la estrecha relación que existe entre los músicos y su público[79] a través de sus temas y apoyo comunitario.[80] El siguiente corrido, no es el primer narcocorrido, pero sí el que abrió las puertas a los narcocorridos y a la música norteña en general según constata su compositor Ángel González en una entrevista con Elijah Wald (19-20).

---

77 Los Tigres del Norte tienen una trayectoria musical de más de treinta años. Juan Carlos Ramírez-Pimienta destaca algo similar ("Del corrido de narcotráfico..." 38).

78 Este grupo ha registrado más de 32 millones en ventas globales, ha grabado más de 55 álbumes y roto récords de asistencia en Estados Unidos, México, América Latina, Japón y Europa. La lista de premios otorgados a Los Tigres del Norte está encabezada por varios premios Grammy.

79 Los Tigres del Norte son concientes de las dificultades que se viven al emigrar a Estados Unidos ya que ellos llegaron a ese país procedente de Sinaloa, México en la década de los sesentas.

80 Los Tigres del Norte mantienen estrechos lazos comunitarios por medio de la Fundación Tigres del Norte que apoya programas de rescate fonográfico y otorga becas a estudiantes de la Universidad de California en Los Ángeles (UCLA).

Contrabando y traición (Compuesto por Ángel González)

Salieron de SanYsidro, procedentes de Tijuana
traían las llantas del carro, repletas de hierba mala
eran Emilio Varela y Camelia la tejana.

Pasaron por San Clemente, los paró la inmigración
es pidió sus documentos, les dijo de dónde son
ella era de San Antonio, una hembra de corazón.

Una hembra si quiere a un hombre, por él puede dar la vida
pero hay que tener cuidado si esa hembra se siente herida
la traición y el contrabando son cosas incompartidas.

A los Ángeles llegaron a Hollywood se pasaron
en un callejón oscuro, las cuatro llantas cambiaron
ahí entregaron la hierba, y allí también les pagaron.

Emilio dice a Camelia, hoy te das por despedida
con la parte que te toca tú puedes rehacer tu vida
yo me voy pa' San Francisco, con la dueña de mi vida.

Sonaron siete balazos, Camelia a Emilio mataba
la policía sólo halló una pistola tirada
del dinero y de Camelia, nunca más se supo nada
(Los Tigres del Norte).

"Contrabando y traición" continúa vigente en el gusto del público por su alusión al mundo de las drogas pero también por lo que en su momento fue una innovación, la participación activa de una mujer. Camelia la tejana no sólo era narcotraficante sino que acabó con la vida de su amado por una traición. Curiosamente, Ángel González comenta que este co-rrido es imaginario aunque los nombres que utilizó "sí eran verdaderos, pero que no tenían nada que ver con la historia en que los usó" (18-19). Como se puede observar, la letra de este corrido cumple con la función básica de narrar una crónica sin glorificar a nadie. Éste no es siempre el caso de los siguientes intérpretes del narcocorrido.

Los Tucanes de Tijuana[81] es una agrupación a la que sólo la supera en ventas Los Tigres del Norte. A pesar de su éxito, muchos no aprueban esta agrupación porque en sus canciones suelen usar un lenguaje en clave que alude a códigos del narcotráfico, tal como en el corrido "Mis tres animales"[82].

Sin embargo, a pesar del uso de códigos del narcomundo, Los Tucanes también logran expresar un nivel crítico, de reproche, que sus consumidores, casi todos en Estados Unidos han ignorado:

Mis tres animales (Compuesto por Mario Quintero, vocalista de Los Tucanes de Tijuana)

> Vivo de tres animales
> que quiero como a mi vida,
> con ellos gano dinero
> y no les compro comida,
> son animales muy finos,
> mi perico, mi gallo y mi chiva.[83]
>
> En California y Nevada
> en Texas y en Arizona
> también allá en Chicago
> tengo unas cuantas personas
> que venden mis animales
> más que hamburguesas
> en el McDonald's.

---

81 "Los Tucanes de Tijuana son los únicos artistas que han conseguido colocar simultáneamente seis de sus grabaciones en la lista de los 50 más vendidos en Estados Unidos" (fuente: SoundScan, Billboard 1997). También han vendido millones de discos compactos en distintos países ("Biografía," *Los Tucanes de Tijuana*).

82 Mario Quintero "defiende con mucha seriedad la inocencia de su composición más famosa"...Dice que el doble sentido de la canción es para proteger a los jóvenes que la escuchan, que así los chiquillos no entenderán las alusiones y podrán sencillamente disfrutarla como una cancioncilla sobre animales. "Nunca digo drogas, ni mafia, ni nada. Es para que la gente lo entienda a su manera, cada quién como guste. Trato de proteger a los niños que no sepan realmente lo que es. Ya que crezcan, pues que sepan, pero no quiero influir negativamente en la mentalidad de las personas." Mario parece sincero, pero es difícil aceptar esta explicación y más difícil aún aplicarla a sus otras composiciones. Por ejemplo "La piñata", un hit de 1997, cuenta de una fiesta con piñata, pero en vez de llenar la piñata con dulces, la llenan con *algo más caro, pura bolsita surtida de los animales más bravos*. Luego sirven un pastel que en vez de harina es un pastel colombiano que sirven en porciones de cinco o seis gramos. *Y si quieren hacer piñatas*, termina la canción, *aquí las bolsitas traigo* (Wald 108).

83 Perico se refiere a la cocaína, gallo al cigarrillo de marihuana y chiva a la heroína.

Aprendí a vivir mi vida
hasta que tuve dinero
y no niego que fui pobre
tampoco que fui burrero.[84]
Ahora soy un gran señor,
mis mascotas codician los güeros.[85]

Traigo cerquita a la muerte
pero no me sé rajar.
Sé que me busca el gobierno
hasta debajo del mar
pero para todo hay maña,
mi escondite no han podido hallar.

El dinero en abundancia
también es muy peligroso.
Por eso yo me lo gasto
con mis amigos gustoso
y las mujeres la neta[86]
ven dinero y se les van los ojos.

Dicen que mis animales
van a acabar con la gente.
Pero no es obligación
que se les pongan enfrente.
Mis animales son bravos,
si no saben torear pues no le entren
                    (Los Tucanes de Tijuana).

Este tipo de letras les ha costado intensas críticas, entre ellas la hecha por la revista mexicana *Proceso* al publicar una entrevista con uno de los

---

84 Burrero es la persona que transporta la droga.
85 Güero es como los mexicanos les dicen a las personas rubias o de tez clara, en este caso se refiere a los estadounidenses.
86 La pura verdad.

miembros del cártel de los Arellano Félix, el más violento de México: "El informante dijo que los Tucanes habían sido los protegidos de Ramón Arellano Félix y que Arellano Félix les había comprado sus trajes para el escenario y los había contratado para que escribieran canciones sobre los asesinatos del cartel" (Wald 107). Lo que resulta más alarmante que la mencionada protección, para muchos, especialmente para padres de familia, es que los narcocorridos de Los Tucanes suelen ser apologías de los narcotraficantes, convirtiéndolos en héroes.[87] Los Tucanes de Tijuana al igual que Los Tigres del Norte "defienden" su música alegando que ellos sólo se refieren a situaciones reales. En una entrevista periodística, Mario Quintero, de Los Tucanes, comentó lo siguiente: "¡Yo no invento nada! Si acabando con los corridos se acaba el narco ¡adelante!, nos retiramos. Yo creo que ocultarle la realidad a la gente es más dañino para todos" (Astorga 173). Lo que muchas veces hace este grupo, al igual que Los Tigres del Norte, es hacer público lo privado como el trovador medieval.[88] Además también hay grupos que gozan de popularidad componiendo narcocorridos exagerados y vulgares.

Hace aproximadamente diez años que surgió la agrupación norteña llamada Grupo Exterminador. Su repertorio de narcocorridos es bastante extenso. De hecho, se podría argüir que los narcocorridos de Los Tucanes de Tijuana y en especial los de Los Tigres del Norte son "infantiles" en comparación a la producción de Grupo Exterminador. Sin duda alguna, este grupo es sinónimo de narcocorridos soeces y vulgares. A pesar de que los corridos que este grupo interpreta están llenos de códigos "reales" del narcomundo, dan la impresión de ser un tipo de parodia o broma exagerada de los mismos narcocorridos. La crítica, conciente de que la letra de sus canciones es hasta cierto punto un juego lúdico, no le presta mucha atención. No obstante, apoyados por un público muy especial, Grupo Exterminador es uno de los grupos más taquilleros. Elijah Wald comenta respecto a sus se-

---

[87] La mayoría de los seguidores de los Tucanes de Tijuana son jóvenes.
[88] Recordemos que el trovador medieval componía poesías para ser difundidas mediante el canto. Martín de Riquer menciona que "la cansó es el vehículo más común y más perfecto de que disponen los trovadores para la poesía amorosa, la ira, la represnión, el ataque virulento, la polémica literaria y el discurso moralizador encuentran su medio de expresión en el género llamado *sirventés*" (53). El sirventés consiste en tres modalidades: el moral, el personal y el político. En estos se hace público lo privado, especialmente en el personal y el político que se solían emplear como ataques contra personas non gratas. De esta manera el trovador es un tipo de vocero de los acontecimientos de la sociedad.

guidores: "llegan los narcos empedernidos que los consideran payasos divertidos, y también los jóvenes a quienes les desagradan los grupos más serios y pueden disfrutar de esta versión cómica del mundo del hampa" (124). En el corrido "Las monjitas" se ilustra la intención de producir un narcocorrido que no intenta ser realista, sino cómico[89] en el que los narcotraficantes salen avante ante la ley, ofreciendo lo que podría considerarse una apología del narco y su resistencia ante la ley. De nuevo, lo hiperbólico, lo que recalca y lleva al extremo fantástico, la diferencia que motiva la exclusión, es lo que sigue atrayendo ganancias, algo así como:

Las monjitas (Compuesto por Francisco Quintero)

Una troca salió de Durango a las dos o tres de la mañana.
Dos muchachas muy chulas llevaban coca pura y también marihuana
pero se disfrazaron de monjas pa' poderla llevar a Tijuana.

Los retenes de la carretera a las monjas no las revisaban
tal vez era respeto al convento pero nunca se lo imaginaban
que eran dos grandes contrabandistas que en sus barbas la droga pasaban.

El agente que estaba de turno en aquella inspección de Nogales
por lo visto no era muy creyente y en seguida empezó a preguntarles,
que de dónde venían y qué traían dijo el jefe de los federales.

Muy serenas contestan las monjas, vamos rumbo de un orfanatorio
y las cajas que ve usted en la troca son tecitos y leche de polvo
destinados pa' los huerfanitos, y si usted no lo cree pues ni modo.

Dijo el jefe de los federales voy a hacer el chequeo de rutina

---

[89] Su compositor Francisco Quintero mencionó en una entrevista que "'Las monjitas' yo lo saqué de un chiste de un preso que se escapó de una prisión. Era un criminal y la ley lo andaba buscando muy duro, y éste no halló donde esconderse y se fue a meter a un convento de monjas. Le pidió a las monjas que lo escondieran, y lo vistieron como monja. Entonces, llegaron la ley buscando al preso y pues ya le preguntaron a la madre superiora, le dicen, 'A ver, trae aquí, fórmalas a las monjas para ver'. Y resulta que trajo a todas las monjitas, las formaron y ya les dijeron que se levantaran el vestido a todas, y todas se levantaron el vestido y cuando llegaron con el preso, se levantó el vestido y '¡*Surprais!*'" (Wald 129).

yo les pido disculpa hermanitas pero quiero sacarme la espina
yo presiento que la leche en polvo ya se les convirtió en cocaína.
Con un gesto de burla el agente se arrimó y les dijo a las monjitas,
yo lo siento por los huerfanitos, ya no van a tomar su lechita
ahora díganme como se llaman, si no es mucha molestia hermanitas

Una dijo me llamo Sor Juana la otra dijo, me llamo ¡Sor…presa!
y se alzaron el hábito a un tiempo y sacaron unas metralletas
y mataron a los federales y se fueron en su camioneta.

En Durango se buscan dos monjas que ya no han regresado al convento
y una cosa sí les aseguro, que llegaron con el cargamento,
por ahí dicen que están muy pesadas, y que viven allá en Sacramento
            (Exterminador).

 Más allá de lo que reflejan los narcocorridos en las altas ventas y de la crítica de un sector de la sociedad, los intérpretes de narcocorridos cumplen parcialmente, con una labor similar a la del juglar durante la Edad Media, es decir, el de comunicar una experiencia vivida, o bien, también puede ser una construcción que parta de códigos "reales" del narcomundo pero que de antemano se tenga el conocimiento de que son ficciones. Estas imágenes son extraídas de una realidad creada por un sector de la población que participa directamente en el tráfico y consumo de las drogas; y también por otro que contribuye en la formación de un imaginario a través de la extensa difusión y consumo de narcocorridos.
 Así como los juegos de azar, el alcoholismo y la prostitución son actividades que han subsistido en la frontera norte de México por demanda de los estadounidenses, las actividades en torno al narcomundo fronterizo también están enmarcadas por una arraigada aceptación de la "leyenda negra" fronteriza que parece confirmar el narcocorrido en la frontera: por una imagen que acepta México, especialmente por la región del centro, y Estados Unidos, de lo fronterizo mexicano.[90] Los narcocorridos desempeñan un papel primordial en la construcción le-

---

90 Una vez más, se ratifica esta percepción de la frontera basándose en las observaciones de Socorro Tabuenca y Norma Klahn, "North of the Borderism" y "South of the Borderism".

La Leyenda Negra

gendaria de la frontera norte, cuya ficción queda plasmada en la imagen del burro-cebra en la Avenida Revolución de Tijuana. Si bien extraídos de una "realidad" también demasiada "real" para los que la viven, los narcocorridos son impregnados, pintados como la piel del "zonkey", con detalles imaginarios de lo que se podría relacionar el narcomundo o a la vida fronteriza. Esta hibridez propone un burro-cebra revolucionario en el sentido de que su imagen se aparte de preceptos centralistas mexicanos y estadounidenses para crear una identidad fronteriza propia, partiendo simultáneamente de una realidad vivida, como son los hechos que suceden en la frontera y de una construcción edificada, en parte, por y para el consumo turístico de Estados Unidos.

La discordia o inconformidad de algunos miembros de la sociedad referente a este tipo de imágenes o creaciones se origina debido a la manera en que éstas se trasmiten. Tal y como se ha observado en el caso de los tres narcocorridos anteriores, conforme incrementan las vulgaridades y las referencias al uso y tráfico de las drogas, también aumentan las interpretaciones que consideran a los narcocorridos apologías de los narcotraficantes.

Es decir, al idolatrar al narcotraficante, el fronterizo mexicano, cuya vida poco tiene que ver con ese mundo, también apoya desde otra perspectiva, singular, interna, la "leyenda negra" del norte de México. En la percepción del público que escucha esta música, la comunidad puede reflejarse o distanciarse de ésta, ya sea para ingresar en la narcocultura, para repudiarla o simplemente para que le sirva de entretenimiento. Lo que sí está claro es que "no se ve cercana una erradicación del narcotráfico" ("Del corrido de narcotráfico..." Ramírez-Pimienta 38). Por lo tanto, es posible que esto se refleje en la creación de los narcocorridos así como en la construcción de un imaginario cultural de la frontera norte de México, y en el surgimiento de nuevos grupos norteños que en busca de la fórmula del éxito utilicen letras más violentas y deplorables, tal y como se ha observado en la trayectoria del narcocorrido a través de Los Tigres del Norte, Los Tucanes de Tijuana y Grupo Exterminador. A fin de cuentas, teniendo en mente todo lo previamente descrito, como también observa Parra: "La violencia es un elemento, no la esencia de la condición fronteriza, pues el narcotráfico es un fenómeno integral, capaz de cimbrar –no destruir– todos los aspectos de la existencia humana, y también de sacar a relucir todas las miserias" ("Norte, narcotráfico y literatura" 2)-tal y como en muchas ocasiones se plasma en las letras de los corridos prohibidos, los narcocorridos forman parte de una imagen que se tiene de lo fronterizo mexicano. Parte de esa imagen es la "leyenda negra". Esa imagen es la que utilizan también los escritores fronterizos para, a la misma vez que representan la frontera desde la visión de esa "leyenda negra" que la define, cuestionar los estereotipos, subvertir las fronteras reales e imaginarias que definen lo fronterizo, con el fin de desarticular prejuicios y reconstruir la frontera desde la mirada y condición del fronterizo. En el próximo capítulo se explora esa condición fronteriza en un texto alegórico del reencuentro y de la revalorización del fronterizo de su propio espacio; o sea, de la reapropiación de la frontera por el escritor y su personaje principal como tierra natal y espacio cultural propio.

RETORNO A LA TIERRA NATAL: LA FRONTERA NORTE DE MÉXICO.
GABRIEL TRUJILLO MUÑOZ

La Leyenda Negra

Morgado comenzó a percibir lo evidente: la vida en Mexicali –y no a causa del calor extremo– era precaria y fugaz, sorpresiva y nerviosa. "Una descarga eléctrica. El tiempo se cuenta aquí de otra manera, con una intensidad mayor. Ésta es una ciudad que ha recorrido en un siglo lo que a otras urbes les ha costado mil años. Eso es. Eso es. Todos somos en ella como los galgos del hipódromo. Vamos detrás de una liebre inalcanzable, una liebre que representa los sueños particulares de cada uno de nosotros: el dinero fácil, la capacidad de consumo, las oportunidades de trabajo. Espejismos que en ocasiones se realizan, pero que pocas veces perduran.
Aquí todo cumple su ciclo en un instante"
(Trujillo Muñoz. *El festín de los cuervos*. 123-4).

Me está esperando México lindo
por eso mismo me voy a ir
soy el mojado acaudalado
pero en mi tierra quiero morir.
(Los Tigres del Norte. "El mojado acaudalado")

Los narcocorridos no son la única expresión popular musical norteña en la región fronteriza de México. También abundan los corridos que cuentan la vida de personas que intentan cruzar para "el otro lado", en los que muchas de ellas logran llegar a Estados Unidos pero no todas están exentas de perecer en el intento. También es común escuchar historias que comparten las aventuras del "mojado", del indocumentado que a base de mucho esfuerzo logra hacer su vida en los Estados Unidos. Otros corridos narran el sueño de muchos y la realidad de pocos, el regreso a la tierra de origen, el retorno a México, a la frontera. Estos corridos expresan otra realidad fronteriza y se distancian de la violencia que emana del narcotráfico. Ésta es, hasta cierto punto, la agenda compartida por los críticos y escritores que han decidido plasmar a la frontera norte en sus ensayos y obras literarias desde el lugar de origen, desde la mirada del fronterizo de su territorio. Este esfuerzo es el de mostrar una frontera híbrida que no sólo sea violencia, narcotráfico o "leyenda negra" sino que comparta el lado más humano y cultural de la región; que, además, sea una interpretación propia, no ajena, de lo que significa ser fronterizo en la región norte de México. La representación de esa otra frontera, en la frontera, resiste y propone otra imagen diferente a la de los estereotipos que han definido al fronterizo. Como señala Humberto Félix Berumen, los escritores y artistas fronterizos se proponen:

Resaltar el papel productivo que desempeñan las fronteras en cuanto a la innovación, la recreación, la heterogeneidad cultural y la intersección entre elementos culturales de distinto origen. Pero también por lo que hace a la resistencia cultural que mantienen entre sí dos o más comunidades de distinto origen histórico que se encuentran en un mismo espacio geográfico (*La frontera en el centro* 25).

En esta cita Berumen ofrece una metodología para el acercamiento a los estudios regionales de la frontera norte de México. Su propuesta, hasta cierto punto, va en acorde con la desarrollada por Gabriel Trujillo Muñoz[91] en su colección de cuentos y episodios novelísticos *El festín de los cuervos. La saga fronteriza de Miguel Ángel Morgado*. Trujillo Muñoz, al igual que Félix Berumen, sugiere resaltar el papel productivo de la frontera en el ámbito cultural y, de igual manera, destacar la resistencia cultural que emana de una región que comparte una zona fronteriza liminal geográfica con Estados Unidos. Esta resistencia, pretende funcionar como una disociación de la influencia extranjera del país del norte, sin embargo es inevitable que se dé el encuentro de dos culturas diversas y con ello de una cultura híbrida en conflicto con el exterior. Homi Bhabha señala en *The Location of Culture* que "Hibridity is a problematic of colonial representation and individuation that reverses the effects of the colonialist disavowal, so that other 'denied' knowledges enter upon the dominant discourse and estrange the basis of its authority – its rules of recognition" (114). En los textos de Trujillo Muñoz se advierte la búsqueda de una convergencia entre los fronterizos, aquéllos que nacieron en la zona y que decidieron hacer de la frontera su hogar, y de las personas que experimentan la frontera como un sitio de paso, como un obstáculo más para aproximarse al "sueño americano". Mediante este encuentro, Trujillo Muñoz no sólo logra la complementación de los personajes en sus textos detectivescos, sino que simultáneamente revalúa y recrea un espacio fronterizo propio. En ese proceso se desarticula la construcción de la

---

91 Gabriel Trujillo Muñoz (Mexicali, 1958) cuenta con una extensa obra literaria destacándose en la novela: *Mezquite Road*, 1995; *Laberinto*, 1995; *Conjurados*, 1999; *Espantapájaros*, 1999; *Tijuana City Blues*, 1999; *Orescu*, 2000 y *El festín de los cuervos*, 2002. Su obra cuentística incluye *Miriada*, 1991; *Mercaderes*, 2001 y *Trebejos*, 2001. Entre sus libros de ensayo están *Huellas incurables*, 1995; *Baja California. Ritos y mitos cinematográficos*, 1999; *Biografías del futuro*, 2000; *Lengua franca*, 2002; *Entrecruzamientos*, 2002 y *La cultura bajacaliforniana y otros ensayos afines*, 2005. Su extensa obra poética está reunida en *Rastrojo. Antología poética 1980-2000*.

frontera que han hecho el centro de México y los Estados Unidos. Para llevar a cabo esta agenda, es preciso emplear un mecanismo que se apropie del discurso colonialista para dar paso a su desarticulación, y a una subversión que permita cuestionar su autoridad. Esto resulta, como dice Bhabha, en una articulación de desplazamiento y dislocación (114).

El propósito de este capítulo es analizar cómo Gabriel Trujillo Muñoz subvierte, reescribiendo y cuestionando, las aproximaciones excluyentes y ajenas a la frontera para desautorizar el poder dominante y las imágenes que éste impone del fronterizo, y así disipar esa "construcción" imaginaria de consecuencias reales en la frontera norte de México conocida como la "leyenda negra". Con este fin se hará una lectura de *El festín de los cuervos*. La saga fronteriza de Miguel Ángel Morgado, texto que ya, para comenzar, rompe con las fronteras de género que establece el canon literario. Es decir, *El Festín de los cuervos* es una obra compuesta por cinco cuentos largos, que son a la misma vez cinco novelas cortas de las cuales cuatro ya se habían publicado anteriormente y que en su totalidad forman una novela de cinco capítulos vinculados entre sí, en una asociación temática, cronológica, por la presencia y saga de su protagonista Miguel Ángel Morgado. El primer texto/capítulo, "Mezquite Road", publicado como cuento largo/novela corta en 1994, presenta la primera aventura en la saga de Morgado: su regreso por primera vez a la frontera norte de México, su tierra natal que había abandonado por su propia voluntad para ubicarse en la Ciudad de México donde termina trabajando como detective. El viaje de regreso a la frontera lo inicia con la intención de resolver un homicidio, que resulta ser un caso de casinos clandestinos relacionado con el mundo del narcotráfico. Su retorno, sin embargo se convierte en una caza personal: un proceso detectivesco que lo lleva, paralelo al descubrimiento de su misterio, a un enfrentamiento consigo mismo, en una búsqueda personal de su "ser" fronterizo. La frontera que recuerda y que había rechazado se le presenta como una región (Mexicali) que había cambiado desde su partida, tanto como él. En el próximo cuento/capítulo, "Tijuana City Blues", Morgado regresa de nuevo a la frontera (Tijuana) para escudriñar el pasado del padre natural de su cliente. En esta ocasión confronta sus propios recuerdos entremezclados con los de la época de la generación del *beat*. En el siguiente, "Loverboy", se muestra el rostro violento de la frontera en su investigación de secuestros infantiles y culmina con su participación en la desarticulación de una banda extranjera de traficantes de órganos. El caso, otra vez detectivesco, en "Puesta en escena" es ahora la búsqueda del piloto Jesús Bull Aguirre desaparecido en el desierto de Baja California. Conforme se desenreda el misterio de este caso, re-surgen en Morgado recuerdos de su infancia en Mexicali, para posteriormente descubrir que él ha sido uno más de los actores de la puesta en escena. En otras palabras, sus investigaciones como detective lo llevan a un auto-encuentro consigo mismo, con su padre, con su infancia, con los recuerdos e identidad cultural negada que lo hacen personaje del caso que investiga. Estas tres novelas/cuentos/capítulos formaron parte en 1999 del libro titulado *Tijuana City Blues*, pero los últimos dos aparecen en *El festín de los cuervos* con diferentes títulos: "Descuartizamientos" se convierte en ("Loverboy") y "Turbulencias" en ("Puesta en escena"). El próximo es "Laguna Salada" y es el único inédito que Trujillo Muñoz incluye en esta colección. "Laguna Salada" es la última de las aventuras de Morgado en *El festín de los cuervos*. Ésta se inicia con el rescate de emigrantes en el desierto de Baja California y culmina con otra incursión en el pasado, en la década de los 50's. Una vez más, mediante su pesquisa detectivesca, Morgado retorna a Mexicali y recupera parte de sí mismo. Como se anuncia en el subtítulo de este texto, estamos frente a la saga fronteriza tanto de su protagonista, Miguel Ángel Morgado, como del propio texto. En éste se presenta de manera intercalada, el tratamiento de la "leyenda negra" desde diversas perspectivas temporales y espaciales, partiendo siempre de la realidad y escenografía de las ciudades fronterizas de Baja California Norte y de sus habitantes.

Antes de analizar la saga detectivesca del fronterizo que lo lleva a redescubrirse a sí mismo, es preciso contextualizar la importancia del género detectivesco en la literatura latinoamericana, género en el que se inscribe el texto de Trujillo Muñoz. Este es un género de gran popularidad en toda Latinoamérica, incluyendo México. Vicente Francisco Torres en *El cuento policial mexicano* hace hincapié en lo que él considera "uno de los problemas que aqueja a la literatura policial: la confusión de términos y criterios" (5). Con ese fin, Torres propone una serie de distinciones entre lo policial y lo detectivesco:

- No podemos decir que un relato sea policiaco si no intervienen policías.
- Para que un cuento sea detectivesco no es necesario que haya detectives; basta con que aparezca la **detection**.
- Cuando hay asesinatos en una obra, ésta es criminológica.
- Las pendencias eróticas y la violencia no caben en la novela policial "clásica".
- La novela policial se hace negra cuando se nutre de violencia y además presenta denuncias sociales, etcétera, etcétera.

Es preciso poner orden y aceptar que las narraciones criminológicas, detectivescas y negras pueden agruparse bajo el rubro policial –o policiaco- por una o varias de las connotaciones de este término (5-6).

Tomando en cuenta las observaciones de Torres, el texto de Gabriel Trujillo Muñoz encaja tanto en el género detectivesco como en el policiaco. Cabe mencionar, que se advierte una preferencia en las letras bajacalifornianas por referirse a este tipo de narrativa de Trujillo Muñoz como policiaca. No obstante, este estudio se referirá a los textos de Trujillo Muñoz como literatura detectivesca porque, para los propósitos de este capítulo, la saga de Morgado es una búsqueda e indagación propia de su pasado y de su frontera.

El género detectivesco del que hace uso Trujillo Muñoz relaciona su texto a la cuentística de Edgar Allan Poe. Además de su relación con Poe, este tipo de narrativa detectivesca ha contado con prolíficos exponentes en Estados Unidos y en Europa entre los que se destacan Arthur Conan Doyle, Wilkie Collins, Raymond Chandler, Dashiell Hammett, Mickey Spillane y otros. Todos ellos han empleado las técnicas que distingue aún hoy la literatura detectivesca, y en la que, por lo general, se presenta una narrativa que se construye en torno a la solución de un crimen, en la que el detective es quien se encarga de resolver el caso. Ilan Stavans en *Antiheroes Mexico and Its Detective Novel* señala los siguientes aspectos como característicos de la novela detectivesca: "Suspense, the use of a traditional discursive technique, the cast of typical and mannequin-like characters y morality and intellect" (44-46). Amelia Simpson en *Detective Fiction from Latin America* destaca que existen muchas variantes de este tipo de narrativa, entre ellas la novela enigma o el relato problema que inicia con un crimen por resolver y que se centra en la investigación o solución del crimen. En 1920 surgió en los Estados Unidos otro tipo de literatura detectivesca, *hard-boiled*, lo que se llamó en español serie negra o novela dura. Esta fue una respuesta a lo que llegó a considerarse un género que ya abusaba de la descripción de situaciones irrealistas. La novela dura se apartó de los modelos de ficción y adoptó un tono de autenticidad en el que se intentó plasmar la vida de una forma más real (Simpson 11-13). A pesar de las peculiaridades de la novela negra que podrían ir más acorde con la situación latinoamericana, la novela enigma fue la que de inicio contó con mayor éxito en Latinoamérica durante las primeras décadas del siglo XX. Como observa Simpson:

> Latin American publishing houses were introducing hundreds of foreign titles… In Buenos Aires Emecé's "Séptimo Círculo" collection devoted to detective fiction, only six of almost four hundred titles published between 1945 and 1983 were authored by Latin Americans (16).

Las casas editoriales preferían publicar a escritores extranjeros para no correr riesgos comerciales y así asegurar buenas ventas. Además del intento por superar ese obstáculo, los escritores latinoamericanos se enfrentaron con la difícil tarea de adoptar un género que había sido creado para exponer las realidades históricas y culturales de otros países. Carlos Monsiváis escribe:

> If the aim of [detective] literature is to be realistic, [in Latin America] the accused would almost never be the real criminal and, unless he or she were poor, would never be punished…. The exception, the out-of-the-ordinary, isn't that a Latin American is a victim, but rather that he or she isn't one.

LA LEYENDA NEGRA

We don't have any detective literature because we don't have any faith in justice.[92]

A pesar de su popularidad, la novela detectivesca no contó con numerosos exponentes en las letras latinoamericanas debido, en parte, a que como observan Monsiváis y Simpson los escritores latinoamericanos más que tener fe en la justicia, la cuestionan. El hecho es que en el género detectivesco la novela enigma perdió fuerza en Latinoamérica y la novela dura alcanzó mayor aceptación durante las décadas de los años sesentas, setentas y ochentas ya que era más significativa y adaptable a la sociedad latinoamericana por sus aproximaciones críticas sociales (Simpson 22). Este género resultó fructífero en países como Argentina y México. En Argentina, y en el resto de Latinoamérica, como apunta Donald Yates en *Latin Blood The Best Crime and Detective Stories of South America*, el género detectivesco fue un tipo de literatura importada (xi). No obstante, surgieron numerosas obras escritas por escritores ríoplatenses incluyendo "El triple robo de Bellamonre" (1903) de Horacio Quiroga[93]. Años más tarde aparece la obra de Eustaquio Pellicer titulada "El botón del canzoncillo" y la novela *El enigma de la calle Arcos* (1932) de Sauli Lostal. Otras figuras de la época son Manuel Peyrou y Leonardo Castellani. Hay que incluir también el relato detectivesco "La muerte y la brújula" (1942) de Jorge Luis Borges y las obras de Bioy Casares *El perjurio* (1944) y *Los que aman odian* (1946). Posteriormente, esta literatura evolucionó hasta convertirse en un medio de crítica social. El cambio se llevó a cabo con los esfuerzos de escritores como Manuel Peyrou que utilizó este género para criticar aspectos del régimen peronista (Simpson 42),[94] de Marco Denevi y de Dalmiro Sáenz quienes expresaron una visión decadente de la sociedad (Simpson 47, 50), de María Angélica Bosco quien se concentró en la violencia familiar (Simpson 48) y de Víctor Saíz preocupado por la decadencia de la clase social alta (Simpson 50).

---

92 Citado en *Detective Fiction From Latin America* de Amelia Simpson, 21.
93 Quiroga nació en Uruguay pero residió en Argentina durante muchos años.

94 Amelia Simpson además de dedicar dos capítulos a la producción literaria de este género en Argentina y en México, también incluye otros dos capítulos en los que destaca la importancia de Cuba y Brasil. Por su parte, Donald Yates pone de relieve la producción chilena como una de las más importantes del género.

En México varios escritores también experimentaron y dominaron esta narrativa. Entre ellos sobresalen Antonio Helú, Rodolfo Usigli, Pepe Martínez de la Vega, María Elvira Bermúdez, Carlos Fuentes, Paco Ignacio Taibo II y, en la frontera norte, Gabriel Trujillo Muñoz.[95] Algunos de estos escritores de narrativa detectivesca se apropiaron de este género adaptándolo para expresar y explorar la cultura y los problemas nacionales (Simpson 82). Antonio Helú, gracias a sus historias satíricas de 1920, es considerado fundador del género en México. Posteriormente, Rodolfo Usigli escribió *Ensayo de un crimen* (1944), obra considerada como la primera novela detectivesca del país. Otros narradores destacables fueron Pepe Martínez de la Vega, quien se caracterizó por satirizar varios aspectos de la sociedad mexicana (Simpson 87); y la prolífica escritora María Elvira Bermúdez quien salpicaba sus misterios de comicidad. Entre los escritores contemporáneos que han abordado exitosamente este género sobresalen Carlos Fuentes, Paco Ignacio Taibo II y Gabriel Trujillo Muñoz. La octava novela de Fuentes, *La cabeza de la hidra* (1978), es una incursión en el género, o como diría Stavans, un homenaje a la literatura detectivesca (101). Su protagonista, el detective Félix Maldonado, alias Diego Velásquez es la construcción del héroe mexicano desde los parámetros de Estados Unidos. Esto se hace patente por la extensa utilización de referencias culturales y del ambiente mexicano, por la tarea de Maldonado por defender el petróleo del país y porque a pesar de que algunas escenas se llevan a cabo en Estados Unidos, la mayoría de la acción ocurre en México. Maldonado es un James Bond mexicano pero con todas las limitaciones que existen en su país (Stavans 103). Por su parte, Paco Ignacio Taibo II es uno de los escritores mexicanos más prolíficos y leídos de este género. Por lo general, sus héroes, sus detectives, expresan simpatía o solidaridad con movimientos socialistas, anar-

---

95 Gabriel Trujillo Muñoz hace un recuento y analiza sucintamente en su ensayo "Conflictos y espejismos: la narrativa policiaca fronteriza mexicana" la obra policiaca en torno a la frontera en la que se destacan los siguientes escritores y sus obras: Federico Campbell, (Tijuana, 1941) *Tijuanenses* (1989), *Traspeninsular* (2000), *La clave Morse* (2001); Paco Ignacio Taibo II *Días de combate* (1976), *Cosa fácil* (1977), *No habrá final feliz* (1981), *Algunas nubes* (1985), *Regreso a la misma ciudad y bajo la lluvia* (1989), *Sueños de frontera* (1990), *Amorosos fantasmas* (1990), *Adiós Madrid* (1991); Enrique Blanc (1961) "Clic" (2000); Juan Hernández Luna (1962) *Crucigrama* (1988), *Único territorio* (1989), *Naufragio* (1991), *Quizás otros labios* (1995), *Tabaco para el puma* (1996), *Tijuana Dream* (1998); Ricardo Guzmán Wolffer (1966) *La frontera huele a sangre* (2002); e Imanol Caneyada *Los ahogados no saben flotar* (2000).

quistas o guerrilleros (Fox, "Left Sensationalist" 192). Su protagonista más celebrado es el detective Héctor Belascoarán Shayne, (Stavans 111) una reencarnación más del detective mexicano que es limitado por el ambiente donde se desenvuelve, México.[96] Por último, Trujillo Muñoz crea un personaje detectivesco que a pesar de radicar en la Ciudad de México, es oriundo de la zona fronteriza y cuyos casos de investigación detectivesca ocurren en la frontera norte de México, en Baja California. Es importante mencionar que el género detectivesco ha sido encasillado despectivamente en México como una ""*literatura light*," a derogatory term that describes various forms of literary realism" (Fox, "Left Sensationalist" 186), o como literatura menor, a pesar de que, como destaca Amelia Simpson en *Detective Fiction from Latin America*, este género se ha cultivado y desarrollado durante más de un siglo en Latinoamérica.

Aunque éste cuenta con mayor éxito en Europa y en Estados Unidos han sido muchos los escritores latinoamericanos que han abordado el género. Sin embargo, un aspecto importante que debe considerarse es que Trujillo Muñoz utiliza este género "importado" de Europa y Estados Unidos, para reflejar la realidad fronteriza del norte de México. Esto se puede interpretar por lo menos, de dos maneras. Por un lado, se da en esa apropiación lo propuesto por Homi Bhabha respecto a la utilización del discurso colonialista para adoptarlo, cuestionarlo y subvertirlo. En este caso Trujillo Muñoz se "apropia" de un género "ajeno" a la frontera norte de México para manifestar y desmantelar su construcción desde los oscuros parámetros excluyentes del centro de México y hegemónicos de los Estados Unidos. Por otro lado, la utilización del género, también alude a la alteridad y la hibridez del espacio fronterizo: un territorio donde pese a los intentos por vigilar y dificultar el cruce fronterizo del sur al norte y de un rechazo nacionalista por parte de México, cotidianamente se da un intercambio que no es sólo cultural sino también de violencia, de narcotráfico, de crimen, de complejidad política. De esa manera, el género detectivesco utilizado por Trujillo Muñoz se convierte en otro aspecto modificado a las circunstancias fronterizas y que en este caso,

---

96 Belascoarán aparece en *Días de combate* (1976), *Cosa fácil* (1977), *No habrá final feliz* (1981), *Algunas nubes* (1985), *Regreso a la misma ciudad y bajo la lluvia* (1989), *Sueños de frontera* (1990), *Amorosos fantasmas* (1990), *Adiós Madrid* (1991)

se emplea para ilustrar el continuo movimiento de cruzar fronteras de Miguel Ángel Morgado con el que se identifica a la zona fronteriza y la complicidad de ambas naciones en la creación y divulgación de la "leyenda negra".

En *El festín de los cuervos*, el detective protagonista, el licenciado Miguel Ángel Morgado es, significativamente, miembro de una institución humanitaria.[97] Su constante movimiento de la Ciudad de México a la frontera norte y viceversa, durante sus diferentes aventuras detectivescas en *El festín de los cuervos* le permite percibir el espacio fronterizo desde la mirada centralista de la capital pero también, desde la de la frontera norte de México, desde sus recuerdos de su pasado en Mexicali, ciudad en la que había nacido, se había criado y que había abandonado años atrás. Esta doble perspectiva fronteriza y el conocimiento detectivesco de Morgado le permiten al escritor representar las complejidades de la frontera. De hecho, la perspectiva detectivesca de Morgado lo lleva a encontrar relaciones que, como advierten Gilles Deleuze y Félix Guattari, no son arbóreas sino rizomáticas: de raíces que se encuentran bajo la superficie, en mesetas y cuya dispersión crea una multiplicidad de relaciones en continuo movimiento. La labor detectivesca de Morgado se lleva a cabo mediante un desplazamiento entre varios espacios territoriales, dentro de los cuales, y gracias a su movilidad, se plantean diversos temas que giran en torno al viaje y a la recuperación personal de una identidad fronteriza negada. La búsqueda exterior de enigmas es el pretexto en *El festín de los cuervos* para representar el mito clásico del viaje y del regreso del héroe protagonista, así como una meditación textual sobre la "leyenda negra" que ha definido la frontera norte y que envilece a sus habitantes en la perspectiva centralista de México y en la mirada excluyente y hegemónica de Estados Unidos.

El peregrinaje de Morgado entre fronteras, y entre periferia y centro, es similar al de muchos habitantes fronterizos. Es un viaje que ya sea de la Ciudad de México hacia Mexicali, Tijuana o viceversa, o de Baja California a Estados Unidos, es un cruzar de fronteras geográficas y hu-

---

[97] Miguel Ángel Morgado, en un juego lúdico de Trujillo Muñoz, aparecería posteriormente en el libro *Mitos y leyendas de Mexicali* firmando al final de algunas historias. Esto se puede consultar en las siguientes páginas: 141, 143, 145, 146, 148, 149, 153, 160, 161, 162,165 y 167.

manas. En la saga de Morgado el acto de viajar se conforma a un proceso de conocimiento y reconocimiento en el que el detective fronterizo evoluciona y redescubre quién es, y lo que se había negado ser. Como observa Juan-Eduardo Cirlot en su *Diccionario de símbolos*:

> El verdadero viaje no es nunca una huida ni un sometimiento, es evolución. Por ello dice Guénon que las pruebas iniciáticas toman con frecuencia la forma de "viajes simbólicos", representando una búsqueda que va de las tinieblas del mundo profano…a la luz. Las pruebas –y las etapas del viaje- son ritos de purificación (460).

En primera instancia, Miguel Ángel Morgado inicia su viaje en el texto partiendo de Mexicali,[98] rumbo a la Ciudad de México, implícitamente huyendo de las tragedias familiares ya que cuando tenía once años su madre había sido asesinada en Mexicali. Por eso, al iniciar su viaje de regreso y mientras espera que salga el vuelo, en la sala siete del aeropuerto de la Ciudad de México, se cuestiona por qué había aceptado un caso en la frontera de Mexicali, su ciudad natal. Dice el narrador:

> El tema de Mexicali lo remitía, automáticamente, a ciertas imágenes: su infancia, la tumba de su madre, los desvaríos de su padre, la frontera y su alambrada. Y con ellas surgía el desapego, los vínculos olvidados, el distanciamiento. Su vida no giraba alrededor de aquella lejana tierra del norte, de aquel desierto, de aquel horizonte en llamas. Pero las raíces no estaban del todo cortadas. Su propia reacción de que alguien creyera que Mexicali era una ciudad gringa lo exasperaba, le hacía comprender que viejas emociones volverían a la superficie en cuanto llegara a la ciudad donde nació.
> "¿A qué regreso?" (*El festín de los cuervos* 17-18).

La interrogante con que Morgado inicia su viaje, se contestará paulatinamente durante su estadía en Baja California en el transcurso de los

---

[98] La palabra Mexicali proviene de **Méxi**co y **Cali**fornia ya que en esta ciudad fronteriza termina México e inicia California. La ciudad que colinda con Mexicali al otro lado de la frontera se llama Caléxico, inicio de **Cali**fornia y final de **Méxi**co.

cinco relatos de *El festín de los cuervos*. Recordando la cita de Cirlot, Morgado no sólo se verá envuelto en una aventura detectivesca profesional, sino que también experimentará un viaje personal hacia su conciencia. Morgado inicia esa otra búsqueda de sí mismo, partiendo de "las tinieblas" (la contaminación de la ciudad de México), o sea, de un presente nebuloso el cual, debido a la incertidumbre de su pasado, es incierto, para llegar simbólicamente a "la luz" (el calor y el sol resplandeciente de Mexicali),[99] a la recuperación de un pasado que fortalecerá su presente y futuro; y que le permitirá reencontrarse a sí mismo, recuperar lo negado y deshacerse de lo abyecto de su vida. El viaje de Morgado propone una analogía del país que reencuentra su zona olvidada, y del fronterizo (escritores, artistas, críticos) que vuelven su mirada a la frontera para reapropiarse de ella. Morgado es el detective que va a (re)encontrarse a sí mismo, su identidad, su historia, en el espacio fronterizo en el que se reconoce como tal,[100] específicamente en Mexicali y Tijuana.[101]

La investigación personal de Morgado de su pasado se torna obsesiva, narcisista, ya que, conforme descubre detalles de su pasado fronterizo, siente la necesidad de indagar más, de alcanzar y conocer a ese otro que es él. En un principio todo indica que es una búsqueda a la que no le encontrará el fin. No obstante, como los resultados nunca lo satisfacen, su pesquisa continua a través de cinco viajes a la frontera: los cinco capítulos del texto. Su vida en la frontera durante su aventura detectivesca adquiere una característica narcisista ya que todo gira en torno a sí mismo, en la búsqueda de su imagen y en el reconocimiento de sí mismo en la imagen fronteriza del otro que intenta reconstruir según las verdades que va descubriendo. En esa búsqueda de sus vínculos natales, encontramos que intenta recuperar la imagen de su madre cuando "Alicia lo acompañó hasta la tumba y le ayudó a quitar el polvo acumulado sobre ella. En ese momento, las cosas perdieron sus contornos y Morgado recobró imágenes hirientes, voces abismales" (108). La frontera,

---

99 El clima de Mexicali se caracteriza por los largos veranos y por las temperaturas extremas que pueden superar los 120 grados Fahrenheit, 50 grados Celsius durante los meses de junio, julio, agosto y septiembre. Este "horizonte en llamas" es un eco de *El llano en llamas* de Juan Rulfo.
100 Morgado recuerda en su saga al historiador en *Aura* de Carlos Fuentes que encuentra en su rostro, en los papeles históricos que lee.
101 En *Pedro Páramo*, Juan Preciado también viaja para buscar a su padre.

como cuerpo geográfico y cultural asociado a la madre es el texto que se convierte en el espejo o fuente en el cual Morgado se va reencontrando, reconociéndose y transformándose.

El inicio de su viaje no fue fácil ya que se le hizo difícil aproximarse de nuevo al territorio fronterizo del que había huido, y reconocer esa zona sin los prejuicios hacia ella que había adquirido en el centro del país.[102] Una vez que logra vencer su pánico y ansiedad, que deja de sentirse como un extranjero, se inicia el proceso que lo complementará como un ente fronterizo, hasta ser una persona que juzga la frontera por lo que él ha experimentado en el territorio fronterizo y no por lo que se dice de éste o por las "notas rojas" que se divulgan sobre esta zona en los diarios y noticieros de México y de Estados Unidos. Harry Polkinhorn asevera que la frontera "no es una cosa; la única manera de entender a la frontera, es cruzarla" ("Alambrada" 31); aunque tal vez más que cruzarla sea necesario vivirla, ser parte de ella y, como Morgado, haber nacido en ella. Con la saga de Morgado, Trujillo Muñoz propone que la frontera hay que pensarla localmente partiendo de sus historias locales como postula Walter Mignolo al ubicar lo que él llama "*Border thinking*" en la intersección de historias locales y diseños globales (310).

Las invenciones de la zona central de México frecuentemente decretan unánimemente a la frontera norte de México como una región con poca identidad nacional o cultural (*North of the borderism*). A la misma vez, las invenciones de Estados Unidos hacen de esta zona, un territorio fronterizo de barbarie: ese Otro, ajeno y extraño, diferente a lo que se cree ser el país anglosajón (*South of the borderism*). Entre los artistas y escritores conscientes del conflicto que crean estas dos perspectivas diferentes de la frontera, Sergio Gómez Montero plantea sucintamente la presión que experimenta la región fronteriza cuando se refiere al folclor de esta zona como el surgimiento de una cultura de resistencia y, como

---

102 Es posible que Gabriel Trujillo Muñoz haya experimentado una sensación similar a la de Morgado durante su retorno a la frontera. Trujillo Muñoz vivió en Guadalajara donde estudió y terminó la carrera de medicina. Después de mantenerse distante de Mexicali por aproximadamente seis años retornó en 1981. Él mismo menciona en una entrevista, que fue en Guadalajara donde realmente pasó su adolescencia. Esta entrevista fue hecha por Rosa María Espinoza Galindo y publicada originalmente en *La lengua del camaleón*, (1990). Posteriormente en el 2002 fue incluida en *Gambusino de las letras. Textos en torno a la vida y obra de Gabriel Trujillo Muñoz (1981-2001)* (11-19).

tal, una cultura que recientemente ha producido una variada producción artística dinámica:

> Es decir, presionada esta región a ambos lados de la frontera tanto por un centralismo patógeno, como por prácticas artísticas hegemonizantes y discriminadoras, los artistas e intelectuales comienzan a
> construir un discurso de creación y reflexión
> (*Tiempos de cultura* 115).

De hecho, algunos escritores del centro como Carlos Monsiváis no están del todo de acuerdo con las observaciones de los críticos o escritores de la frontera. Por ejemplo, en su ensayo "La reinvención de Tijuana, frontera y transfrontera" Monsiváis ratifica el típico desdén centralista hacia las ciudades fronterizas con observaciones como las siguientes: "Los hoteles son de paso ("Si conoces un bar, una cama, y un baño, ya conoces toda la ciudad")" (13); "Tijuana promueve el mal gusto que le exigen y que la ciudad misma va demandando" (14); "Durante mucho tiempo Tijuana es una calle –Revolution Avenue-" (16); "Y surgen las nuevas especies, muy similares en cada una de las ciudades, en apariencia clonadas por la urgencia de americanizarse para no quedarse atrás del tiempo psicológico de la época" (21-22). Finalmente, diez páginas más tarde, en las que plasma la "horrenda superficialidad" de la ciudad,[103] este escritor "no fronterizo" dedica las últimas tres páginas para describir aspectos "más positivos", sinónimos en su mayoría de superación, no obstante entretejiendo todavía su menosprecio hacia Tijuana:

> Desde la década de 1970 Tijuana se recompone, pierde su carácter de lugar de paso, se "rehabilita moralmente", se desarrolla

---

[103] Vale la pena aclarar que muchas de sus observaciones parten de hechos verídicos pero también se denota una tendencia hiperbólica acompañada de un tono minimizador. Por su parte el tijuanense Heriberto Yépez en el artículo "Tijuana. Procesos de una ciudad de ciencia ficción sin futuro", que también aparece en *Tijuana Sessions*, acepta algunas de las realidades que destaca Monsiváis sin embargo se puede apreciar otro tono, cuando observa que: "Tijuana es una frontera con un fuerte sentido de su propia identidad. Aunque muchos dentro y fuera son de la irónica opinión de que Tijuana no tiene identidad alguna" (40). Por otro lado, Humberto Félix Berumen en *Tijuana la horrible* hace un detallado análisis del origen de la mala reputación de Tijuana y ofrece varias teorías y conclusiones al respecto.

industrialmente, se deja invadir y diezmar por narcotraficantes, se diversifica en lo político, amplia sus sistemas universitarios y sus grupos culturales, se olvida de las leyendas del vicio a pequeña escala, sufre y se beneficia y se descompone y se perjudica ecológicamente con las maquiladoras, y se integra a fondo con la economía norteamericana, mientras algunos de sus intelectuales discuten la preservación de la Identidad Nacional. Continúan los abusos del centralismo, pero en forma categórica Tijuana debate: ¿es antesala del sueño migratorio, es espacio secuestrado por el narco, es entidad como desarrollo propio? (22)

A partir de 1990 (muy aproximadamente) la vida cultural en Tijuana se modifica,... genera movimientos, grupos, tendencias musicales, búsquedas de fusión en las artes, literaturas marcadas por le necesidad de condensar dos experiencias nacionales desde el idioma (24).

En resumen, como se sugiere en las ideas de Monsiváis, en el discurso nacional, se ha reconstruido el área fronteriza por medio de tres visiones basadas en la "leyenda negra". Una es la que se construye en el centro de México y la otra en Estados Unidos. Una tercera versión, es la que ha sido "voluntariamente" aceptada y difundida por un sector de la población fronteriza con el fin de promover el turismo para obtener a cambio una retribución monetaria. Esta tercera visión que surge de una condición fronteriza en negociación con las necesidades locales y las imposiciones externas, es la que, como se señaló en el capítulo anterior, produce el fenómeno-*performance* del burro-cebra de la Avenida Revolución. Sin embargo, no todos están conscientes, especialmente los turistas, del juego que se lleva a cabo en estas zonas y en frecuentes ocasiones se generaliza toda la ciudad y hasta toda la frontera desde la sombra persistente de la "leyenda negra".

En *El festín de los cuervos*, (una vez de regreso a su tierra natal) Morgado inicia su aventura fronteriza, con la tradicional visión estereotípica que se tiene de la frontera en el centro de México. Sin embargo, ésta evoluciona cuando Morgado recupera sus memorias y comienza a participar en los conocimientos locales que fortalecen sus raíces cachanillas.[104] El viaje de Morgado a la frontera adquiere una función múltiple y se convierte en una búsqueda tripartita: el intento por resolver los casos misteriosos que en primera instancia lo atraen profesionalmente a la frontera; sin proponérselo en un principio, la búsqueda de una identidad propia; y el intento de rescatar la "verdadera" identidad, la verdad de la frontera y de una condición humana fronteriza. Las tres razones terminan estrechamente entrelazadas, lo cual dificulta, como en el rizoma, la identificación del principio y/o el final de éstas. Son estas tres búsquedas las que se resuelven paulatina y simultáneamente durante el transcurso de *El festín de los cuervos*.

Morgado está consciente desde el inicio de su viaje de que su llegada a la frontera implicará un esfuerzo más intenso que un simple traslado geográfico. Por esta razón se pregunta al inicio de su travesía fronteriza, "¿A qué regreso?" (18). La respuesta obvia sería, resolver el asesinato del compadre de su amigo Atanasio (23). Sin embargo, ese no es el problema medular. Su conflicto surge a raíz de la multiplicidad de respuestas que origina su interrogante. En ese sentido, su situación es "muy fronteriza". Por un lado, la región se le hace ajena, al punto de pensar en la anulación de su viaje: "Morgado pensó que aún era tiempo de cancelar su viaje, de anular su boleto. Pero en ese momento se escuchó por los altavoces el aviso para abordar el avión" (19). El titubeo de Morgado se constata al arribar a Mexicali y charlar con su amigo Atanasio, "-Hace unas horas, en la Ciudad de México, pensé que me daría gusto estar aquí, que extrañaba este pueblo.[105] Luego, en la sala de espera, me agarró el pánico. Me dije a mí mismo: "el extraño, el extranjero eres tú". Ahora no sé" (20). Morgado siente temor y una sensación de separación debido a la distancia entre ambas ciudades y al tiempo que ha transcurrido desde su última estadía fronteriza. La primera frontera que debe superar es la del temor: un miedo que, como destaca Rolando Romero en "Border of Fear, Border of Desire", es una construcción más para aislar a la

---

104 El gentilicio oficial de la gente de Mexicali es mexicalense pero es muy común que se utilice cachanilla, el nombre de un arbusto endémico. De hecho "El Cachanilla" es el título de la canción más representativa del área.

105 El uso de la palabra pueblo es una de las características formas despectivas capitalinas de referirse a las ciudades de la frontera norte de México. A pesar de que Mexicali cuenta con una población superior al millón de habitantes no se compara con los 27 millones del Distrito Federal.

frontera norte de México, para delinear el límite entre la civilización y la barbarie (38), entre Estados Unidos y México. Es una frontera envilecida comúnmente representada por escritores mexicanos como una zona en la que "abunda la perdición", según Romero: "In these narrations the border fosters disease, rape, prostitution, drugs and contamination. Contemporary narrations of the border imply that one can buy babies or drugs from the *coyotes* just as easily as one can buy entrance into the US" (38).[106]

La corrupción y el envilecimiento también se hace patente en la narrativa de Trujillo Muñoz en el proceso del auto-reconocimiento de Morgado. En "Mezquite Road," por ejemplo, Morgado le pregunta desconfiado a su amigo Atanasio sobre el caso que viene a resolver: "Es un lío de narcos, ¿verdad?" (23). Morgado sólo sabía que su obligación era la de averiguar sobre el asesinato de Heriberto González pero, al tratarse de la frontera, automáticamente asoció el homicidio con el narcotráfico. La policía había llegado a la misma conclusión y había cerrado el caso con esta versión narco. Sin embargo, Atanasio, la esposa y las hijas de Heriberto están seguros de que tal conclusión había sido una mentira policíaca: "…qué la policía informaba que había sido un ajuste de cuentas entre narcos; que en el cuarto encontraron más de un kilo de coca; que se había dado carpetazo al asunto. Todo olía a podrido, a pura tranza" (30-31). Las citas previas constatan la actitud prejuiciosa de Morgado, un detective procedente del centro de México y enfatizan a la misma vez el estereotípico clima de violencia fronterizo. La policía decidió concluir el caso, construir una versión creíble relacionada a las drogas porque ésta es una parte, no la totalidad, de la realidad fronteriza; esa es la parte que explotan sus benefactores: los medios de comunicación, los Estados Unidos y los propios narcotraficantes. De esa manera no se sospecharía sobre los hechos presentados. Sin embargo, no todos se creyeron la historia. Los que conocieron íntimamente a Heriberto, jamás aceptaron esa explicación del crimen porque sabían que él no era narcotraficante. Por esa razón, habían contratado a Morgado. A otro plano de lectura, el texto sugiere que es relativamente fácil aceptar los hechos de una "rea-

---

106 Aunque Romero se refiriere a la visión estadounidense de la frontera mexicana, también se puede aplicar a la estereotipada aproximación del centro de México a la frontera.

lidad" violenta aun cuando no se saben los detalles personales de los que están directamente implicados en ese tipo de situaciones. Es decir, que la policía y la prensa presentan muchas veces un lado de la historia, su lado, sin exponer el otro y así terminan cayendo en, y confirmando (falsamente), los estereotipos de la "leyenda negra", sustentándola y difundiéndola aún más. Es un recurso encubridor que se utiliza con el conocimiento de que los medios lo difundirán como una nota roja y que un sector de la población y, por lo general, todo el país lo aprobará como uno más de los eventos del día a día fronterizo. En "Mezquite Road" se ilustra esta hostil óptica del centro de México que visualiza la frontera norte por medio de la violencia y sobre todo por su presunta "poca mexicanidad". Mientras Morgado espera en el aeropuerto de la Ciudad de México camino a la frontera se le aproximan dos conocidos y conversan sobre Mexicali, el destino del viaje de Morgado:

-¿Mexicali? –preguntó, extrañado, el presidente de la barra de abogados de Guanajuato-. ¿Qué eso no queda en Estados Unidos?
- ¡No! –respondió, molesto, Morgado-. Es frontera. Queda en Baja California.
-Sí, hombre –terció Ochoa-, tiene maquiladoras, culos bonitos y maromeros que boxean. Un pueblo muy normal como la familia Adams.
-Es una región agrícola e industrial –quiso explicar Morgado.
-Que aburrido, hermanito. Por eso prefiero Tijuana. Lo mejor de Tijuana es San Diego (17).

A pesar de que Morgado se resiste espontáneamente a la percepción errónea de los dos tipos, su defensa de esa zona queda suspendida en el silencio quizá porque aún observa su zona natal desde su visión capitalina. Más tarde, Morgado comparte esa visión con Atanasio en un billar al llegar a Mexicali. Al criticar a los Cuervos, los motociclistas con apariencia de malhechores que en realidad son empresarios y se dedican a la labor social (44), dice:
Lo que veo es que los Cuervos sólo pueden echar a volar

en la zona fronteriza. Son una especie única, que sólo vive en regiones como ésta.
-¿Ves? Ya estás hablando como capitalino: desde las alturas. Se te olvidan tus raíces, Morgado. Ten. Ponte esto. Así verás con más claridad las cosas de por aquí.
Y Atanasio le pasó, entre ceremonioso e irónico, unos lentes oscuros (44-45).

La imagen de los lentes oscuros de Morgado en este momento de la narración adquiere un simbolismo importante en el texto. Ésta se reitera en casi una decena de ocasiones para proponer que ellos funcionan para Morgado como un escudo ante la luz intensa del sol "cachanilla" y como máscara de defensa para enfrentar situaciones en las que se siente en "desventaja": "-Una niña muy linda –aclaró Morgado y se puso los lentes oscuros para no quedar en desventaja" (57). Además, la oscuridad de los lentes para el sol, le sirven de máscara, o sea, le ayudan a pasar desapercibido y aparentar ser un mexicalense. Como le comenta Atanasio, en Mexicali "La gente [lentes] los lleva puestos de día y de noche, dentro y fuera de las casas" (41). "Se puso los lentes oscuros. Sí. Ahora sí podía pasar inadvertido. Nadie lo confundiría con un pinche turista rajón" (47). Finalmente, como se puede apreciar en la conclusión del relato, el uso de los lentes se convierte para Morgado "en una forma de vida" (142), una forma de distanciamiento y, a la misma vez, de disfraz mexicalense. Sin embargo, los lentes oscuros no le sirven para esconderse de su propio padre ni de los recuerdos de su madre. Son sólo un disfraz temporal; para sentirse como un "ser fronterizo" tendrá todavía que reapropiarse de su infancia y de su tierra, reencontrarse a sí mismo, labor con la que Gabriel Trujillo Muñoz reivindica el lado humano de la frontera y a la vez subvierte su legendaria fama. En una entrevista realizada a Trujillo Muñoz por Paul Fallon el 29 de mayo de 2000, el escritor de *El festín de los cuervos* comenta:

...le mandé una versión más corta a Paco Ignacio Taibo II, a quien le gustó la trama y el desarrollo de *Mezquite Road*, pero, como buen conocedor de Mexicali, me sugirió que ampliara lo descriptivo, que el telón de fondo (que es Mexicali) lo hiciera más profundo, con más detalles... Así que le puse, por decirlo de algún modo, pinceladas más fuertes de la vida fronteriza, *flashbacks* que unieran, en lo sensible, en la nostalgia o el dolor, a Morgado con Mexicali: lo de su padre y su madre. Vínculos de sangre. Deudas no pagadas consigo mismo y con su linaje. Mexicali como una ciudad que te afecta por lo que te quita, por la magra cosecha que te ofrece: Frutos secos, amistades peligrosas, desolación barrida por el viento. Eso le puse. Y fue un buen consejo: la novela se dedicó más a levantar un mito urbano y no a ser sólo una novela de caso a resolver (93).[107]

La incorporación de esos detalles locales a modo de nostalgia es la que contribuye en la recuperación, en el reencuentro de Morgado con la frontera norte de México. Entre esas añadiduras, en la sección 13 del texto, Morgado visita a su padre en lo que aparenta ser un asilo de ancianos donde éste vive "en su telaraña de ensoñaciones, en su madeja de medias realidades" (70). La visita le evoca a Morgado un sentimiento de culpabilidad: ""¿en cuántas cosas no le he fallado?"" (70) se pregunta a sí mismo, seguramente porque también ha mantenido a su propio padre en el abandono, así como ha hecho con la frontera. Además del sentimiento de culpabilidad, este encuentro con el padre olvidado también lo remite a su niñez en Mexicali al recordar los regalos favoritos que le había hecho su padre: un pistolón y un violín. El recuerdo más doloroso que lo apega a la frontera, sin embargo, es el de la muerte de su madre. Su visita al panteón, a la tumba de su madre, lo remite al momento amargo de su niñez cuando tenía once años y la perdió violentamente (108-10). El reencuentro con la tumba de la madre, como la tierra olvidada, lo transportan a un pasado que si bien es doloroso, también es una condición fronteriza, y la zona de sus propias fronteras sicológicas. Sin embargo, para que se fortalezcan sus raíces cachanillas, su identidad fronteriza, deberá afrontar sus temores, confrontar lo doloroso del pasado y no abandonar emocionalmente de nuevo la tierra en la que se

---

[107] La entrevista ha sido recopilada y la cito en *Gambusino de las letras. Textos en torno a la vida y obra de Gabriel Trujillo Muñoz*.

encuentran los restos de su madre: "Morgado caminó, con pasos inseguros, entre las veredas polvorientas. No deseaba llegar a la tumba de su madre. No quería remover las cosas del pasado. Pero no tenía remedio: era una deuda que nunca terminaría de pagar, una manda inmensa" (108). Se da cuenta de que sólo una vez que supere su inseguridad podrá adaptarse al nuevo Mexicali y continuar con esa búsqueda que lo llevará a disipar la propia visión que se ha creado, errónea, estereotípica, de la frontera como un arma de defensa contra sí mismo: una visión que, como la franja divisoria entre norte y sur, lo fragmenta también a él.

Para el final de su primer viaje a Mexicali en "Mezquite Road" Morgado se ha reapropiado ya de una parte de su identidad. Sin embargo, éste es sólo el inicio de un proceso en el que serán necesarios otros viajes a la frontera para continuar sus búsquedas y reencuentros, y sanar sus dudas y temores. Mediante la saga de sus viajes Morgado irá cambiando su concepción de sí mismo y de sus orígenes, y podrá cuestionar la mala imagen fronteriza que le hace sombra a su pasado, el por qué de la violencia. [108]

En los próximos capítulos, "Tijuana City Blues", "Loverboy", "Puesta en escena" y "Laguna Salada", Morgado continúa recuperando su identidad y la de la zona bajacaliforniana. Para lograr esta labor, Trujillo Muñoz lleva a su texto la violencia que caracteriza la frontera y señala a los participantes y creadores de ésta quienes, por lo general, se encuentran a ambos lados de la cerca fronteriza. Esa violencia que pone al descubierto el texto es complícita, compartida por el Norte y el

---

[108] En el trascurso de la historia se percibe un desdén hacia los "chilangos", los habitante de la Ciudad de México, (48, 54, 226) y a los "gringos" (136, 160), por su implicación en la creación y/o sustentación de la "leyenda negra" de la frontera norte. Durante su vuelo de regreso a la Ciudad de México Morgado empieza a leer el libro que le regaló Atanasio, *Caminos sin ley* (*Another Mexico*) del escritor inglés Graham Greeene. La siguiente es la sección que lee y con la que culmina "Mezquite Road": "La atmósfera en la frontera es como comenzar todo de nuevo. Cuando la gente muere en la frontera se llama un final feliz" (142-3). Esta cita fue extraída del capítulo 1 titulado "The Border. Across the River" y el mensaje no es tan positivo como el que comparte Morgado en su lectura. A continuación se incluye el párrafo original de donde proviene la cita:
"The border means more than a customs house, a passport officer, a man with a gun. Over there everything is going to be different; life is never going to be quite the same again after your passport has been stamped and you find yourself speechless among the money-changers. The man seeking scenery images strange woods and unheard-of mountains; the romantic believes that the women over the border will be more beautiful and complaisant than those at home; the unhappy man imagines at least a different hell; the suicidal traveller expects the death he never finds. The atmosphere of the border-it is like a good confession: poised for a few happy moments between sin and sin. When people die at the border they call it 'a happy death'"(13).

Sur ya que ambos son igualmente constructores de la "leyenda negra" fronteriza. De ésta, la violencia que más se reitera es la que se produce como resultado de las drogas. "Mezquite Road" culmina con el esclarecimiento del crimen de Heriberto y también con el descubrimiento de la asociación, que data de muchos años, de la DEA y del grupo policiaco de Zamudio. Según descubre Morgado, desde hacía seis meses el grupo de Zamudio secuestraba a narcotraficantes en México que la DEA quería capturar en Estados Unidos. La recompensa es de entre diez mil y veinte mil dólares por narco (87). En "Tijuana City Blues", Morgado descubre una organización de narcotraficantes estadounidenses que operaba en México y también encuentra, gracias a la colaboración de su amigo, el agente de la DEA, Harry Dávalos, al padre de su cliente en la Jolla, California. En "Loverboy" desarticula una banda de extranjeros, traficantes de órganos que robaban niños en Mexicali y vendían sus órganos al otro lado de la frontera. En "Puesta en escena" se desarrolla la búsqueda del piloto méxico-americano Jesús Bull Aguirre en el desierto de Baja California. Aquí, todo resulta ser una "puesta en escena", una operación de encubrimiento de la DEA y la policía mexicana para rastrear la filtración de la droga y así capturar narcotraficantes. Finalmente, en "Laguna Salada" Morgado investiga la muerte del doctor Islas quien había escondido una batería de plutonio que habían cruzado a Mexicali desde Estados Unidos en 1955. Morgado otra vez resuelve este caso con la colaboración de su amigo americano, del "otro lado", el lado norte de la frontera, Harry Dávalos: una cooperación simbólica, a pesar de las diferencias entre Dávalos y Morgado (norte y sur de la línea), para descubrir "la verdad" de la complicidad en lo fronterizo.

La investigación que hace Morgado en su segundo viaje, en "Tijuana City Blues", destaca la violencia compartida por ambas naciones para, de esa manera, revaluar algunos hechos históricos y fundacionales en la creación de la "leyenda negra". Esta labor se desarrolla exitosamente a través de un viaje de investigación que hace Morgado a Tijuana, que es paralelamente también un viaje al pasado, a los años cincuenta: "Voy a 900 kilómetros por hora rumbo al pasado", pensó. "Tiempo estimado de vuelo: unas cuantas décadas" (176). El caso que intenta resolver en esta ocasión es la desaparición de Timothy Randolph Keller, padre de

LA LEYENDA NEGRA

su cliente Alfonso Keller Padilla, alias el Güero. Las declaraciones de Alfonso y las investigaciones previas a su viaje apuntan, en su inicio, a la figura de William Seward Burroughs[109] y la de sus compañeros, Allen Ginsberg y Jack Kerouac, todos ellos escritores del movimiento *beat*.[110] En el texto de Trujillo Muñoz, Burroughs había mandado a Timothy Keller a Tijuana a recoger un dinero y a entregar un paquete. Sin embargo, Keller fue utilizado como un cargador de droga involuntario cuando un panameño le dio una muñeca para que, supuestamente, se la diera a su hija que vivía en la frontera. Timothy ignoraba que ésta viniera rellena con dos kilos de heroína.

Burroughs en este texto es una pieza clave para resolver el misterio de la desaparición de Keller. Su figura, central al texto, destaca la violencia compartida por estadounidenses y mexicanos en la zona fronteriza. La selección de este personaje histórico es muy atinada para dicho propósito porque se informa de la historia, y su representación en el texto de Trujillo Muñoz desenmascara la complicidad estadounidense en asuntos narcos de la frontera. A través de Burroughs la saga de Morgado cuestiona estereotipos que construyen la "leyenda negra", ya que Burroughs, personaje ideal para destacar el comportamiento violento de un ciudadano estadounidense en México, también "accidentalmente" mató a su esposa, Joan Vollmer Burroughs. Como observa Mario, el librero, en *El festín de los cuervos*: "Sólo mató a su mujer con un tiro en la cabeza. Al estilo Guillermo Tell (153)".[111] De hecho, en el lado histórico-testimonial de estos hechos, la muerte aparentemente accidentada de Vollmer ocurrió en septiembre de 1951 en la Ciudad de México según se anota en la biografía de Burroughs. Tan lamentable suceso marcó permanentemente el resto de la existencia del escritor. De hecho, en el prólogo de

---

109 El personaje histórico que informa el texto de Trujillo Muñoz, William Seward Burroughs, nació en St. Louis Missouri en 1914. En 1940 se amistó con Allen Ginsberg y Jack Kerouac y junto con ellos fue figura del movimiento *beat*. Vivió en varios países, incluyendo México. Durante la década de los cuarenta inició una larga adicción a la heroína. Aunque era homosexual, estuvo casado con Joan Vollmer hasta 1951, fecha en la que, según su confesión, accidentalmente la mató de un balazo. Falleció en 1997 a causa de un ataque al corazón.
110 Movimiento originado por los tres escritores mencionados y que a pesar de mostrar destellos de su singularidad durante la década de los cuarenta, fue hasta 1950 que fue reconocido como movimiento literario. Los integrantes de este movimiento se caracterizaban por el desdén hacia las reglas sociales y gramaticales y una cierta inclinación por el consumo de drogas.
111 Guillermo Tell es William Tell, el héroe suizo. En realidad, Tell no es más que una leyenda que surge en la época medieval. Se inmortalizó gracias a su talento con el arco y por lanzar exitosamente una flecha a la manzana colocada en la cabeza de su hijo.

su libro *Queer*, Burroughs reconoce el impacto que le causó la muerte de su esposa: "I am forced to the appalling conclusion that I would never have become a writer but for Joan's death, and to a realization of the extent to which this event has motivated and formulated my writing" (Burroughs xxii). Aquí el escritor no reconoce la forma en cómo la mató. Sin embargo, en una entrevista concedida en 1965 en St. Louis asevera lo siguiente:

> And I had that terrible accident with Joan Vollmer, my wife. I had a revolver that I was planning to sell to a friend. I was checking it over and it went off-killed her. A rumor started that I was trying to shoot a glass of champagne from her head William Tell style. Absurd and false (76).[112]

La figura de William Seward Burroughs, además de contribuir en *El festín de los cuervos* al establecimiento de un marco histórico, funciona como hilo conductor del relato y se utiliza con el fin de constatar y destacar algunos aspectos fundacionales de la "leyenda negra". Si recordamos algunos datos del segundo capítulo de este estudio, la época de oro de la frontera norte mexicana es cuando nace y florece "la leyenda negra", especialmente durante el periodo de 1919 a 1933, como consecuencia a la Prohibición en los Estados Unidos. Además, los creadores de "la leyenda negra" fueron en gran parte estadounidenses. Ésta es una de las razones primordiales para la inscripción de la figura de Burroughs en el texto de Trujillo Muñoz. Una vez que la venta de bebidas alcohólicas fue prohibida en Estados Unidos, muchos norteamericanos invirtieron capital en la franja fronteriza mexicana. Estas inversiones, en su mayoría se destinaron a fomentar el alcoholismo, la prostitución, la ludopatía y posteriormente la drogadicción. Con lo anterior no insinúo que Burroughs, el escritor real y el personaje del cuento fuera un contribuyente directo del origen de esta leyenda. Sin embargo, el uso de este personaje señala la participación indirecta de él, como la de sus compatriotas en la creación de dicha fama.

---

[112] Esta entrevista aparece en el texto titulado, *The Collected interviews of William S. Burroughs. Burroughs Live 1960-1997*, editado por Sylvère Lotringer.

LA LEYENDA NEGRA

Trujillo Muñoz pudo haber utilizado un personaje o escritor mexicano drogadicto como hilo conductor del relato, no obstante opta por William Seward Burroughs, escritor drogadicto norteamericano que reside en México. Además de que Burroughs fue un escritor, un *junky*,[113] y una figura controvertida durante y fuera de su época, su conducta queda marcada por la violencia: muerte "accidental" de su esposa. Al emplear esta figura en su texto, Trujillo Muñoz desplaza la imagen estereotípica del fronterizo mexicano hacia el Norte sugiriendo implícitamente que, si un personaje de la talla de Burroughs es capaz de cometer semejante atrocidad, no sería difícil encontrar a otros de sus compatriotas con cualidades similares. El cuestionamiento del estereotipo del mexicano se intensifica aún más cuando en "Tijuana City Blues" Alfonso Keller Padilla, alias el Güero, protesta ante la imagen que proyecta el estadounidense en el mexicano como salvaje.

-Pinches gringos- farfulló El Güero-. Siempre viéndonos como unos salvajes, como Frito el Bandido. ¿Y ellos qué? ¿Puros santos? No, qué va. Puros asesinos en serie, puros deschavetados de mierda.
Morgado estuvo de acuerdo, pero no dejó que la conversación se desviara hacia otros rumbos" (160).

El comentario surge como respuesta al párrafo que le lee Morgado de la biografía de Burroughs: "Ésa fue la suerte de nuestro escritor: haber matado a una mujer en un país donde la vida no vale nada y si es la vida de una mujer, mucho menos que eso" (160). Lógicamente, ambas citas son generalizadoras, no obstante, la respuesta del Güero se da de manera recíproca a las concepciones estadounidenses cuando se refieren al país vecino del sur.

---

113 Cuando Morgado localiza a Timothy Randolph Keller, padre de su cliente, éste le obsequia un manuscrito original del libro titulado *Junky*. Este fue el primer libro publicado por Burroughs (1953) en el cual plasma su adicción a las drogas y lo que sabe sobre *junk* y las personas que usan drogas. "When I say junk I mean opium or derivatives of opium; morphine, heroin, pantopon, Dilaudid, codeine are the opium derivatives generally used in the Status" (139). Esta cita fue extraída de *Junky 50th Anniversary Definitive Edition*.

La cita anterior tiene resonancia directa en los acontecimientos de la sección final del cuento cuando el taxista que lleva a Morgado al aeropuerto de Tijuana le hace un comentario similar al que aparece en la biografía de Burroughs. "-Pobre del morro al que le haya tocado –exclamó el taxista-. Pero aquí no contamos para nada. Te golpean y nadie te da la mano. Te matan y ni a quién le importe" (215).

Este comentario surge a raíz del intenso operativo policiaco que observan a su alrededor:

-¿Y todas esas patrullas?- quiso enterarse el abogado.

-Algún pleito de cholos. A cada rato pasa. Estas colonias de por acá son bien braveras. O la gira del candidato. Vaya usted a saber....

Más patrullas y autos oficiales con los códigos encendidos se abrían paso a bocinazos. Tres *pick-ups* con hombres armados abordo invadieron el carril contrario y estuvieron a punto de impactarse con un camión de pasajeros. Una ambulancia obligó al taxi a detenerse completamente para dejarla pasar. (214)

El escándalo de los autos policiales iba en aumento. Morgado contempló de nuevo el lomerío y consultó su reloj: eran las 5:15 de la tarde. Un día de primavera en Tijuana (215).

De hecho, esta alusión del texto no es una referencia inocente. Tal y como lo señala la fecha al final del cuento, 1994, ese fue el año del asesinato de Colosio, candidato a la presidencia por el Partido Revolucionario Institucional (PRI).[114] El crimen se perpetuó precisamente durante "un día de primavera, en Tijuana" (215), para ser exactos, el 23 de marzo de 1994, cuando el reloj marcaba las 5:10 de la tarde.[115] El escenario, como rememoración al hecho histórico, de esta tragedia fue Lomas Taurinas, una de las colonias más marginadas de Tijuana. "Morgado contempló de nuevo el lomerío…" (215) "Morgado contempló los cerros cubiertos de

---

[114] El Partido Revolucionario Institucional se fundó a finales de la década de los veinte. A pesar de la existencia de otros partidos opositores, el PRI se convirtió en una dictadura disfrazada ya que gobernó el país por más de setenta años hasta su histórica derrota en las elecciones del 2000. El Partido Acción Nacional (PAN) y su candidato Vicente Fox Quesada resultaron victoriosos en la histórica contienda electoral.

[115] Luis Donaldo Colosio murió después de recibir dos balazos a quemarropa en el tumulto originado al concluir un mitin proselitista. El disparo que le quitó la vida fue el que recibió en la cabeza, el otro en el costado izquierdo no fue de mayores consecuencias. Mario Aburto Martínez fue, supuestamente, el asesino material y hasta la fecha existen muchas dudas referente a si él también es el asesino intelectual.

La Leyenda Negra

casas de lámina y autos inservibles, la hilera dispareja de llantas usadas que servían de escalinatas,..." (214)[116]

El asesinato de Colosio, además de ser un parte aguas en el escenario político mexicano, contribuyó a la reafirmación de la "leyenda negra" de Tijuana. La noticia del asesinato se convirtió en el punto de mira nacional e internacional.[117] Una vez más, la frontera fue testigo y víctima de sucesos turbulentos con los que frecuentemente se convalida su popularidad como sitio donde los actos violentos están a la orden del día y con los cuales se fomenta y nutre la denigrante fama fronteriza.[118] El taxista, molesto, comenta que la vida no tiene valor en Tijuana: "-Ya no nos la acabamos –dijo el taxista, inmerso también él en sus propias preocupaciones-. El otro día me tocó un pinche tiroteo entre narcos en Mesa de Otay. Y ya me han asaltado cinco veces en lo que va de este mes" (214).

Los dos referentes históricos que utiliza Trujillo Muñoz, la vida del escritor estadounidense, Williams S. Burroughs y el asesinato del candidato presidencial, Luis Donaldo Colosio, complementan el marco fronterizo que representa el texto. Con uno, *El festín de los cuervos* señala la participación del estadounidense en la construcción de la frontera; y con el otro, la imagen de la muerte de Colosio, se destaca la violencia nacional y fronteriza actual en la que se narra el relato. El diálogo del texto con hechos y personajes históricos recalca la compleja realidad de la frontera que Morgado, como detective, comienza a indagar, y propone al lector como cómplice de esa investigación. El texto sugiere que para leer la frontera se necesita tener conocimiento previo de su compleja

---

116 Esta imagen de los cerros con llantas, suele ser una especie de radiografía de los barrios pobres de Tijuana. Sin embargo, las llantas no sólo se utilizan como escalinatas. Para mucha gente se han convertido en un material económico de construcción que se emplea en la edificación de bardas para intentar evitar el derrumbamiento del terreno en el que se ubican sus casas. En el libro *Tijuana, la casa de toda la gente*, en el que participan Néstor García Canclini, Patricia Safa y Lourdes Grobet, se incluye una fotografía en la portada y dos más en las páginas 22 y 23 en las cuales se observan cerros similares a los contemplados por Morgado rumbo al aeropuerto.
117 La tinta que se ha derramado en especulaciones referente a esta ejecución ha sido vasta. No obstante, muchos consideran que ésta ha sida derramada en vano porque las investigaciones hechas y presentadas han dejado a muchas personas insatisfechas.
118 Un ejemplo reciente referente al escaso conocimiento que se tiene o se acepta en relación con otra cultura o nación es la situación que se vive entre Estados Unidos e Irak. En su texto *Orientalism*, Edward W. Said hace un espléndido análisis sobre la relación de Estados Unidos con el Medio Oriente y cómo Occidente opta por catalogar a culturas extranjeras como salvajes dado que no siguen sus modelos de "civilización".

historia; que el presente en el que se mueve Morgado está íntimamente relacionado a su pasado. Al final, el texto invita al lector a participar en una conclusión que se presta a múltiples interpretaciones tal y como sucedió con las cuantiosas investigaciones y teorías referentes a la muerte de Colosio.[119] Gabriel Trujillo Muñoz concluye su relato evocando en la saga de Morgado, cuya vida fue marcada por el asesinato de su madre, como alegoría a la violencia perpetrada contra su tierra, una imagen violenta que afectó a todo el país y que se perpetúa en la memoria y en la vida del fronterizo.

El recuerdo del asesinato de Colosio en el texto de Trujillo Muñoz también invita a la reflexión ya que el presunto asesino de Colosio no es oriundo de la frontera. Mario Aburto Martínez nació en La Rinconada, un pequeño pueblo en las afueras de Zamora, Michoacán. Lo que podría ser más significativo es que existen muchos detalles que apuntan a que Aburto sólo es un chivo expiatorio y que Colosio fue asesinado por personal de su equipo de seguridad que acató órdenes de miembros de su propio partido (PRI). Por lo tanto, es probable que el asesinato haya sido orquestado desde el centro del país, o sea, de donde viaja Morgado a la frontera. Se ha sugerido que Tijuana fue elegida como sitio idóneo para ejecutar el plan, precisamente gracias a su ("mala") reputación. De hecho, durante el transcurso de los dos meses de campaña electoral anterior al asesinato, Tijuana ya había sido el escenario de diversos acontecimientos violentos y, por partida doble, sustentadora de nuevo de una imagen deplorable que esta vez se proyectó a un nivel internacional:

> Two months of turmoil had boiled over. The state police, in league with drug lords, were accused of killing a federal commander in a shoot-out. An assassin had killed the presidential candidate, whose own campaign guards were suspects in the assassination. The federal police, in league with drug lords, were

---

119 Para conocer y estudiar las diversas teorías utilizadas en el intento de solventar el misterio de la muerte de Colosio, es recomendable consultar el texto de Sebastián Rotella titulado *Twilight on the Line*. El capítulo "The Mysteries of Lomas Taurinas" expone la trayectoria que se siguió para "esclarecer" este asesinato. Después de treinta y tres páginas de exposición y narración de los hechos, Rotella concluye que con este asesinato relució la estructura del poder mexicano. Una basada en las drogas y la corrupción (216).

suspected of killing the city police chief. The federal police had arrested the deputy state attorney general and charged him with corruption. The scandalous parade of stolen vehicles taking Ortiz to jail crystallized the sense that the institutions of social order had broken down. It seemed that anything could happen next (Rotella 236).

Es este el panorama en el que transcurre y concluye la acción de "Tijuana City Blues". Ese panorama mejor lo expresa el taxista al responder a la pregunta de Morgado referente a la ubicación en la que se encuentran:

>-¿En dónde estamos? –preguntó Morgado, que se sentía perdido entre aquellos cerros y no quería llegar tarde al aeropuerto.
>-¿En dónde quiere que estemos? –le contestó el taxista, igualmente exasperado-. En el culo del mundo, en el fundillo de América. Ahí estamos, amigo, y ahí nos vamos a quedar (215).

La respuesta del taxista expresa su frustración sobre la violencia que se vive en la frontera, lugar donde, a su juicio, la vida no vale nada: "Pero aquí no contamos para nada. Te golpean y nadie te da la mano. Te matan y ni a quién le importe" (215). El comentario del taxista interroga el valor de la vida del fronterizo mexicano. Tomando en cuenta el asesinato de Colosio, los innumerables asesinatos de miembros y directores policíacos,[120] de narcotraficantes y de muchas personas que por cuestiones del destino son acribilladas en medio del "fuego cruzado" entre criminales y/o corporaciones gubernamentales, la vida en la frontera, como señala el taxista, no se valora, lo cual justifica eliminar a quien sea necesario sin importar de quién se trate. La imagen que resulta de esa violencia diaria

---

120 Los directores policíacos son acribillados por evadir sobornos y por no cumplir con demandas del hampa. Uno de los casos más sonados en 1994 fue el del director de la policía municipal de Tijuana, Federico Benítez. En el 2005 también fue acribillado a balazos el director del Centro de Readaptación Social (Cereso) de Mexicali. La lista de asesinatos de esta índole es desoladoramente, muy extensa.

es que el poder, la adicción y el dinero han sustituido y mermado muchas de las cualidades humanas. Sería injusto, sin embargo, juzgar a toda una población fronteriza,[121] o lo que resulta todavía más lamentable, toda una nación, a cuestas de la violencia originada por un sector de los habitantes de la frontera, minoría con la que frecuentemente, como señala el personaje de Trujillo Muñoz, se cataloga a todo el territorio fronterizo. En "Tijuana City Blues", el profesor Rubén Vizcaíno Valencia, *Míster Tijuana*, ofrece una respuesta que propone en el texto un rechazo a esas imágenes estereotípicas del fronterizo. Para él, como le dice a Morgado, la frontera y su gente es más que eso:

> …José Vasconcelos estaba equivocado. El norte no es lo que él decía. No somos, ¡de ninguna manera!, la cultura de la carne asada y de la tortilla de harina. También somos sensibilidad y pensamiento. Somos un México nuevo, el futuro de la nación mexicana, el espejo modernizador de la patria. Tijuana es el símbolo más preclaro del México del siglo venidero. Sólo es necesario que el resto de los mexicanos se quite las anteojeras del prejuicio y vea lo que realmente somos: una ciudad-crisol de razas y de pueblos, una metrópoli que avanza, a marchas forzadas, hacia un porvenir impoluto y diamantino… (185)

No obstante, y a pesar de su enfática defensa del fronterizo, *Míster* Tijuana también reconoce que él mismo contribuyó a difundir

> esa imagen siniestra. En un poema que escribí por aquellos tiempos decía que Tijuana era "niño-cemento / marihuana vendida al menudeo / inyección anestésica… / cueva de los murciélagos… / caballo desbocado / perro que persigue inútilmente / una liebre eléctrica[122] / en la noche de México" (186-7).

---

121 "Se considera que el 72% de la población de Baja California proviene de otros estados de la República, y que, sobre todo, un 58% desarrolla ahora una vida totalmente diferente a la de antes" (Fabriol 27).
122 Esta es una referencia al Casino Agua Caliente, ahora el Hipódromo Agua Caliente de Tijuana.

Ambas citas ilustran el contraste de perspectivas del propio Vizcaíno. Él llegó a Baja California en los años cincuenta, época en la que la vida fronteriza le era ajena y por ende la describió según los prejuicios que traía. Ahora, la cita en que defiende a Tijuana es su punto de vista cuarenta años más tarde, el tiempo en que ha vivido en la frontera. Éste es un proceso similar al que está sometido Morgado. A pesar de que su visión no es tan crítica como la de Vizcaíno, Morgado conserva desde el momento en que se fue a vivir al Distrito Federal, un cierto desdén hacia Baja California, a pesar de que sus raíces fonterizas "no estaban del todo cortadas" (17-18).

En el transcurso de ambas narraciones, "Mezquite Road" y "Tijuana City Blues", se estableció, como hemos observado, el proceso evolutivo de Morgado en la búsqueda de su identidad y de la recuperación del espacio fronterizo por medio de la indagación meticulosa para resolver los casos que, en primera instancia, lo atraen a la frontera, y que simultáneamente le permiten descubrir detalles que limpien la imagen de la región fronteriza.

Las conclusiones de ambos relatos funcionan para marcar su evolución personal fronteriza. Por ejemplo, en "Mezquite Road" Morgado siente la urgencia de ponerse los lentes oscuros en "un acto casi reflejo. 'Esto se está volviendo en una manía extrema', se dijo. 'No. Peor todavía: en una forma de vida'" (142). Morgado descubre, en su retorno a la Ciudad de México, que ya no es el mismo, que el disfraz que había utilizado para ocultar sus rasgos de habitante del centro del país ahora ha pasado a ser parte de su persona, una forma de vida fronteriza y que sin los lentes oscuros se siente incómodo. Al final de "Tijuana City Blues" se observa que ha cambiado su perspectiva centralista de la frontera y le dice a Leobardo, director de la revista *Tijuana Metro*, que Tijuana tiene salvación gracias a su gente:

-Salúdame al profe Vizcaíno y a la buena de Ava. Dile que con gente como ustedes, Tijuana tiene salvación.
-Aún sin nosotros, Tijuana tiene salvación, licenciado. No sea tan pesimista, que los *tijuanos* podemos cuidarnos solos (212).

Miguel Ángel Morgado continuará sus pesquisas para descubrir el origen de crímenes en la zona fronteriza, y para ello tendrá que viajar tres ocasiones más a Mexicali. En esos viajes continuará su búsqueda personal hasta satisfacer y cumplir con las deudas no pagadas consigo mismo y, finalmente, sentirse como un fronterizo local. Humberto Félix Berumen apunta, refiriéndose a "Puesta en escena", "Loverboy" y "Tijuana City Blues" que en estos textos "la atmósfera es la misma, e idénticos en su tratamiento son también los personajes y las circunstancias que dan cuerpo a las tres novelas: traficantes de órganos humanos, narcotraficantes y policías igualmente corruptos" (*Narradores bajacalifornianos* 68). Tanto en "Loverboy" como en "Puesta en escena" se reconoce la violencia social de la frontera pero también, y al igual que en "Tijuana City Blues", se reitera la "complicidad" binacional en el desenlace de ambas historias y se rechazan las visiones estereotípicas que marcan el espacio fronterizo.

En "Loverboy", Molly, una cubana que robaba niños para vender sus órganos y cuyo cómplice estadounidense se encargaba de descuartizarlos para dificultar la identificación de los cuerpos, pierde la vida al ser linchada en una tienda por un grupo de mujeres que con la colaboración de Morgado impiden el robo de una niña. Cuando Morgado se dirige a su hotel el taxista le comenta lo siguiente: "-A ver si así aprenden a no robar a nuestros niños. Ahora Mexicali va a ser respetado. Dicen que hasta los noticieros de la capital van a pasar la noticia. En Mexicali la raza es brava. Y las viejas, más" (283). Este comentario, como destaca Anaïs Fabriol en *La frontera en la narrativa de Gabriel Trujillo Muñoz*, se puede considerar una respuesta a la visión del centro de México del espacio fronterizo (34). Como ya se ha mencionado, Fabriol también hace hincapié en que la culpa de la violencia en la frontera la comparten ambas naciones:

> "El "otro lado" es un lugar igual de violento en el sentido que allí se encuentran los clientes de la linchada: aunque la relación es casual, descubriremos al final del cuento que autoridades de las dos Californias trabajarán la mano en la mano en este tráfico, y que, sobre todo, "las altas autoridades de ambos países" se van a

"lavar las manos del asunto". Hay unión sagrada de los "malvados", y es parte del mundo de todos los días" (34).

El linchamiento es una victoria para las mujeres que participan en la golpiza. El cuerpo sin vida de Molly es su trofeo y la salvación de la niña robada prueba que su propia ley es efectiva. Así pues, el triunfo de las mujeres, del pueblo fronterizo que aquí retoma su propia agencia histórica, y el comentario del taxista al referirse a ellas, dejan pensativo a Morgado: "Morgado no supo qué decir. Las palabras "derechos humanos" le zumbaban en el oído. Como el ángel bueno de las caricaturas de su infancia, que posado en el hombro de su protegido le conminaba a portarse bien. Inútilmente, desde luego" (283).

Ahora al ser testigo y "cómplice" del linchamiento, Morgado, el fronterizo que regresa a su tierra natal, ha cumplido con otro "rito fronterizo" de reiniciación al ser "participante" en una "ley de la frontera" y tornarse personaje activo de ese mundo, no de lado del crimen, sino del de la resistencia de los pobladores fronterizos contra la victimización. Lejos de ser una derrota para el detective-licenciado de derechos humanos, su participación es una prueba más de que la frontera que había dejado hacía muchos años, ya no es la misma. Se da cuenta de que si quiere sobrevivir en ella y no ser visto como un chilango o un turista, tendrá que ser coherente con los nuevos códigos fronterizos.

En "Puesta en escena" reanuda su proceso de evolución personal de reconocimiento fronterizo de su ser. En esta ocasión además de confirmar que en ocasiones en la frontera se comparte la violencia, también descubre que algunos casos son resueltos con los esfuerzos mutuos de las agencias policíacas de ambos países aunque tenga que ser por medio de una "obra de teatro... Una obra impecable, que sea creíble para todos..." (351) de la cual Morgado fue participante involuntario y que estuvo a punto de echar a perder. Su aventura detectivesca profesional es similar a las experimentadas en sus otros viajes: lo sigue llevando al reencuentro y reconocimiento de sí mismo.

En el capítulo/cuento ocho "Morgado se sintió, por primera vez desde que diera inicio aquella investigación, como en casa. Pero en una casa muy lejana en el tiempo: la de su infancia mexicalense" (320). Morgado recuerda los días de su infancia en los que le fascinaba volar papalotes: "Morgado no necesitó cerrar los ojos para regresar a aquellos días, cuando Mexicali era un extenso lote baldío, una pista inmensa, donde uno podía correr y correr, elevando un papalote chino o japonés de vivísimos colores…" (321). Aquí Don Esteban, jefe de mecánicos del aeropuerto de Mexicali le recuerda los momentos felices que disfrutó Miguelito durante su niñez en el aeropuerto: "Don Esteban señaló hacia afuera, donde se veían alineados varios aviones comerciales y un gran número de avionetas privadas. –Ése fue tu mejor campo de juegos… -Sí –respondió-. Aquí veníamos a jugar de todo. Fut, beis, guerritas y guerrotas" (321). Más que la importancia del caso que intenta resolver, que a final de cuentas resultó ser una farsa, este viaje a Mexicali es clave para saldar algunas cuentas pendientes desde su adolescencia consigo mismo y con esta ciudad ya que durante las ocasiones que había volado por los alrededores de Mexicali, había llegado a concluir que Mexicali era una prisión:

> Dos o tres veces Esteban consiguió que algún piloto lo llevara a dar una vuelta por los alrededores de Mexicali en aquellas frágiles avionetas. Allí fue, mientras contemplaba la mancha urbana de su ciudad natal, que intuyó la prisión que ésta representaba y tomó la decisión de escapar, de salir volando rumbo a mundos más diversos y exóticos que ese rancho grande, donde los sueños no pasaban de una buena cosecha o un trabajo con pago en dólares al otro lado de la línea (322).

Después de muchos años y de tres viajes a Mexicali, había cambiado de punto de vista.[123] Además, el vuelo de tres horas que había hecho en avioneta con el capitán Ramsés Jiménez también lo ayudó a recapacitar y a apreciar la belleza de la región: "Lo mejor de la península son sus atardeceres –se sinceró Morgado" (338).

Previo a su vuelo de regreso a la Ciudad de México Morgado se encuentra muy contento por los regalos que le hizo Don Esteban "-¡Un

---

123 Recordemos que "Mezquite Road" es el primer viaje a Mexicali, que "Loverboy" y "Puesta en escena" son el segundo y el tercero ya que el viaje de "Tijuana City Blues" lo hizo a Tijuana.

papalote japonés! –exclamó jubiloso..." (357) y la dirección de Cecilia Montaño, su "noviecita de secundaria" con la que cachondeaba[s] en el interior de los aviones" (326). En ese instante se sentía libre: "Al pronunciar aquellas palabras el abogado de los sueños aéreos supo que podría volar de nuevo y libremente, como los intrépidos papalotes de su infancia" (358). Morgado se siente libre por el éxito que alcanzó en el caso que vino a investigar, "se resolvió" parte de su niñez y adolescencia que había relegado al olvido durante muchos años y finalmente había logrado rescatar el lado bello de Mexicali, ese que sólo se puede descubrir a través de recuerdos y experiencias, de sentirse ser de la región. Morgado se siente tan libre y satisfecho que decide regresar de nuevo a Mexicali, a su desierto, para salvar inmigrantes que intentan cruzar a los Estados Unidos bajo el calor del verano. Así saldará definitivamente las deudas que ha acumulado con su pueblo y su tierra, en lo que quizá sea el ritual final del texto que lleva a Morgado a sentirse más cachanilla que chilango.

Con el retorno de Morgado a Mexicali en el último cuento/capítulo de *El festín de los cuervos*, "Laguna Salada", se dará por concluida la trayectoria iniciada con la investigación del crimen de Heriberto González. En su último viaje Morgado aclara las complejidades restantes referente a los personajes fronterizos y a la historia de su ciudad natal. Ésta será una prueba más, otra oportunidad, para culminar con el proceso de recuperación de su identidad fronteriza, de reconocer a la frontera y al fronterizo desde otra perspectiva local. Una vez más, como en los cuentos anteriores, el texto hace hincapié en la calidad de la región y de su gente. Son estos los detalles con los que terminará la investigación medular de Morgado, que lo lleva al rescate de su pasado nebuloso y a la reconstrucción de la frontera como una zona diferente a la de la "leyenda negra". Pero antes de esta reconciliación, a Morgado le quedan experiencias por vivir, reclamos por hacer y un caso más por resolver, para culminar con su reivindicación personal como fronterizo.

Su última aventura es la única que no inicia como obligación, o mejor dicho como un caso detectivesco profesional. Nadie lo contrata esta vez para que investigue un crimen o un misterio en la frontera. Todo indica que en esta ocasión ha llegado a la frontera por voluntad propia. Su único fin ahora es rescatar, junto con sus amigos, los Cuervos, a emigrantes mexicanos en su intento de cruzar a los Estados Unidos por el desierto bajacaliforniano. Durante el recorrido de rescate de emigrantes que hacen Morgado, el Jimmy, Lucy y Elena en la Laguna Salada, descubren el cuerpo de una mujer ya mayor. La causa de su muerte había sido: "Insolación. Fatiga extrema. Desnutrición. Desesperanza. El famoso coctel México, que nos ha hecho tan conocidos en Gringolandia" (371). Con este comentario Morgado señala la imagen despectiva que se tiene de los mexicanos, especialmente los emigrantes ilegales, en los Estados Unidos. A pesar de que muchos aspirantes a ilegales mueren en su intento de cruzar "al otro lado", víctimas de las inclemencias del clima, de "los coyotes", de la desesperanza y de la desnutrición, muchos más logran su meta gracias a su resistencia y a su esperanza de superación. Morgado ahora experimenta otra faceta de la frontera, la versión de la frontera norte no como antro de perdición, corrupción y violencia sino de represión en un lugar de paso, un "obstáculo", una "barrera" más para alcanzar el "sueño americano".

Durante su labor rescatista, Morgado descubre y desentierra unos huesos en el desierto, junto a dos casquillos de bala, una regla, una pluma fuente y un papel. Una vez más se ve envuelto en un misterio, que esta vez lo remontará a la década de los cincuentas en Mexicali. En sus pesquisas salen a relucir los Chemitas, los guardaespaldas del gobernador Braulio Maldonado, temidos por sus violentos métodos de represión en esa época. Otra vez, su amigo de la DEA, Harry Dávalos, le proporciona información fundamental para el esclarecimiento del caso y para discutir, como otra meditación del texto, sobre la frontera. Dávalos le comenta a Morgado:

> -No sé cómo me dejo convencer por ti para caer a este pueblo jodido.
> -Te gusta Mexicali –lo pinchó el abogado-. Por más que andes de chile bolita en Washington, de burócrata en Sacramento o de agente encubierto en el Paso, éste es tu hogar.
> -Mi casa es donde vivo.
> -Tu casa es Caléxico y es Mexicali, una sola ciudad con dos nombres distintos (434).

LA LEYENDA NEGRA

La postura que toma Morgado ante el comentario de su colega norteamericano es la de un mexicalense. De ahí que su defensa sea tajante, e incluso asevere que Caléxico, California, ciudad que comparte la frontera con Mexicali, es parte de una misma urbe y hasta cierto punto de una misma historia. Sus indagaciones en el pasado le proporcionan a Morgado la justificación necesaria para criticar a los estadounidenses. En este caso por la compra estadounidense de la Cerveza Mexicali, uno de los productos auténticos de la ciudad, originado en la década de los veintes y elaborado durante muchos años en Mexicali. Como dice el Jimmy, este producto más que mexicano, es fronterizo y hoy pertenece a los Estados Unidos, reapropiación que rememora implícitamente la popularidad en Estados Unidos de la comida mexicana que pasa a ser parte de la cadena de *fast food*. Para Morgado, la Cerveza Mexicali, es uno de los pocos referentes auténticos y más antiguos de la ciudad, que forma parte de su identidad, de sus recuerdos, y que ha sido comprado por el mismo país cómplice en la construcción de la "leyenda negra". Lo único que quedó en Mexicali es el edificio, uno de los pocos edificios históricos de la ciudad:

> Los gringos compraron la patente y la franquicia y ahora la hacen en el Medio Oeste de Estados Unidos.
> -¿Cómo la ve, abogado? La cerveza orgullosamente mexicalense ahora la tenemos que importar del otro lado.
> El sabor era el mismo que recordaba haber probado treinta años atrás, -Igualita –dijo al fin-. Pinches gringos. Son buenos para copiarnos lo mejorcito que hacemos y vendérnoslo al doble (384).

Al final de *El festín de los cuervos*, Morgado culmina su búsqueda con el rechazo de sus prejuicios capitalinos y la aceptación de que necesitará su desierto, su sol mexicalense para sobrevivir en el esmog de la Ciudad de México. Por esta razón le pide a Rubén García Benavides que le dé una de sus pinturas del desierto mexicalense:

> ...Me voy a regresar a la capital del país, a mi departamento en la colonia del Valle, y voy a tener como panorama lluvia, niebla y esmog. Necesito luz de mi desierto, luz y espejismos y paisajes

que me pertenezcan y me den calor del bueno.
-¿Y cómo va a solucionar eso? –Preguntó Juanita.
Pero el pintor ya lo había entendido.
-¿Cuál cuadro quiere para llevarse, licenciado?
-El más cálido –contestó Morgado-. El más brillante (442).

El comentario de Miguel Ángel Morgado ofrece un testimonio de su escritor Gabriel Trujillo Muñoz quien al escribir sus novelas detectivescas, rescata imaginativamente la ciudad de Mexicali y su gente a través de sus historias locales y carácter regional. Sus textos desvelan otro Mexicali, otro yo fronterizo negado en el que se conjugan geografía, historia, hogar y violencia, la realidad vivida y las ficciones súper-impuestas a una condición fronteriza humana. Morgado intenta resolver su pugna interna de identidad entre el Mexicali de su infancia y el actual, y el conflicto espacial entre Mexicali y la Ciudad de México. Así lo explica Trujillo Muñoz en una entrevista:

> En mis novelas policiacas el conflicto más profundo se da entre el Mexicali de la infancia que Morgado recuerda y atesora y el Mexicali actual que lo asalta con nuevos peligros y amenazas. Es una pugna sorda entre dos épocas, entre dos momentos en la vida de este investigador-defensor de los derechos humanos metido en el laberinto de una justicia improbable (Fabriol 67).

Trujillo Muñoz, a través de la búsqueda detectivesca/personal de Morgado, invita a su lector a someterse a un proceso similar, a aproximarse a esta región para desechar prejuicios y conocerla de cerca y no a través de una imagen distante, despectiva e hiperbólica. La saga de Morgado se propone como una saga nacional de redescubrimiento y reconocimiento de su nacionalidad. Como se observa en la conclusión de "Laguna Salada", Morgado no sólo ha recuperado su yo fronterizo que había negado y al Mexicali que había abandonado sino que también ha incorporado a su vida fronteriza que llevará a Ciudad de México el Mexicali actual, ése que se encuentra en constante movimiento y al que tendrá que visitar de nuevo, para seguir siendo parte del desarrollo de esta zona híbrida, compleja, que es su tierra natal. Por lo pronto, Morgado:

> ...Ya era todo un ángel de la guarda, y también un Cuervo honorario. Le empezaba a gustar ese doble papel.
> Reconoció la sensación de vivir en la frontera: entre alas negras y blancas. En el claroscuro de su propio revoloteo (452).

Miguel Ángel Morgado ya era un Cuervo, miembro del club de motociclistas fronterizos de apariencia "sospechosa" pero que en realidad se dedicaban a la labor social: es decir, uno de esos seres híbridos que, como dijo Morgado en "Mezquite Road", "sólo pueden echar a volar en la zona fronteriza. Son una especie única, que sólo vive en regiones como ésta" (44). Ésta es una imagen similar a la que se tiene de los cuervos, aves carnívoras que frecuentemente se consideran de mal agüero debido a su aspecto poco amistoso y oscuro. De hecho, Morgado también había tenido una impresión similar del club de motociclistas los Cuervos por su aspecto físico, "chicos buenos con caras de malhechores" (44). Esta interpretación articula a la frontera norte de México como un área vista a través de una visión oscura, de su "leyenda negra", una apariencia fabricada e hiperbolizada, que opaca su interior, a toda su gente.[124] El título *El festín de los cuervos* juega con esta idea, ya que de inicio se puede interpretar como algo negativo, un presagio, pero en realidad, gracias a los Cuervos, y a su labor social fronteriza, se salva la vida de personas y se resuelven casos. No es gratuito pues, que en el texto de Trujillo Muñoz sean los Cuervos, ese pájaro negro de mal agüero, los ángeles de la guarda del fronterizo. Más importante, en el desarrollo de las historias en la saga de Morgado, es que el rescate de la identidad del protagonista finaliza con su asociación a los Cuervos ya que son los que recuperan, en el texto, el lado humano de la frontera norte de México, poniendo así en jaque mate

---

124 En *Pedro Páramo*, cuando Juan Preciado inicia su descenso a Comala, "Una bandada de cuervos pasó cruzando el cielo vacío, haciendo cuar, cuar,cuar" (Rulfo 10) como un presagio de muerte. Trujillo Muñoz reinventa esta imagen la cual, como es imagen de la frontera, invierte y desautoriza la imagen negativa tradicional del cuervo-animal que en este caso recuerda a "The Raven" de Edgar Allan Poe. El presagio aquí es de esperanzza y posibilidad/positividad humana.

la cara estereotípica de la frontera que le impone la "leyenda negra". Como observa Miguel G. Rodríguez Lozano en su ensayo, "De fronteras asediadas: sobre *El festín de los cuervos* de Gabriel Trujillo Muñoz":

> Hay un cometido intencional: la frontera posee muchas imágenes; una de ellas la descubre como lo malo, lo dañino, las otras van hacia un redescubrimiento. La lectura de *El festín*... deja en claro que la novela policiaca funciona bien para sondear en territorios como los de la frontera norte, que la alusión a las problemáticas como los de la corrupción, la crisis económica, el narcotráfico, etcétera, no pertenecen sólo a esa región, sino que corresponden a problemas nacionales que se agudizan en aquella zona, en parte, quizás, por estar a un lado de Estados Unidos (74).

El festín de los cuervos de Trujillo Muñoz borra las franjas del burro-cebra de la Avenida Revolución para mostrar otras caras detrás de las máscaras festivas y exóticas, otras realidades de la condición fronteriza detrás del disfraz y, a la misma vez, mostrar que ese disfraz es parte de una condición híbrida y de una experiencia en la frontera entre México y Estados Unidos que nace de la complicidad. Sin negar, y de hecho representando la violencia y la complejidad social, política e histórica en el contexto fronterizo, la saga de Morgado es la saga del escritor fronterizo que regresa a la región natal para llevar a cabo una indagación en su historia, a través de un reconocimiento local, memorias y recuerdos regionales con los que se identifica. *El festín de lo cuervos* es un llamado al pueblo mexicano, como también una crítica de la visión que el centro de México tiene de su frontera norte y una reevaluación de los estereotipos que limitan y excluyen al fronterizo creando otras barreras, otras líneas, igualmente difíciles de cruzar. Los textos de Trujillo Muñoz como los de Luis Humberto Crosthwaite y Rosina Conde se vuelcan hacia la frontera para reconstruir esa región desde la mirada del fronterizo y para, como indica Said en *Culture and Imperialism*, contra-crear otra memoria y lenguaje regional con las cuales escribir las realidades y condiciones fronterizas en la vida y en la memoria de la nación: "from slogans to pamphlets and newspapers, from folktales and heroes to epic poetry, novels and drama – the language is inert; national culture organizes and sustains communal memory" (215). Una memoria cuya función en la frontera sea desarticular discursos hegemónicos para otorgarle justicia a los pueblos subyugados si no políticamente, sí por imágenes excluyentes que le roban voz y agencia histórica; en el caso de Trujillo Muñoz al de Mexicali y en el del próximo capítulo al de Tijuana. En ese contra-crear otras memorias y lenguaje regional, Trujillo Muñoz representa la frontera norte de México a través de la saga de Morgado como una comunidad mexicana compleja, desde las múltiples negociaciones que la forman, pero imaginada por el fronterizo desde sus propias experiencias y necesidades.

4

INSTRUCCIONES PARA CRUZAR AL OTRO LADO DE LA "LEYENDA NEGRA"
LUIS HUMBERTO CROSTHWAITE

La Leyenda Negra

Tijuana juega a la baraja de estereotipos. La mascota de Tijuana es un burro pintado con rayas negras y blancas. Una cebra simulada. Su nombre es "Zonkey". (Yépez Heriberto. "Tijuana. Procesos de una ciudad de ciencia ficción sin futuro". 41)

...A la Unión Americana
la droga entra fácilmente
es el país de confianza
allá seguro se vende...
(Los Tucanes de Tijuana. "La Banda de la Suburban")

En su texto *Idos de la mente* (2001), el escritor tijuanenense, Luis Humberto Crosthwaite, escribe sobre la zona turística en Tijuana:

> Durante el día, la Zona no tiene una personalidad que la distinga. Parece abandonada. Es una calle como cualquier otra en una ciudad fronteriza como cualquier otra. Al bajar el sol, la Zona despierta, se pone su mejor vestido y hace lo que puede con el maquillaje para que no se le noten las arrugas.
> Se emperifolla con luces y colores brillantes, olores a tacos y comida con exceso de manteca. Los borrachos llegan a la Zona y encuentran el lugar perfecto para dormir en las banquetas. [...] Los recepcionistas de los hoteles revisan los cuartos y uno que otro estrena el primero con alguna recamarera querendona.
> Los tijuanenses entran tímidamente a la Zona, todavía sin un trago que les recuerde que son los reyes de la noche. Una a una, las cantinas brotan de la tierra. Y los músicos norteños comienzan su eterno recorrido, ofreciendo canciones que levanten el ánimo y hagan palpitar el corazón al ritmo de un paso doble, una polea o un chotís.
> Los fines de semana no hay soledad en la Zona, alguien ha logrado guardarla en una bolsa de plástico, y sólo se regresa a sus dueños cuando llega el amanecer
> (Crosthwaite, *Idos de la mente* 36-37).

En esta cita, Luis Humberto Crosthwaite,[125] uno de los escritores de la frontera norte más aclamados en México, describe pintorescamente lo que se conoce como la zona roja de Tijuana, o también, en la voz popular de la región, La Coahuila[126] o la zona norte. Esta área, "La Cagüila", una de las zonas de mayor concurrencia de turistas estadounidenses, corre de forma paralela a la barda fronteriza muy cerca de la línea con los Estados Unidos. Durante el día parece ser un sitio similar a las zonas de tolerancia de otras ciudades, sin embargo, como se representa en la cita de Crosthwaite, al caer la noche la zona "se maquilla", "se emperifolla", cubre sus imperfecciones, y muestra otro rostro: una cara alegre y coqueta que invita a los turistas al libertinaje y a la diversión sin límite. El malinchismo se hace muy evidente en esta personificación de la ciudad fronteriza como puta, una ciudad en la que en ese *performance* de la noche se dan negociaciones entre clientes estadounidenses con mujeres mexicanas para todos los gustos y presupuestos, en bares, hoteles, *table dances*, y entre vendedores de droga y polleros.[127] La Zona, edificada para cierto tipo de público que concurre a la fantasía nocturna del deseo, parece alquilarse al turismo durante las noches, especialmente los fines de semana. Al llegar el amanecer éste se la regresa con "regalías" a sus dueños, los tijuanenses. Esa "regalía" incluye la perpetua fama, o la "leyenda negra", de la frontera como un sitio de atracción, de miedo y de repudio. Ésta es una compleja condición para el habitante fronterizo permanentemente atrapado entre los estereotipos que marcan y definen no sólo la zona turística sino toda la zona fronteriza. Crosthwaite, escritor mexicano tijuanense, representa a la Tijuana de la "leyenda negra" en sus cuentos: "Por qué Tijuana es el centro del universo" de la colección titulada *No quiero escribir no quiero* (1993), "Todos los barcos" de *Estrella en la calle sexta* (2000), "Where have you gone, Juan Escutia" de *Marcela*

---

125 Luis Humberto Crosthwaite (Tijuana, 1962) es uno de los escritores que han decidido quedarse a vivir en la frontera y no mudarse a la ciudad de México como suele ser común dado el centralismo literario de México. Entre sus obras publicadas se encuentran cuatro novelas: *El gran Preténder*, 1992; *La luna siempre será un amor difícil*, 1994, *Lo que estará en mi corazón* (Na'a Ta'ka Ani'mai, 1994; e *Idos de la mente*, 2001. Hasta la fecha ha publicado cinco colecciones de cuentos: *Marcela y el rey al fin juntos*, 1988; *Mujeres con trajes de baño caminan solitarias por las playas de su llanto*, 1990; *No quiero escribir no quiero*, 1993; *Estrella en la calle Sexta*, 2000 e *Instrucciones para cruzar la frontera*, 2002.
126 La Coahuila es el nombre del callejón en el que se ubican los bares y los prostíbulos.
127 Se les conoce como polleros o coyotes a quienes cruzan a personas ilegalmente a los Estados Unidos.

y el rey al fin juntos (1988)" y "Muerte y esperanza en la frontera norte" y "Mínima historia" de *Instrucciones para cruzar la frontera* (2002), que se estudiarán en este capítulo, en el contexto de una visión fronteriza contemporánea de la frontera norte de México. Rolando Romero en "Border of Fear, Border of Desire" analiza la frontera desde la perspectiva del miedo que ésta produce y Patricia L. Price en *Dry Place; landscapes of belonging and exclusion* destaca la paranoia estadounidense en torno a la frontera que el vecino del norte comparte con el centro México. Los dos escritores, al igual que la escritora fronteriza del norte, Gloria Anzaldúa[128] parten de la idea de ruptura, de diferencia para estudiar la condición fronteriza. También Anzaldúa comparte esa versión: "Borders are set up to define the places that are safe and unsafe, to distinguish *us* from *them* (Anzaldúa 25). Para Romero la frontera es una construcción en la que sobresale un proceso de cancelación. Un país elimina al otro para afirmar su propia identidad nacional. Por su parte, Price, consciente de que el lado mexicano representa básicamente todo lo "indeseable" para Estados Unidos, propone que la paranoia en torno a la frontera a ambos lados de la línea divisoria surge como consecuencia de los constantes intentos de construir fronteras, o límites, en la frontera existente (116). Esto crea una ansiedad que paulatinamente ha hecho mella en el imaginario colectivo estadounidense desde el siglo XIX. Los discursos típicos[129] que han nutrido y nutren el imaginario colectivo estadounidense, referente a México, continúan modificándose según las circunstancias socio-políticas de los Estados Unidos siempre cumpliendo con la función de crear al Otro desde una óptica paranoica que vacila entre deseo, rechazo y ansiedad.

A pesar de que generalmente Tijuana para muchos es sinónimo de miedo y de perdición, anualmente millones de turistas, en su mayoría

---

128 Anzaldúa no es la única ni la primera en subrayar relaciones de diferencia. En el primer capítulo se han presentado algunas de las teorías más importantes tocante al tema.
129 Algunos discursos típicos que han nutrido y nutren el imaginario colectivo estadounidense referente a México son: los mexicanos son unos bárbaros, los mexicanos están dejando desempleado a un sector de la población estadounidense, son una carga para los Estados Unidos porque no pagan impuestos, los mexicanos que cruzan la frontera ilegalmente son criminales, las fronteras mexicanas compartidas con Estados Unidos son sitios sumamente peligrosos habitados por delincuentes y futuros indocumentados. Estas observaciones son generalizaciones con las que se cancela la posibilidad de destacar aspectos positivos de los indocumentados que radican en Estados Unidos y de las ciudades fronterizas. Los medios de difusión masiva de ambos países también colaboran en la propagación de una visión estereotípica.

procedentes de los Estados Unidos, cruzan la frontera para divertirse o ir de compras en la región mexicana.[130] Entre los millones de estos visitantes existen varias clases de turismo. Están los que buscan bajos precios de licores, perfumes y medicinas, los que son atraídos por la extensa lista de servicios ilegales al norte, los que van tras el exotismo de los recuerdos tradicionales mexicanos; y los que abarrotan los bares y discotecas ubicados en la Avenida Revolución durante los fines de semana. Sobresale también el turismo a la zona roja: a la prostitución sin trabas legales.

Como ya se ha señalado anteriormente, la "leyenda negra" de la zona norte de México es una construcción extranjera que estratégicamente y específicamente se perpetúa desde la propia frontera para el turismo.[131] La concepción híbrida del burro-cebra, el *"zonkey"*, sirve de ejemplo, así como también la resultante reacción del fronterizo de lo que he llamado "Zonkeísmo revolucionario", es decir, la reinvención del fronterizo de sí mismo, como mecanismo de resistencia de un sector de la ciudad de Tijuana que se concentra básicamente en la Avenida Revolución y en la zona roja. Ya que estas zonas se han convertido en uno de los motores económicos de la ciudad debido al alto número de visitantes, es aquí donde se ve que muchos tijuanenses, especialmente los que se benefician directamente de las actividades que se realizan en esas zonas, han adoptado una actitud de reapropiación territorial que incluye al Otro, al turista, a quien sin mayor desdén, cotidianamente "venden" a Tijuana como una ciudad que se maquilla y se prostituye: un *"zonkey"*, un burro al que se le pintan franjas en la piel para que parezca cebra y se venda como lo que no es. La distorsión y la farsa resultan ser respuestas de resistencia cultural, como destaca Homi Bhabha en *The Location of Cultura*. Bhabha menciona que las culturas de una contra-modernidad postcolonial no son sólo un proceso evolutivo con el cual se han creado estrategias para resistir las tecnologías de asimilación del invasor, sino que también despliegan una hibridez cultural de

---

130 De acuerdo al sitio Web oficial de Tijuana (www.tijuanaonline.org), Tijuana es la frontera más transitada en el mundo ya que más de 64 millones de personas cruzan su frontera anualmente.
131 Carlos Monsiváis en "La reinvención de Tijuana, frontera y transfrontera" menciona que "Tijuana cumple con su destino. La ciudad, en rigor, es binacional: los edificios y "los gringos", las del sexo alquilado y "los gringos", las noches y "los gringos". ¿Cómo evitarlo? "Los gringos" no son turistas así nomás, son parte orgánica del proyecto, los clientes que reaparecen como paisaje de inversiones, los que imponen el gusto que se desdeña ("Es una gringada"), pero que se adentran en el *No man's land* y es lo básico del escaparate turístico que, para los fines que convengan, resuelve la identidad" (13-14).

las condiciones fronterizas para "traducir" y, por lo tanto, reescribir el imaginario social (6). De esa manera, no sólo se ridiculiza una región de la ciudad sino que simultáneamente y concientemente se lleva a cabo una mímica de lo que desea y espera el otro. Ésta es una resistencia por medio de la cual se desautoriza al poder dominante, se desestabiliza la autoridad del que desea, y el "subalterno" adquiere una posición híbrida dominante con la cual comienza a surgir una cultura híbrida local, alterna, que, lejos de ser copia del otro, lo absorbe e inscribe en la dinámica cultural. Esta cultura surge en el territorio fronterizo, como la que imagina y construye el burro-cebra, a raíz de las demandas turísticas, para "producir" una ciudad que sea hasta cierto punto distinta de lo que se puede encontrar en Estados Unidos pero que a la vez sea lo suficientemente estadounidense para que los turistas se sientan cómodos. Por ende, la mayoría de los tijuanenses involucrados en la "propagación" de esta imagen son conocedores de que están ofreciendo al turismo una ciudad que cumple con las expectativas que tienen y que quieren encontrar los visitantes y no la ciudad en la que su familia habita. Saben, además, que esta farsa no se lleva a cabo en toda la ciudad, ni mucho menos en toda la frontera. Como dice Crosthwaite, "Al bajar el sol, la Zona despierta, se pone su mejor vestido y hace lo que puede con el maquillaje para que no se le noten las arrugas" (*Idos de la mente* 36). Estas arrugas no sólo son el producto de todas las noches de algarabía, sino que también reflejan a la gente trabajadora y honesta que pasa su vida trabajando en las maquiladoras o en otros empleos, conviviendo y trabajando por necesidad en la algarabía de la zona nocturna, pero cuyo locus familiar es el de una ciudad apartada, diferente, de su nefasta reputación que le impone la "leyenda negra".

Luis Humberto Crosthwaite, consciente de esta duplicidad e hibridez de Tijuana, ofrece en sus cuentos imágenes fronterizas que incluyen una visión compleja, rizomática y, a la misma vez, equilibrada de los pobladores en la frontera. Es decir, Crosthwaite no sólo representa a los protagonistas que transitan por la Avenida Revolución y por la Coahuila, sino que va más allá para representar la cara humana de los residentes de esta zona: de los protagonistas de la frontera, los personajes del mito y de las realidades fronterizas que, como menciona Insley en su artículo

"Redefining Sodom: A Latter-Day Vision of Tijuana", han sido continuamente avasallados por Estados Unidos y por su propio país. Escribe Insley:

> Crosthwaite's enthusiasm with respect to the cultural heritage of Tijuana is all but infectious, but his attention to the problems of the city makes it clear that the border and its residents have suffered from mistreatment by both Anglo-Americans and other Mexicans (115).

Con esta perspectiva, la obra de Luis Humberto Crosthwaite representa una realidad fronteriza tanto mítica como real con el propósito de disipar la "leyenda negra" fronteriza en su narrativa y ofrecer el rostro del ser fronterizo.

Este capítulo propone que en los cuentos que se analizan a continuación, como en otros de sus relatos, Crosthwaite representa la vida en la frontera en todas sus facetas para cuestionar las imágenes estereotípicas de las ciudades fronterizas desde esos estereotipos. Los textos de Crosthwaite que se exploran en este capítulo ejemplifican desde diferentes perspectivas las inquietudes que caracterizan su obra: ¿Quién es un fronterizo? ¿Qué es la frontera? ¿Cómo repensar sentar una imagen de la frontera, que ya ha sido construida, partiendo de una imagen diferente, propia del fronterizo? ¿Cómo concebir la frontera desde la mirada del fronterizo? ¿Cómo rescribir la frontera desde la frontera?

Las breves historias que conforman la colección *No quiero escribir no quiero* están, en su mayoría, impregnadas de una profunda nostalgia por los tiempos que no regresarán: las experiencias de la niñez en cuentos como "Tijuana" y "Largo y sinuoso caminito de la escuela", las experiencias compartidas con los amigos de la adolescencia en "El kilómetro 38 ½", o heridas que dejaron las aventuras amorosas en: "Amores perdidos", "Cada mujer: un museo", "El amor mueve murallas" y "El arte del buen gritar". A pesar de que todos los relatos en este contexto, de una manera u otra se relacionan a Tijuana algunos sobresalen porque se distancian de los temas aludidos. Tal es el caso de "Si por equis razón

La Leyenda Negra

Federico Campbell se hubiera quedado en Tijuana", "Dios quiere a Santana" y "Por qué Tijuana es el centro del universo".[132] En el primero de estos cuentos se parodia la situación de algunos escritores fronterizos que no son reconocidos por el centro del país. En el más puro estilo de Crosthwaite, se narra cómo el escritor Tijuanense, Federico Campbell,[133] a través de una lista de 20 incisos que recuenta su cronología literaria, llegó a ser un escritor reconocido por los críticos y publicado por las editoriales del centro de México. Esta parodia es una crítica burlona al centralismo cultural mexicano que en la década de los noventa, fecha de publicación de este libro, dedicaba la mayoría de sus fondos culturales a la capital del país. En "Dios quiere a Santana" Crosthwaite construye un diálogo entre dos dioses: Santana, un tipo de dios musical y Dios. Finalmente, en "Por qué Tijuana es el centro del universo" "se analiza el posible origen del Cosmos en la frontera más visitada del mundo" (75).

He seleccionado "Por qué Tijuana es el centro del universo" en base a la temática del origen de la creación, para analizar la representación en los textos de Crosthwaite de la (mala) fama de Tijuana y su crítica a la visión centralista de México. Como punto de partida vale reiterar la pregunta que encabeza el cuento "Por qué Tijuana es el centro del universo" ya que, al ubicar el centro del universo en Tijuana, Crosthwaite se burla del arraigado centralismo mexicano, proponiendo una respuesta en su obra, a lo que Norma Klahn llama "*North of the borderism*".

El relato se inicia con dos interrogantes: "¿GIRARÁN EN REALIDAD las otras ciudades, los otros países, el mundo, el sol, los planetas, alrededor de Tijuana?" ¿Habrá surgido la vida, Adán y Eva, el *Big Bang*, Darwin, Matusalén, de esta famosa y con frecuencia vituperada ciudad fronteriza? (75). Para dar validez a estas teorías, el texto hace referencia

---

132 No he mencionado todos los cuentos que se incluyen en el libro. El siguiente es el orden y la totalidad de los relatos: 1. "No quiero escribir no quiero" 2. "Tijuana", "Blues presidenciales", "¡Largo y sinuoso caminito de la escuela!" 3. A Mirna Rey Primera dama del Maniatan Club, Zona Norte, B.C., "Si por equis razón Federico Campbell se hubiera quedado en Tijuana 4. Cada mujer: un museo", "Manuscrito hallado en la estación de autobuses" 5. "Kilómetro 38 ½", "Amores perdidos", "Breve explicación de un eclipse", "El amor que mueve murallas" 6. "Dios quiere a Santana", "Por qué Tijuana es el centro del universo", 'El arte del buen gritar" 7. "Carta de renuncia". Cada sección enumerada tiene un título.
133 Federico Campbell es un escritor nacido en Tijuana, pero como otros se mudó a la Ciudad de México para impulsar su difusión literaria. Entre sus libros se destacan *Todo lo de las focas, Pretexta o el cronista enmascarado, Tijuanenses, Post scriptum triste* y *La invención del poder*.

al "renombrado intelectual Salvador Freixedo" (75), figura fundamental para descodificar este breve relato. Su importancia no se debe sólo a que en las dos páginas y media de extensión del cuento se le menciona en siete ocasiones, sino que por el entorno "desmantelador" paródico que genera este personaje se recuerda que, en la realidad histórica que informa al cuento, Salvador Freixedo se dedicaba a escribir libros esotéricos.[134] Una vez que Freixedo es presentado como un renombrado intelectual, brindándole así autoridad y veracidad a las teorías que presenta el narrador, éste invita al lector a imaginar una escena (75) donde la única ciudad que existe en el cosmos es una Tijuana inhabitada.[135] En este texto alegórico de Crosthwaite, Tijuana es una ciudad que espera impaciente el génesis del universo, de la tierra, de los humanos para que éstos puedan disfrutar de los *curious shops*, de los bares y de la cerveza tijuanense. Sin esa creación no habría quien transitara la Avenida Revolución:

> Cero tú, cero yo.
> Sólo la Avenida Revolución y sus bares y sus *curious shops*; y toda la cerveza del mundo, ahí, sin que nadie la beba, pues el Universo no ha sido creado aún y Tijuana, ombligo del Cosmos, está como un niño que durante la mañana espera ansioso su arribo cotidiano a la panadería.

---

134 Salvador Freixedo es un ex-sacerdote jesuita español quien después de una vida devota al cristianismo decidió cuestionar la existencia de Dios. En la década de los sesentas fue expulsado de la orden jesuita debido a la publicación de *Mi iglesia duerme*. Después de varios años de investigación sobre la religión buscó respuestas en otras formas de vida. El tema de los ovnis (objetos voladores no identificados) y de los extraterrestres han ocupado muchos años de su vida en los que ha publicado libros como: *La religión: Entre la parapsicología y los ovnis* (1978), *Extraterrestres y religión* (1980), *Parapsicología y religión* (1980), *Visionarios, místicos y contactados extraterrestres* (1981), *Por qué agoniza el cristianismo* (1984), *Defendámonos de los dioses* (1984), *Israel pueblo contacto* (1985), *Las apariciones de El Escorial* (1985), *El cristianismo, un mito más* (1986), *Los curanderos* (1987), *La granja humana* (1988), *La amenaza extraterrestre* (1989), *Biografía del fenómeno ovni* (1991), *Videntes, visionarios y vividores* (1998) y *Un gallego llamado Cristóbal Colón* (2002). Freixedo ha planteado teorías en las que sustenta que los extraterrestres ya están entre nosotros y que los gobiernos más poderosos de la tierra han permitido, a cambio de tecnología de propulsión, que los humanos seamos sus conejillos de indias (*La amenaza extraterrestre*).

135 Freixedo al igual que muchos turistas que visitan Tijuana, cruzan *Borderlands*, fronteras, sólo que él lo hace atraído por la fama de los ovnis y los extraterrestres y no por la de una ciudad fronteriza. Su atracción se centra en la búsqueda de una libertad de pensamiento y de religión. Él abandonó el cristianismo partiendo de una intriga, un deseo que le ayudara a obtener la libertad de la religión cristiana y del Dios impuesto por la iglesia, para ser libre de pensamiento. Freixedo en la entrevista "Entrevista a Salvador Freixedo. El jesuita rebelde" realizada por Manuel Carballal menciona que las religiones son las que han inventado a los dioses (www.mundomisterioso.com).

"Y de repente un *Big Bang* (según nos explica Freixedo: "millones y millones de años atrás") ruidoso, lleno de fuegos pirotécnicos y globos reventados, justo en el centro de la Avenida Revolución" (76).

Inmediatamente después de ese *"Big Bang"*, el texto imaginará cómo brotó la vida de la Avenida Revolución:

Y aparece el primer hombre, el verdadero Adán: alto, de lentes, treinta años, bebiendo té de manzanilla, tomando apuntes en su libreta para la columna que publica en un suplemento cultural. Y la primera mujer, la verdadera Eva, pasando frente a él, apurada porque ya son las nueve y llega tarde al trabajo, sin percatarse que se le nota el fondo y que esa tarde su marido (el tercer hombre en el Universo)
ha decidido abandonarla.

Aparecen los perros, los policías, la demagogia... el sol...el Tercer Mundo, el Tratado de Libre Comercio, los países desarrollados y la historia del planeta" (76-7).[136]

Aparece Adán con un aspecto físico y una profesión similar a la de Luis Humberto Crosthwaite. Como un verdadero tijuanense que se aparta de la nefasta estela que deja en Tijuana la "leyenda negra", este "verdadero" Adán toma té de manzanilla (no cerveza ni tequila). Además, es una persona culta que escribe una columna en un suplemento cultural. Por su parte, la "verdadera" Eva, la que va apurada a su trabajo, también es una persona de bien que vive en Tijuana, ambos pobladores naturales de esta ciudad. Con la descripción de estos personajes se humaniza a la sociedad fronteriza del norte de México, acción con la que se establece un distanciamiento de las construcciones estereotípicas que asocian a la ciudad de Tijuana, y a toda la frontera, con estereotipos negativos. También aparece "El tercer hombre en el Universo" (76), el marido de Eva

---

[136] No deja de ser curioso el hecho de que en la página 76 se puede trazar un triángulo (amoroso) uniendo los puntos en los que aparecen las palabras Adán, Eva y su marido. Previo al final del relato se confirma la existencia de una especie de triángulo amoroso entre los tres primeros habitantes del universo.

que ha decidido abandonarla. Este hombre sugiere tener una función invertida en cuanto al género, del mito de Lilith, la mujer transgresora, demoníaca, y primera esposa de Adán, anterior a Eva. El marido de Eva, como Lilith, bien podría representar la "leyenda negra" de la frontera ya que con él se introduce en el proceso de creación un periodo de decadencia en el que aparece lo que se relaciona con lo negativo de la zona fronteriza.

El narrador ofrece la explicación paródica de que en esa etapa primordial de creación de la zona, "no existía el amor, que todo era vaciedad y sentimientos de culpa, hasta que aquel hombre alto y aquella mujer apurada se encontraron por primera vez y rentaron un apartamento en el Fraccionamiento Playas" (77). Para que existiera el amor fue necesaria la participación de los primeros dos habitantes de la tierra para que así se presentara una separación, una atracción y un encuentro. El marido, ("el tercer hombre en el Universo") abandona a Eva. Luego ella se encuentra con Adán. Y es con ese encuentro fortuito que se presenta una vez más una Tijuana honesta, una ciudad de la cual brota el amor para la humanidad. Suplantando aquí el paraíso bíblico, Tijuana es una ciudad protagonista o, como dice Freixedo, según el narrador, "Tijuana es el centro del Universo". "Pero eso-remata Freixedo- "sucedió" hasta millones y millones de años después" (77).

En este cuento de Crosthwaite, Tijuana no perduró por muchos años como un *locus amoenus*. El panorama descrito como un universo sin fronteras y centralizado en Tijuana fue modificándose radicalmente debido a la presencia humana que, además de dividir el territorio mexicano y estadounidense entre dos naciones, originó una serie de discordias y discursos (presentados en el segundo capítulo de este estudio) que se reiteran a modo de parodia y alegoría en la narrativa de Luis Humberto Crosthwaite.

El sitio "idílico" para muchos turistas de la ciudad de Tijuana se limita al recorrido de unas cuantas cuadras de la ciudad que a pesar del temor que este sitio les produce a algunos, continúa siendo una de las mayores atracciones turísticas de México. Las cuadras a las que me refiero son la Avenida Revolución y la zona de tolerancia, la Coahuila. Gravitando hacia ese centro de la condición fronteriza que nutre la "leyenda negra", el escenario del relato de Crosthwaite "Todos los barcos", es la Avenida Revolución y el de "Where have you gone, juan escutia" es la zona roja.

En "Todos los barcos", Crosthwaite representa el juego de toma y daca que caracteriza a la frontera entre México y Estados Unidos: un encuentro entre mexicanos y turistas, en el que se destaca por un lado la resistencia y, por otro, la dependencia del otro. Cuando el narrador se refiere, por ejemplo, a meseros, a mujeres que venden artesanías en las banquetas o a los niños que venden rosas en la calle, el texto recalca que todos se comunican con los turistas "en un inglés perfecto" (70, 71, 74). Los vendedores y otras personas que les ofrecen servicios a los turistas deben de participar en la creación de una cultura híbrida e incorporar a su vocabulario palabras y frases en inglés para que de esa manera se facilite el acceso al mercado estadounidense en territorio mexicano. Pero ésta es también parte de un modo de resistencia que se manifiesta en la adquisición y apropiación de ciertas cualidades extranjeras para dominar el turismo y vender con éxito mercancías y servicios. No obstante, también se observa la dependencia de un sector de la población que, como en el caso de Ivette, la prostituta, depende y se beneficia de la atracción que genera la "leyenda negra".

En "Todos los barcos", Crosthwaite representa una típica noche en la que turistas jóvenes anglos son los estereotípicos jóvenes que vienen a pasar un buen rato. Ellos son quienes frecuentemente consideran este lugar como una válvula de escape, un paraíso, tal y como le dice el personaje Steve a su hermano Ken: "éste es el paraíso" (70).[137] Los jóvenes habían cruzado al lado de México para celebrar los dieciocho años de Ken. Su aventura se inicia a las 8:30 de la noche e incluye cerveza, discotecas, tequila, bares, dólares y sitios de *table dance*. Steve, como se puede comprobar por su familiaridad con el área y por la manera en que trata a las *strippers*, parece tener una amplia experiencia en la vida nocturna tijuanense. Sus amigos Mark y Bob parecen ser sus aprendices ya que todavía se ponen nerviosos cuando se les aproximan las bellas mujeres. Por otro lado, Ken no quiere estar allí. Todos excepto Ken llegan a Tijuana con

---

137 Ken todavía no es mayor de edad bajo las leyes estadounidenses.

expectativas bien fijas referente al tipo de diversión que quieren encontrar, mientras que los tijuanenses los tratan como típicos turistas gringos que visitan la ciudad para saciar su sed de cerveza barata, tequila y sexo en una ciudad que ofrece, según el narrador del cuento: "Música por todos lados. La gente: rubia, negra oriental, jóvenes todos" (71). Ambos grupos de participantes, los turistas extranjeros y los tijuanenses locales, están conscientes de las reglas que deben de seguir para jugar el juego fronterizo exitosamente. Después de todo, es un mecanismo lúdico que básicamente gira en torno a una sencilla ecuación: los dólares equivalen a entretenimiento y diversión, a la vez que a una probada de la "leyenda negra".

Ken también está consciente del significado de esta ecuación pero, como está con "el corazón roto" porque su ex-novia Carol lo ha dejado por otro, él tiene la capacidad de observar esta excursión desde un ángulo distinto sin importarle correr el riesgo de no aprobar el ritual de iniciación que le ha preparado su hermano como regalo de cumpleaños. A Ken lo "arrastran" de un lugar a otro como si fuera un títere, lo que evoca una asociación con los muñecos Ken fabricados por Mattel. Éste, sin embargo, se resiste a ser atrapado por la construcción fronteriza en cuya negociación participan su hermano y amigos, y rechaza aceptar en carne propia la imagen de la postal del *"zonkey"*. Se podría decir, metafóricamente, que Ken cuestiona las rayas negras de cebra artificialmente pintadas en el burro como son la mayoría de las atracciones ofrecidas por los tijuanenses a los turistas estereotipados. Irónicamente, en contraste con su relación a la artificialidad de un muñeco, Ken no quiere ser parte del juego. Desde un principio éste expresa sus sentimientos, en un principio pasivamente: "Ken se quiere ir, lo repite, Ken se quiere ir" (72). Su resistencia pasiva, sin embargo, se vuelve más agresiva, y posteriormente decide huir:

> Yvette sonríe suavemente, una playa de sonrisa. Pone la mano en la pierna de Ken. Acaricia. Me dijo que tienes el corazón roto. Me dijo que nunca te has enamorado. Me dijo que eres virgen. Ken sorprendido, sintiéndose tonto: tonto-tonto-tonto. Pero eso lo podemos remediar, concluye Yvette sabiduría. Su mirada es

profunda como esos lugares en el mar donde todos los barcos se hunden. Ken se levanta, sale corriendo. El mundo gira y gira y gira. Steve y amigos tras él. No lo alcanzan. No lo intentan (74).

Ellos saben que su reacción será temporal, que finalmente será absorbido por la "frontera"; que no podrá resistirse y regresará al bar. De hecho, al final de la historia, Ken: "Camina de regreso al burlesque. No tiene otro lugar a donde ir" (75). El propio título del cuento sugiere que al reentrar al bar Ken se convertirá en otro barco hundido en el hondo mar de la prostituta Ivette. Ken se verá forzado a entrar a ese espacio donde Ivette, al igual que las sirenas de Homero en *La odisea* se convierten una tentación irresistible, y Ken, como los marinos en *La odisea*, será seducido por el deseo. En su función de seductora, el narrador describe a Ivette: "Su mirada es profunda como esos lugares en el mar donde todos los barcos se hunden" (74). Como anuncia el título del relato, "Todos los barcos", los jóvenes turistas en el cuento de Crosthwaite que pasan por la frontera, se hunden y ahogan en la profundidad seductora de la ilusión, en la Avenida Revolución.

La representación de Crosthwaite de la Avenida Revolución parece ser a primera vista una confirmación de la "leyenda negra" como única condición fronteriza, según el concepto que propone Norma Klahn del *South of the Borderism*. No obstante, al recalcarse en el cuento que los principales clientes y, por lo tanto los partidarios y creadores de estas imágenes estereotípicas son los turistas de los Estados Unidos, el cuento propone que en Tijuana, como en todo ese espacio de la frontera norte de México, las rayas del "*zonkey*" son construcciones extranjeras, exclusivamente pintadas para extranjeros. Asimismo, al igual que durante la época de la Prohibición, los turistas estadounidenses todavía se aprovechan de la edad legal en México (18 años) para ingerir bebidas alcohólicas en la zona fronteriza mexicana y muchos adolescentes cruzan la frontera cuando cumplen dieciocho años, e incluso antes, para adquirir en la zona roja lo que no pueden obtener legalmente en su propio país. Para estos jóvenes turistas, Tijuana representa una libertad "idílica" que no tienen en casa: una libertad que también es una trampa/fantasía preparada por los tijuanenses como resistencia a la avasallante presencia estadounidense. Esta fantasía, como en el caso del Ken de Crosthwaite en "Todos los barcos", frecuentemente funciona como las sirenas que llevan a los marinos a la muerte a través del poder del deseo y la lujuria. Es esa sensación de caos la que expone el narrador en "Todos los barcos", en el significativo espacio de la Avenida Revolución como un área donde la gente grita, ríe, fuma, bebe, se besa y donde, a la misma vez, la policía intenta parar y encarcelar a los turistas que contribuyen con mayor insistencia en el ambiente escandaloso y turbulento (71).[138] La imagen que recrea Crosthwaite es la misma que reafirma Humberto Félix Berumen en *Tijuana la horrible* al mencionar que durante la Prohibición:

> "Tijuana resultó a la postre el patio trasero para el desenfreno moral, el paraíso para las diversiones ilícitas ubicado al otro lado de la frontera o la cantina con la barra más grande del mundo para saciar la 'sed etílica de las afligidas víctimas de la prohibición'" (61-62).

A pesar de que probablemente "el barco" de Ken finalmente se hunda en la profundidad de la Avenida Revolución al reentrar en el bar, como anuncia el título del cuento, Crosthwaite humaniza la figura del turista desde una mirada del sur al norte. Esa mirada generalmente también es relegada a estereotipos no muy distantes al estereotípico muñeco Ken de Mattel. De

---

[138] En la página Web del XVIII Ayuntamiento de Tijuana http://www.tijuana.gob.mx/turismo/ se proporciona una guía legal turística en la que se incluyen las faltas administrativas más comunes cometidas por los visitantes en la ciudad de Tijuana. A continuación se reproduce la tabla en la que aparecen:

Falta	Multas mínimos y máximos (pesos)	Multas mínimos y máximos (dólares)
Ingerir bebidas alcohólicas o sustancias tóxicas en la vía pública, edificios desocupados o interiores de vehículos	$ 226.20 a $ 904.80	$ 20.60 a $82.25
Orinar o defecar en la vía pública o en lugar visible al público	$135.72 a $316.68	$12.33 a $ 28.78
Generar escándalos o molestias a las personas, vecindarios y población en general por medio de palabras, actos o signos obscenos.	$135.72 a $316.68	$12.33 a $ 28.78
Causar molestias a las personas en lugares públicos o privados, ya sea individualmente o valiéndose de grupos o pandillas.	$452.40 a $1357.20	$41.12 a$123.38
Realizar en lugares públicos o privados actividades que inviten o induzcan a la practica de cualquier vicio o favorezcan la prostitución.	$452.40 a $1357.20	$41.12 a$123.38
Desobedecer un mandato legítimo de alguna autoridad, o incumplir a las citas que expidan las autoridades administrativas, sin causa justificada.	$ 226.20 a $ 904.80	$ 20.60 a $82.25
Usar disfraces en cualquier tiempo que propicien la alteración del orden público o atenten en contra de la seguridad de las personas.	$ 226.20 a $ 904.80	$ 20.60 a $82.25
Vender o detonar cohetes u otros fuegos artificiales sin el permiso de la autoridad	$135.72 a $316.68	$12.33 a $ 28.78
Deambular en la vía pública en estado de ebriedad o bajo el influjo de sustancias tóxicas	$135.72 a $316.68	$12.33 a $ 28.78

De conformidad a lo establecido por el Bando de Policía y Gobierno del Municipio de Tijuana.

hecho, al humanizarse Ken en el cuento de Crosthwaite, éste, el extranjero, también se resiste al estereotipo que lo atrapa, lo hace víctima, y lo redefine en la mirada del fronterizo. Jennifer Insley destaca este aspecto en su ensayo "Redefinig Sodom: A Latter-Day Vision of Tijuana":

> Crosthwaite's humanization of the often-anonymous figure of the tourist allows him to critique from within the Standard visitor experience of Tijuana, forcing us to recognize its inherent abusiveness without drifting into generalized mockery of Anglo-Americans (116).

A la misma vez que Crosthwaite humaniza al turista y representa en "Todos los barcos" la frontera norte de México como un reflejo de sus estereotipos, también logra rescatar el lado humano de los habitantes de Tijuana y de su condición fronteriza. Ese lado, diferente a la oposición maniquea de una frontera imaginada por extranjeros, señala otras fronteras que también hay que cruzar dentro de la frontera. Con la representación de la cara humana del fronterizo, el texto de Crosthwaite subvierte la imagen falsa del *"zonkey"* y le permite a los lectores tener acceso a otro espacio igualmente fronterizo que yace más allá de las *strippers* y de las "rayas" pintadas del *"zonkey"*. Es decir, si por un lado la frontera norte, la zona, se desfigura y pinta su piel con rayas negras, son esas rayas con las que, a la misma vez, resiste los constantes embates de ambos lados de la frontera: Estados Unidos y el centro de México. Detrás de esas rayas negras, que también evocan el típico uniforme de un prisionero, existe un espacio donde radican los tijuanenses ajenos a las zonas turísticas: sus habitantes que permanecen en el anonimato que les concede la distancia de las atracciones y exotismo de la zona. Es otra frontera con un rostro humano compuesto en la región de Tijuana por más de un millón de habitantes que han encontrado, de una u otra manera, un hogar en medio de la violencia y de la algarabía turística de la Avenida Revolución y de la zona roja como las que Crosthwaite representa en el primero, "Where have you gone, juan escutia". Este cuento y "Marcela y el rey al fin juntos en el paseo costero" se publicaron en la colección de cuentos

"Marcela y el rey Al fin juntos.[139] En "Where have you gone, juan escutia", como observa Santiago Vaquera-Vásquez, se presenta una versión subvertida de la identidad mexicana en la frontera.[140] El texto "rescribe" desde una visión fronteriza, la figura histórica, representante en México, de la heroicidad nacional de los Niños Héroes que resistieron la toma del Castillo de Chapultepec por las tropas invasoras norteamericanas. Estos niños héroes eran: Juan de la Barrera, Juan Escutia, Agustín Melgar, Fernando Montes de Oca, Vicente Suárez, y Francisco Márquez.[141] La importancia de este suceso es la gallardía con la que estos seis cadetes defendieron la patria y que, a pesar de que el ejército estadounidense era más numeroso, los mexicanos no se entregaron, sino que defendieron hasta la muerte a la nación. La historia nacional cuenta que Juan Escutia se envolvió en la bandera mexicana y se lanzó con ella al vacío para evitar que el enemigo se apoderara de ella. A pesar de que Estados Unidos ganó la batalla, ésta ha quedado inscrita como una de las grandes glorias de la historia mexicana y continúa alimentando el nacionalismo mexicano como se comprueba en el desfile en la Ciudad de México y las celebraciones cívicas en el resto del país cada trece de septiembre.

En el cuento de Crosthwaite los soldados (anti-héroes) no son seis sino tres "soldaditos" (25) del ejército estadounidense. El texto se inicia con una "nota del autor" (25) en la que se describe cómo el narrador descubrió la dolorosa realidad referente a la celebración del 13 de septiembre, día en el que se honra a los Niños Héroes:

"Uno de nuestros maestros de historia, el más despiadado, nos puso frente a frente con la realidad (ah, ¿qué no lo sabían?): los

---

139 Esta colección consiste de nueve cuentos: "Marcela y el rey al fin juntos en el paseo costero", "Where have you gone, juan escutia", "Existirá raquel", "El great wallenda o summertime time time", "Bajo la lluvia bailamos un vals", "Viernes noche frente al televisor", "Incendios y demás en el edificio de enfrente", "Adiós a la luna" y "Blues en san luis".
140 Consultar su disertación doctoral *Wandering Stories: Place, Itinerancy, and Cultural Liminality in the Borderlands,* (154-74).
141 Los Niños Héroes (todos ellos tenían edades entre trece y diecisiete años) participaron en una de las batallas de la guerra entre México y Estados Unidos (8 de marzo de 1846 – 30 de mayo de 1848). Durante la intervención de Estados Unidos en México se llevó a cabo la batalla de Chapultepec, donde se alojaba el Colegio Militar. En este colegio se educaba a los jóvenes que querían hacer carrera en el ejército. Pese a los esfuerzos de los cadetes y soldados, el ejército estadounidense tomó el edificio y aprisionó a muchos de sus adversarios. Los cadetes conocidos como los Seis Niños Héroes en vez de dejarse capturar como prisioneros, murieron defendiendo la nación durante este ataque.

niños héroes fueron derrotados en aquella famosa batalla, los gringos los hicieron caca. Seis años de asambleas y jamás lo habían dicho." (75).

La desilusión fue tan grande que renunciaron a su pasatiempo favorito: jugar a las guerritas de soldaditos con canicas.[142] Desde ese día "Nada volvió a ser lo mismo. Renunciamos a las canicas, a los soldados de plástico" (75). Los héroes nacionales pasaron de ser vanagloriados a olvidados; ya no existía el ideal patriótico de vencer al "enemigo" porque como les dijo el maestro de historia, "los gringos los hicieron caca" (75).

La nota que encabeza el texto no sólo parodia invirtiendo el evento histórico, sino que desarticula el discurso nacionalista de México para proceder con la representación de la frontera como un sitio de fácil acceso pero de difícil dominio, verdadero héroe nacional: una frontera que constantemente se defiende, resiste y cuestiona el *"North of the borderism"*. El texto prosigue a escenificar en un *performance* narrativo lo que probablemente hubiera sucedido si el general Winfield Scott hubiera invadido México por la frontera de Tijuana en lugar de hacerlo por Tamaulipas o Veracruz:

> Si Winfield Scott, general en jefe del ejército invasor, hubiera entrado por estos rumbos, en lugar de hacerlo por Tamaulipas o por Verazcruz, tal vez el Castillo de Chapultepec no fuera tan visitado o el xalapeño Santa Anna, fundador de la frontera norte, todavía estuviera en la presidencia (pierna de palo sustituida por biónica, *made in Japan*), hablando sobre el clima capitalino, gozando de salud perfecta (28).

Pese a los embates estereotípicos del centro de México, con los que se cataloga al territorio fronterizo del norte de México como una zona que debido a su hibridez ha dejado de ser mexicana, Crosthwaite pone en

---

[142] Básicamente el juego de los soldaditos con canicas consiste de dos jugadores que forman los soldaditos en dos filas opuestas. Cada uno se alterna e intenta derribarlos con una canica. El que derriba todos los soldaditos del enemigo es el ganador.

tela de juicio el papel que ha desempeñado el centro del país en relación a la frontera nortea través de la historia. Hechos como el de la muerte los Niños Héroes, han sido momentos adversos que se han tenido que someter a una reconstrucción para, una vez retocados, alimentar la conciencia nacional con el mito del triunfo, en este caso con un hecho que en realidad fue una derrota más del centro de México ante los Estados Unidos. Esta derrota culminaría con la firma del tratado de Guadalupe Hidalgo y la pérdida de territorio mexicano.

En el cuento de Crosthwaite "los tres gringos cruzan las líneas fronterizas como Wilfield Scott en busca de los niños héroes, seguro de lo que hacen, orgullosos del uniforme que portan" (27), es decir, con la certidumbre de ser los vencedores y poder dominar fácilmente al mexicano. Los tres soldados entran por la Avenida Revolución como si fueran nuevos invasores seguros de sus conquistas. Este es el inicio de una batalla alegórica. La Avenida Revolución y la zona roja son zonas en las que se toleran las incursiones de los invasores turistas pero sólo siempre y cuando éstos paguen en efectivo los servicios que se les ofrecen:

> La Avenida Revolución es una calle importante. Por ahí pasan todos aquellos turistas que se ponen a merced de los mejores vendedores. Hay casas de *money exchange*, cabarets, burros rayados, fotógrafos, una enorme variedad de *curious shops* y señoras de Oaxaca, vende-flores, con sus niños amarrados a la espalda (27).

Los tres "soldaditos" norteamericanos no se detienen en la Avenida Revolución, "Prefieren irse hacia otro rumbo, tras una falda que se mueve con intriga mexicana, carnada ideal para los tres pescadotes y sus tres carteras: *All American Fish*" (27). Su destino es la zona roja, zona de falsas conquistas donde se da paso a otra "batalla" entre mexicanos, esta vez fronterizos, y estadounidenses; batalla que tendrá lugar en un territorio alejado del centro del país, Tijuana: el centro del cosmos de la obra de Crosthwaite. Los héroes de esta otra batalla son los tijuanenses: las gorditas, el cantinero, las cervezas tecate, las crudas,[143] todos actores

---

[143] En el lenguaje coloquial de la zona, "cruda" quiere decir "resaca", el malestar que se siente después de una borrachera.

y actantes relacionados de una u otra manera con la "leyenda negra". Los soldados invasores son: "un güero, un moreno y un negro. El personaje central se llama Bobby (el güero bueno). Los otros son Jesus sin acento (el moreno-malo) y Jackson Washington The Third (conocido en esta historia como el negro-feo)" (25). Como los niños héroes mexicanos, los tres "soldados" del otro lado experimentaron a los trece años situaciones que también cambiarían para siempre sus vidas.

Cuando Bobby cumplió trece años, su padre, un reverendo, le compuso un sermón donde lo alababa como un hijo ejemplar y con el paso del tiempo, el joven continuó esa senda triunfadora que le había construido su padre. Llegó a ser excelente deportista y soldado condecorado por el presidente. "Nadie mató más nicaragüenses ni palestinos. Nadie destruyó más casas ni tantas familias. Todo en nombre de *truth, justice and the american way*: igualito que supermán." (26). Es casi perfecto, incluso hasta buen fumador, "se fuma un cigarro en menos de un segundo" (26).

Jesus "sin acento" acostumbraba escupir muy a menudo. Él es hijo de padres mexicanos pero, para la desgracia de su padre a los trece años decidió adoptar las costumbres estadounidenses y abandonar sus raíces mexicanas: americanización que el narrador representa con el hecho de que sus ojos se tornan de café a azul. El padre le recuerda: "Eres mexicano, acuérdate, somos mexicanos" (34). Pero el niño, con la boca manchada de catsup, lo mira con sus ojos cafés que en su proceso de aculturación cada día se vuelven más azules. Años después, verdaderamente intrigado, le preguntaría a su papá: "oye, jefe, if you're so mexican, ¿por qué te quedaste a vivir por acá, por qué no ganaste your dolaritos y te regresaste a tu tierra? Desde entonces el padre no volvería a tocar el tema y los ojos del niño se tornarían azul oscuro con estrellitas blancas" (34).

Jackson Washington The Third, negro, habla un inglés neoyorquino que nadie entiende. Su numerosa familia era feliz, por lo menos así parecía durante su fiesta de cumpleaños cuando cumplió trece años. Su padre dictó en esa ocasión que serían una familia feliz *"from now on we are gonna be one happy family"* (35). Pero en realidad se sentía fastidiado por sus ocho hijos, su esposa, su departamento, su vida en general. Por eso "a nadie le sorprendió encontrarlo muerto la semana siguiente" (35).

Como tampoco sorprendió a nadie que Jackson se enlistara en el ejército unos años más tarde. [144]

Los tres llegan al callejón Coahuila que, como anuncia un letrero "LA FRONTERA MÁS VISITADA DEL MUNDO" (29), presenta los siguientes atractivos: "cantinas, mujeres, hoteles, cantinas y mujeres (v.g. Las Coronelas, El Chicago Bar, Las Chabelas, El New York)" (28).[145] Es importante resaltar la ubicación de los dos letreros a los que se hace alusión en el texto, "CONOZCA LA FRONTERA MÁS VISITADA DEL MUNDO (…cortesía de la dirección general de turismo)" (27, 29). El primer letrero aparece cuando los tres "invasores" se encuentran en la Avenida Revolución, el segundo cuando entran a la zona roja, justo antes de entrar al bar. La ubicación de estos letreros en el texto propone distintos significados: por un lado señalan que Tijuana "es" la zona fronteriza más visitada gracias a los dos sectores marcados por los letreros; pero, por otro lado, el papel del propio gobierno regional en la creación de la "leyenda negra" fronteriza ya que es la dirección general de turismo la que colocó estratégicamente los dos letreros propagandistas en esas zonas con el fin de difundir una imagen comercial de Tijuana. Esta es la imagen, como ya se ha comentado en previos capítulos, que muchos turistas conservarán de la frontera norte y probablemente de todo México.

Los tres visitantes inician su "invasión" por la Avenida Revolución hasta entrar en la zona roja seguros de conquistar la frontera, y así mismo México. La conquista y su victoria, como dice Jesus "sin acento", consisten en aprovecharse de las prostitutas y gozar de sus servicios sin pagar. Una vez en el bar, Jesus les dice a sus compañeros: "Hey, bro, with those rucas we can make it rápido and if we know our business, sabiéndoles tirar el verbo. De seguro capean sin feria. Free. Do you understand, ése?" (31). Lo que ellos ignoran es que la construcción turística, que parodia las expectativas de la "leyenda negra" ha sido sustentada y creada

---

[144] Como se puede observar se comparten detalles importantes de la vida de los tres personajes cuando tenían trece años. El número trece juega un papel importante en el relato porque el 13 de septiembre de 1947 fue la fecha en que el ejército de Estados Unidos invadió el Castillo de Chapultepec y murieron los cadetes. Además, algunos de los cadetes tenían trece años cuando murieron en la batalla de Chapultepec.

[145] No deja de llamar la atención el nombre de las cantinas mencionadas, dos de ellas aluden a ciudades de Estados Unidos y las otras dos a mujeres. Las Coronelas, otro de los nombres, como el de las Adelitas, con el que se reconocía a las mujeres que participaron en la Revolución Mexicana. Esto sin duda es una advertencia a los invasores de un México revolucionario que se rebela, de una frontera que no se somete pasivamente.

por y para ellos, los turistas del norte. Ellos también ignoran que las tácticas fronterizas ya han sido ejecutadas exitosamente millones de veces y que probablemente sucumban a éstas, como en "Todos los barcos" que se hunden, mucho antes de que puedan contraatacar o "capear sin feria".

El plan de defensa y contraataque fronterizo incluye, según el narrador del texto, las siguientes tácticas: "una falda que se mueve con intriga mexicana, carnada ideal para los tres pescadotes y sus tres carteras" (27); y, posteriormente, cuando llegan a la Coahuila, la falda mexicana se multiplica (28). En el bar, los tres protagonistas, creyendo tener el control de la situación, son presa fácil, "Los *boys* querían budweiser pero les dan tecates" (30) "Las gorditas los invitan a bailar. Los hombres duros no bailan dice un libro que este escritor no ha leído. Pero las gorditas convencen" (30). "El mundo de Bobby comienza a girar. *Turn, turn, turn*. Las tecates no son como las budweiser" (32). El plan marcha a la perfección como lo consta la caída del primer soldado estadounidense "Bobby cae... como un gran árbol canadiense, derechito como un cohete que no alcanzó la luna. Después Bobby sobre la barra, sobre la mesa, luego encima de la silla que se quiebra" (33). La imagen del cohete refleja la derrota, la culminación abrupta de una misión incumplida. La victoria mexicana está cerca: "El malo y el feo intentan ayudar al amigo güero pero acaban igual: tres manchas en el piso" (33). Los invasores han sido derrotados por la frontera, y, en su misión de cerco protector, la patria ha sido protegida sin mayores complicaciones por los héroes fronterizos. Ahora es el momento de cobrar factura a los vencidos:

> Día siguiente. Tres soldaditos en la banqueta. Muy patéticos.
> Nadie los recoge. Uno de ellos despierta con los ruidos de la ciudad encima. Claro que hay indignación. Claro que hay quejas.
> Es cuestión de honor. Esto no sucede en las películas de vaqueros.
> No traen cartera ni botas. El moreno anda sin camisa (shit) (34).

Finalmente la retirada, "*One little, two little, three little* gringos regresan a su país" (35) y una lección "militar"

Es común que los gringos, demasiado tarde, descubran que las crudas en terreno mexicano son aplastantes. Los tres soldados regresan a su país y, en el primer restroom que muestra las estrellas y las franjas coloradas, hunden la cabeza en la profundidad de un escusado (36).

En la sub-versión del texto de Crosthwaite, lo que no ocurre en la batalla de Chapultepec ocurre en la frontera, cuya táctica y resistencia es más fuerte y de mayor éxito que la de los niños héroes. El narrador del texto de Luis Humberto Crosthwaite concluye que esto es lo que le hubiera sucedido al general Winfield Scout, "si hubiera entrado por la frontera más visitada del mundo" (35). El relato es una respuesta doble, de doble resistencia con la cual se desautoriza el discurso del conquistador y también se subvierte la visión del centro de México. En este caso de resistencia ante la invasión del norte, la hibridez fronteriza es una contestación, en primer lugar, al "*South of the Borderism*", visión estadounidense que considera la frontera mexicana como un sitio subalterno. En esta ocasión la cultura y la condición fronteriza ha derrotado sin mayores percances a tres de sus representantes militares; y en segundo lugar, también al "*North of the Borderism*" que gira en torno a la visión del centro del país respecto a la frontera como en una primera línea de defensa debilitada que paulatinamente se está americanizando. En "Where have you gone, juan escutia" el escritor no sólo cuestiona sino niega la percepción centralista distante de la frontera como zona americanizada, no mexicana, y afirma que, a pesar de los estereotipos adoptados por los paisanos del centro, la frontera norte es y continuará siendo territorio mexicano, más heroico como línea de diferencia que el centro. Además de su mexicanidad incuestionable, los héroes en la constante resistencia y protección de la nación son los personajes que lidian día a día con las invasiones de extranjeros.

La falsa acreditación de las victorias fronterizas al centro y la despectiva imagen con la que el centro del país ve a la frontera motiva a los capitalinos a adjudicarse todo éxito cosechado en la frontera. En el texto de Crosthwaite, los verdaderos héroes que defienden a la patria de los ataques del invasor del norte son sin duda los fronterizos; pero para ellos no hay monumentos, sólo noticias amarillistas:

La prensa amarillista dirá que las armas nacionales se han cubierto de gloria, tal vez uno que otro policía ofrezca palabras similares en una cena del club rotario. Lo cierto es que las armas nacionales no habrían tenido nada que ver en el asunto. Es penoso suponer que a los verdaderos héroes jamás se les dedicará un monumento ni aparecerán en los libros de historia (36).

La lectura de este cuento nos lleva a destacar tres agendas narrativas: primero la desestabilización de la "leyenda negra" que se construye en los Estados Unidos de la frontera norte de México. Segundo, el desmantelamiento del discurso nacional mexicano en el que se margina la zona norte. En el cuento de Crosthwaite las condiciones que produce la "leyenda negra" producen también las tácticas de defensa. En un complejo reverso, los mexicanos "aliados" a la "leyenda negra" son los verdaderos héroes de la batalla Norte-Sur: los héroes fronterizos que al fin y al cabo resisten con sus vidas la avanzada norteamericana. La tercera agenda, es representar el lado humano de fronterizos y turistas que, como en "Todos los barcos", cuestionan los estereotipos asociados a la "leyenda negra", en "Where have you gone, juan escutia" las gorditas y el cantinero. Vale la pena reproducir a continuación los motivos que llevaron al cantinero a trabajar en bares:

> El niño quería una bicicleta como la que vendían en Deportes la Popular. Su padre le dijo que no había futuro en bicicletas, que ser cartero no tenía sentido y que pensar en esas cosas era demasiado infantil. Ya eres un hombre, ya tienes 13 años, le decía mientras lo golpeaba con la hebilla de su cinto. Su padre fue un hombre sabio. El niño lo comprendió al mirarlo tirado, borracho, pensando en la esposa que lo abandonó. De todos modos pudo acercarse, sacarle el dinero y comprarse una bicicleta (diez velocidades, frenos de goma, brillosa como ninguna). Robar a borrachos siempre ha sido lo más fácil.
> Desde entonces decidió ser cantinero (33).

La niñez del cantinero había sido bastante turbulenta debido a los abusos y al alcoholismo de su padre, sin embargo y a pesar de lo trágico del caso, Crosthwaite, mediante el humor que generalmente caracteriza su obra, concluye la descripción con un tono de esperanza. La situación de una de las gorditas se torna más complicada:

> La niña gorda siempre quiso casarse con el tendero de la Botica San Martín de Porres (era tan guapo, tan fuerte, tan Pedro Infante), pero a su papá se le ocurrió morirse cuando ella tenía 13 años, así que tuvo que ayudar con los gastos de la familia. Sus hermanos le recomendaron un viaje a la frontera norte para que trabajara un tiempo en Estados Unidos (adiós ilusión de infancia, adiós Pedrito; lo malo fue que nadie le dijo, a la pobre, que el cerco no era tan fácil de cruzar, que había coyotes para pollitas como ella y que después, eso de regresarse a su pueblo sería lo más canijo). Siempre fue buena cocinera y había rumores de que a los norteamericanos les encantaba la comida mexicana (32).

Además de recalcar paródicamente la importancia del número trece en el relato,[146] ya que al igual que los Niños Héroes, los protagonistas de Crosthwaite en este cuento también experimentan situaciones trascendentales a la edad de trece años, se resaltan los hechos que la llevaron a la frontera y que la obligaron a permanecer como una empleada más de la zona roja. La gordita llegó a Tijuana con la intención de cruzar para "el otro lado". Buscando el "sueño americano", pensó que una vez que llegara a la frontera, el cruce al otro país sería sólo cuestión de intentarlo. Desafortunadamente, nadie le había advertido que en este trámite se arriesga la vida a ambos lados de la frontera y que, después del fracaso, el regreso al lugar de origen se complica aún más. Como los niños traicionados por sus padres y por la sociedad, la falsedad de los mitos y la falta de experiencia establecen otras zonas igualmente fronterizas en las que coexisten los personajes de Crosthwaite. Éstos se asemejan por una

---

146 El número 13 es también importante porque es la edad de la pubertad.

condición ontológica, por las mismas experiencias que producen la marginalización y la exclusión. La batalla entre centro y periferia, esperanza y desesperanza, realidad y mito que experimentan los personajes se produce en la propia fragmentación del texto entre los recuerdos enmarcados de la niñez (13 años) y la historia de los tres soldados en Tijuana. De esta manera, el texto establece zonas de cruce en cuanto a tiempo, espacio, geografía, cultura, niñez, adultez, mito, realidad, raza, género, dominación y derrota; en última instancia, las múltiples posibilidades de "lo verdadero".

La descripción de los protagonistas tijuanenses en este texto, tiene como función aproximar al lector a una realidad que frecuentemente es soslayada y a la que difícilmente se tiene acceso en la cotidianidad de una frontera donde el espectáculo debe continuar sin importar los hechos y las historias humanas que hay detrás de cada uno de los personajes, especialmente aquéllos que transitan y laboran en la "Cagüila". Por otro lado, también se debe destacar la participación de otros personajes que contribuyen a la gama de servicios que se pueden adquirir en la zona roja y que se confunden y conviven día a día con proveedores y consumidores. Me refiero a los polleros o coyotes[147] y al resto de los personajes que colaboran en el cruce ilegal de personas a Estados Unidos. Podemos suponer que la gordita trató de pasar al otro lado posiblemente con uno de estos "vaquetones", como se llaman entre sí. Hay que recordar que la zona roja de Tijuana también es "… la capital de la república de los polleros" (Vázquez 1).

Recordando que recientemente el tráfico ilegal de personas y drogas ha contribuido a confirmar la mala reputación de la frontera, la "leyenda negra", en su colección de cuentos *Instrucciones para cruzar la frontera*, Crosthwaite representa en sus posibles variantes el acto y las consecuencias de cruzar, legal o ilegalmente, fronteras físicas e imaginarias en la zona fronteriza norte de México. En esta colección aparecen los relatos "Muerte y esperanza en la frontera norte" y "Mínima historia" en los que Crosthwaite trata los temas del tráfico ilegal de personas y de drogas. El escritor reitera y parodia la condición fronteriza ya conocida por

---
[147] Se les llama polleros y coyotes a quienes se encargan de cruzar ilegalmente personas a los Estados Unidos.

sus lectores para representar situaciones cotidianas, algunas de ellas violentas, y otras simples experiencias del diario vivir del fronterizo en el norte de México. Uno de estos relatos, "La fila", parodia la larga espera que los automovilistas tienen que sufrir para cruzar la frontera y en "El largo camino a la ciudadanía", se alude a los distintos "rituales" que se deben superar para ser un ciudadano estadounidense y las consecuencias e implicaciones de este proceso. Crosthwaite enmarca todos los cuentos de esta colección con instantes de la condición fronteriza en una graciosa introducción o prefacio titulado "Recomendaciones" en la que se proveen recomendaciones para aquéllos que intentan cruzar de México a los Estados Unidos. Las situaciones irónicas que se dan en ese cruce, sobre todo del sur al norte, son experiencias que muchas personas del área viven a diario y que advierten al lector de las situaciones ilógicas que se pueden encontrar en el intento de pasar a Estados Unidos. Crosthwaite asocia el acto de cruzar la línea geo-política con el acto de "cruzar" otras fronteras metafóricas, humanas, ontológicas que también están en juego en la experiencia fronteriza. Crosthwaite describe en "Recomendaciones" uno de esos instantes, real y absurdo a la misma vez. Dice el narrador:

> Al enfrentarte a uno de esos guardianes, debes de llevar el pasaporte en mano y la mente en blanco. Lo más apropiado es estar convencido de que ellos son seres omnipotentes, deidades, césares caprichosos capaces de arrojarte de su imperio. Lo mejor es entregarte a sus designios, por más absurdos que éstos parezcan.
>
> -¿Qué trae de México?
> -Nada.
> -¿Qué trae de México?
> -Nada.
> -Tiene que contestar "sí" o "no". ¿Qué trae de México?
> -No.
> -Está bien. Puede pasar. (11)

A través de lo cómico e inverosímil que pueda parecer esta situación en el texto de Crosthwaite, éste remite a las experiencias tanto ontológicas como sociopolíticas y geográficas de la vida de la frontera norte de México. El humor en las "Recomendaciones" de Crosthwaite advierte al lector del doble discurso que se articula en los textos de esta colección y de las múltiples fronteras que los sujetos fronterizos deben cruzar todos los días.

Ante tales "recomendaciones", el relato "Muerte y esperanza en la frontera norte" describe parte del elaborado proceso en el que actúan las bandas de polleros y coyotes. Aunque el tráfico de indocumentados no es un aspecto directamente relacionado a lo que se ha llegado a conocer como "leyenda negra" fronteriza, el ambiente en el que éste se lleva a cabo, gira en torno al alcoholismo, la drogadicción, la prostitución y la ludopatía. Francisco Vázquez Mendoza nacido en Colotlán, Jalisco, México y editor del periódico *Público* de Guadalajara, señala en su reportaje "A la sombra del pollero", el complejo proceso al que son sometidos muchos de los aspirantes a ilegales en su intento de entrar a los Estados Unidos. Antes de explorar el texto de Crosthwaite, resultaría provechoso hacer un resumen de la investigación de Francisco Vázquez sobre la operación de las bandas que trafican con aspirantes a indocumentados (los incisos son míos): [148]

a) "Los taxistas son el primer contacto con el ilegal". Los que ofrecen el saludo "¿Quieres cruzar?" son los que se conocen como enganchadores o "taloneros". Éste "junta dos, o tres, o cinco "pollos", los guarda en un hotel de la zona roja y luego los vende a las bandas a cien dólares por cabeza".

b) "Una organización de traficantes de indocumentados mediana, que maneja un promedio de 30 "pollos" al día, usa los hoteles de la zona [roja]". Las bandas más grandes cuentan con una casa de seguridad donde concentran la mercancía. Estas casas son conocidas como "clavos"... en temporada alta –enero, febrero y marzo- llegan a meter a más de 30 personas en un cuarto".

---

[148] El reportaje en español se obtuvo de la revista electrónica *Punto G* (www.puntog.com.mx). En el libro *Puro Border* se encuentra una versión en inglés (47-56).

c) El "Pelos" conoce bien el oficio de pollero, "Les gritan (a los indocumentados) y hay quien viola a las mujeres. También los engañan. Les dicen que van a caminar tres horas y caminan tres días. Este trabajo hay que hacerlo sobrio".

d) "Los que hacen las partes más riesgosas son los guías (cruzar la frontera) y los que manejan los autos con 'pollos' de San Diego a Los Angeles. La adrenalina les corre el tiempo que dure el jale. Son adictos al crack y la heroína, las drogas con más demanda en la frontera, y enferman de gastritis o colitis nerviosa; las enfermedades del coyote".

e) "Este trabajo hay que hacerlo 'sobrio', repite el 'Pelos'. Y es que a los que se les pasa la dosis abandonarán sin ningún remordimiento a un indocumentado cansado en el cerro o a medio río o se convierten en choferes suicidas que no atienden el alto de la migra".

f) "Los guías son jóvenes de 20 años, es su primer trabajo dentro de la organización y todavía obedecen las indicaciones sin chistar. Les pagan 150 dólares por indocumentado que logren pasar. En dos o tres años, la Border Patrol tendrá su expediente: huellas digitales, foto de frente y de perfil, registro de detenciones y breves estadías en cárceles estadounidenses; suficiente motivo para pasar a otra área menos peligrosa".

g) "Los choferes que hacen 'levantones' cobran 150 o 250 dólares por 'pollo'. Los guías, luego de burlar la vigilancia, los arriman a una curva de una carretera previamente pactada…y allí se los entregan al chofer, quien transporta a los indocumentados de la frontera a Los Angeles donde los deja en un 'clavo'".

h) "Hay diferentes maneras de cruzar la frontera, unas con más riesgo que las otras. Lo que determina el grado de dificultad es la cantidad de dinero que tengas en el bolsillo. Con más de dos mil dólares te buscan un sistema "cómodo", como por la garita, por ejemplo, pero si sólo tienes mil dólares te mandan a caminar durante tres días por el desierto o las montañas".

i) Pasar la frontera no es sinónimo de llegar a la meta. Hay otro obstáculo igual o más peligroso. La Border Patrol del área de California mantiene tres retenes permanentes: el de San Clemente y Temecula en el *freeway* 5 y uno a la altura de la ciudad de Indio, en el *freeway* 8. Existen otros retenes ocasionales…".

j) "A las camionetas les arreglan los muelles para que no se sienten… El ingenio del mexicano no tiene límites. 'De cinco viajes nos detienen uno, en promedio'".

k) "Las bandas con más equipo material y humano, que quieren reducir el porcentaje de detenciones, destinan a dos o tres personas a que estudien los movimientos de los agentes de los retenes…".

l) "Un repartidor no debe de trabajar solo. También hay bandas que se dedican a asaltar 'clavos', que aprovechan que los otros hicieron todo el trabajo y se quedan con toda la ganancia".

m) "Pese a los riesgos, el 'clavo' es un eslabón fundamental en la cadena que debe recorrer el 'pollo'. Es el consulado de la calle 'Cagüila'. El indocumentado que llega a este lugar bien y logra salir 'pa'l norte', abandona por fin la república de los 'polleros'". (1-6)

Estos datos sirven de referencia a los obstáculos que tienen que superar los personajes en "Muerte y esperanza en la frontera norte". No obstante, la inclemencia del clima gélido en las montañas impide que el grupo de aspirantes a indocumentados cumpla con su objetivo. El coyote en este caso se comporta "a la altura" ya que les sugiere: "lo mejor será regresarnos" (46). A pesar de esta advertencia, el grupo decide continuar, pues: "En ese momento ellos ya estaban en Estados Unidos, ya habían recorrido lo peor del camino. Lo demás tendría que ser lo de menos. ¿Qué nos hace una helada, un poquito de frío? Las piernas temblaban y las manos estaban entumidas… El Coyote decidió regresar, conocía bien esas tierras extranjeras. "Allá ustedes", les dijo (46). Así termina el cuento, al que le siguen nueve segmentos, ocho de los cuales son segmentos de noticias que aparecen en la prensa mexicana y estadounidense. En esos segmentos periodísticos se indica la cantidad de personas que durante una semana fallecen o son rescatadas en su intento de llegar al norte y también se hace patente una crítica a los coyotes, a la operación Guardián/*Gatekeeper* y al Servicio de Inmigración y Naturalizados (INS). El resultado es alarmante, centenares de personas fallecen y miles son rescatadas anualmente de situaciones de alto riesgo durante su intento de emigrar.

Muchas personas son mal informadas, como es caso de la gordita en "Where have you gone, juan escutia", y por lo tanto desconocen los riegos que corren cuando se intenta pasar al norte. Otras, como en "Muerte y esperanza" simplemente ignoran las advertencias y están dispuestas a arriesgar su vida por la oportunidad de encontrar empleo y mejorar su situación económica. El cuento concluye, a modo de reiteración circular de hechos que se repiten *ad infinitum*, con el párrafo inicial que encabeza el texto. El propio texto propone la circularidad de una situación que diariamente se repite en las ciudades fronterizas.

> *Central de autobuses, Tijuana, México*: Les habían dicho que en Estados Unidos había grandes oportunidades de trabajo; más que en México. Les habían dicho que no sería trabajo fácil, pero sí honesto. Les habían dicho que tendrían que viajar hacia el norte, que entrar a los Estados Unidos era complicado. Más ahora que antes, les habían dicho (48).

En el cuento de Crosthwaite como ocurre en tantos casos reales, a pesar de tener instrucciones y advertencias para cruzar la frontera, los personajes hacen caso omiso de ellos dando preferencia a la ilusión y terminan pagando con su vida. El cruce y sus consecuencias se convierten en un círculo vicioso que, como se puede apreciar en la investigación de Francisco Vázquez M., también gira en torno a negociaciones ilícitas como la de las drogas.

Al igual que el tráfico de personas, el tráfico de drogas en la frontera norte ha acaparado la atención nacional e internacional de los medios de comunicación. En "Mínima historia" Crosthwaite ofrece una parodia de la narco-cultura fronteriza representada como una situación que sucede a diario. La historia se inicia con un preludio de violencia implícita que funciona, en el texto, como un marco para la narración de los hechos. El preludio es la inserción musical del cantante asesinado Chalino Sánchez, famoso por sus corridos prohibidos en los que alababa a los narcotraficantes (se sospecha que un narcotraficante fue el asesino de Chalino).[149] La inserción musical no sólo cumple con la función de ilustrar una realidad social, sino que también enriquece el texto al establecer un diálogo entre la realidad y la ficción. Las letras de los corridos en el texto de Crosthwaite, no son una adición inocente, sino que funcionan como una analogía introductoria para los eventos narrados y los personajes. De hecho, las alusiones musicales que sirven de preludio al texto y paralelan como reiteración de un diálogo fronterizo entre vida y ficción, mito y realidad, la persecución que conforma la vida de los personajes, quienes, durante todo el cuento esperan dentro de un carro por el momento exacto para asesinar a una persona "marcada". Mientras esperan, los supuestos asesinos escuchan en la radio en su vehículo las letras de un narcocorrido. Dice el narrador: "copión canta un corrido que habla de unos tipos que persiguen a otro tipo para matarlo" (55).

Esta alusión musical sobre una persecución relacionada a las drogas, que en el cuento se da a dos planos narrativos diferentes, (y reiterada a otro plano por el epígrafe del texto), del cantante asesinado en lo que podría ser un crimen relacionado a las drogas, funciona para recalcar un aspecto cultural en la frontera que de hecho no es exclusivo de la región fronteriza. Es por eso que los llamados narco-corridos que surgen de la vida fronteriza no sólo idolatran la imagen del "narco" de Tijuana o de Ciudad Juárez sino que son dedicados a narcotraficantes a lo largo y ancho del país y muchas veces incluyen a "personajes" de Centroamérica y de Suramérica. Los narcocorridos apuntan hacia un estilo de vida motivado por ganancias económicas sustanciales, pero también articulan una actitud que resiste y rebasa las restricciones sociales, morales y de la ley. Esta actitud propone un tipo de resistencia, no sólo hacia el país vecino,

---

149 Sam Quinones en *True Tales from Another Mexico* incluye el artículo titulado "The Ballad of Chalino Sánchez". Quinones describe la muerte de Chalino "...they were stopped by armed men in Chevrolet Suburbans... Chalino talked with the gunmen for a while, then got in one of the Suburbans. It took off and the gunmen followed in the other Suburban. A few hours later, as dawn broke on May 16, 1992, two campesinos found the body of Chalino Sánchez dumped by an irrigation canal near the highway north of the town. He was blindfolded, and his wrists had rope marks. He had been shot twice in the back of the head." (22-3) "Who killed Chalino Sánchez and why remains a mystery" (28).

al fin y al cabo el principal consumidor de drogas, sino también hacia los tijuanenses que combaten el narcotráfico: la Ley. Para los que quieren actuar como "machos" (fuerte, osados, sin miedo a la muerte) y a la misma vez tener poder económico a corto plazo, el narcotráfico es una tentadora alternativa, la cual le ofrece la oportunidad de ser admirados por resistirse a la ley y por desafiar a la muerte. Se podría arribar a la conclusión de que la presencia del narcocorrido en la frontera, como la inserción de estos corridos en el texto de Crosthwaite más que cuestionar la "leyenda negra" parece apoyarla. No obstante, muchos de los narco-corridos presentan un final trágico donde la muerte se convierte en el personaje principal. Es decir que en un tipo de "danza de la muerte", ésta es la que al fin y al cabo gana. Algunos narco-corridos tienen una doble función, por un lado representan la vida de lujo y despilfarro del "narco" y por otro destacan lo breve que puede ser la vida del narco-criminal. Como el cruzar ilegalmente, la vida narco es un juego de ganar y perder que se convierte en un juego cultural de creación de imágenes y mitos. La vida narco en el texto de Crosthwaite también señala las muchas otras fronteras que diariamente tiene que cruzar el fronterizo.

En "Mínima historia" de Luis Humberto Crosthwaite se ofrece una parodia de la violencia relacionada al narco-mundo, en la que un asesino a sueldo o sicario debe de cumplir con el encargo de asesinar a como dé lugar. A menudo, este trabajo resulta en la muerte de aquéllos que se ven involucrados en el fuego cruzado; tal y como sucedió en Guadalajara en 1993 con la muerte del Cardenal Posadas. No es gratuito, por lo tanto, que en "Mínima historia", Crosthwaite haga tres referencias codificadas a la ciudad de Guadalajara: "Ésta tiene que salir bien: dos regadotas seguidas; estoy en el límite;... Chofer: ¿Y cómo fue que salió mal en Guadalajara?" (54). Estas referencias a la ciudad de Guadalajara, en el contexto de un homicidio por encargo, recuerdan el asesinato del Cardenal Jesús Posadas Ocampo en el aeropuerto Miguel Hidalgo de Guadalajara. El asesinato fue perpetuado el 24 de mayo de 1993 y repercutió a nivel nacional.[150] Además del homicidio del Cardenal y de su chofer, murieron dos pistoleros y tres espectadores. Crosthwaite recurre a la historia para reforzar lo que no es

---

150 Sebastian Rotella en el capítulo titulado "The Gang and the Cardinal" en *Twilight on the Line* describe cómo se ejecutó el crimen.

una mínima historia. Las hipótesis sobre el asesinato del Cardenal son varias y los desacuerdos en relación a éstas son aún más numerosos. Es significativo que Crosthwaite infiera una asociación entre el crimen que no se ha resuelto y el mundo de la narco-corrupción que rodea a la frontera. Los personajes del cuento se asemejan a los dos cárteles involucrados en el caso Posadas, los hermanos Arellano Félix, líderes del cártel de Tijuana y de Joaquín (Chapo) Guzmán, cabeza del cártel de Sinaloa. Estas son las dos organizaciones de narcotraficantes que se dieron cita en el aeropuerto y que, en el supuesto "fuego cruzado" dieron muerte al cardenal. Otro aspecto relevante al respecto es el automóvil en el que fue balaceado el cardenal Posadas, un Grand marquís de color blanco. En un juego entre referencias históricas y ficción, en "Mínima historia" el personaje Sujeto maneja y es asesinado en un "Grand marquís, modelo reciente" (52). Al señalar a Guadalajara como el sitio donde se encuentran los narcotraficantes y los asesinos, el texto transporta la "leyenda negra" del espacio imaginario construido en torno a la frontera, al interior de México. Con este desplazamiento se sugiere que la violencia que se le atañe a la zona fronteriza se puede llevar a cabo en cualquier ciudad de México; que, a pesar de su mala fama, la violencia no se limita a la frontera y que, por ende, cualquier ciudad del mundo podría ser escenario de tal crimen, aunque en la historia, como en el imaginario nacional, la violencia se ha asociado directamente con las ciudades fronterizas del norte de México.

 La descripción detallada de cómo el Sujeto y la Mujer rubia son asesinados saca a relucir los procedimientos de un mundo parcialmente oculto, en el que se acribillan y secuestran a personas. De esa manera el texto acerca a los lectores a los eventos que forman las experiencias cotidianas de los narcotraficantes. La persecución previa al asesinato es uno de estos ejemplos, en el que el texto juega con el detalle de que un "camión [de] cocacola" (57) iba detrás del carro del Sujeto. El hecho de que el vehículo es un camión de Coca Cola aporta un juego semántico entre las palabras "coca", abreviación de cocaína, y "cola", en el sentido de línea, de hacer cola o fila. [151]

---

[151] Cola, con el significado de línea se podría referir a la típica imagen fronteriza, de esperar en línea para cruzar a los Estados Unidos y también podría ser una línea en la que se espera (haciendo cola) para comprar cocaína. El juego es que los mexicanos venden cocaína a los consumidores estadounidenses y que Coca Cola, un producto de Estados Unidos introducido a México, era producido con cocaína.

En "Mínima historia" los vehículos son el espacio cerrado simbólico dentro del cual se desarrolla gran parte de la acción. Estos son: "una camioneta suburban azul marino, vidrios polarizados…", "una ford expedition" (51) un "Grand marquís, modelo reciente" (52) y "una cherokee color gris" (57). Los personajes, a quienes se les nombra de acuerdo a su trabajo, o narco-función, El Vigía, Líder, Chofer y Acompañante, esperan en el aeropuerto al Sujeto y a la Mujer rubia dentro de sus carros: el espacio que termina siendo el sitio donde se inicia y cumple el asesinato de los dos pasajeros. Ambos son acribillados a balazos dentro de un Grand Marquis. Luis Humberto Crosthwaite utiliza el conocimiento local de que los delincuentes y los políticos usan este modelo de vehículos como una parodia que refleja la realidad del narco-mundo y la corrupción, ya que este tipo de automóviles se ha convertido en símbolos populares gracias al frecuente uso de ellos por estas personas. Es decir, los habitantes de las ciudades o pueblos en los que frecuentemente se propagan actos violentos relacionados al narcotráfico identifican este modelo de automóviles con los "narcos" y los políticos. De igual manera, las corporaciones gubernamentales, en las que se incluyen pero no se limita a la Policía Federal de Caminos y al Ejército Mexicano, usualmente prestan más atención a este tipo de vehículos en sus retenes en busca de drogas o armas de fuego.

Lo que se observa en esta situación entre narcotraficantes y las corporaciones gubernamentales es un juego de poder, una lucha por dominar y no ser dominado, un discurso similar al que Michel Foucault se refiere en torno a la locura y la exclusión social. En este caso sin embargo, existe una diferencia importante que alude a un poder que comparten narcotraficantes y políticos (corruptos). Continuando con ese estereotipo, en la historia de Crosthwaite: un "Camión de cocacola reduce velocidad, intenta detenerse; mejor no: avanza; avanza" (57). En ese instante el conductor del camión de Coca Cola observa que el grand Marquís que contiene dos cuerpos choca contra un poste. En otra representación paródica de la vida en la frontera, el conductor decide proseguir su camino y no arriesgarse o implicarse en una situación que pudiera costarle la vida. Su reacción reitera una actitud común en una sociedad que ha sido testigo de muchas situaciones similares violentas y que trata de sobrevivir desasociándose de la ya arraigada violencia. Este tipo de apatía es una manera de discernir otras fronteras liminales en esta región fronteriza: de entender lo propio y lo extranjero de una conciencia inconsciente que se ha ido desarrollando de las muchas "líneas" que rodean la vida de los sujetos fronterizos en el norte de México.

Importa notar el hecho de que ningún personaje en este cuento tiene nombre propio, con lo que se sugiere que sus acciones son las de una población genérica: o sea, características del mundo de las drogas.[152] Crosthwaite decide caricaturizarlos por sus cargos y no por sus verdaderos nombres o quizá sobrenombres como se acostumbra entre los delincuentes. Por ende los personajes de "Mínima historia" son: Vigía, Líder, Chofer, Acompañante. Líder es de quien se ofrecen más detalles personales, esto por la reiteración del encargo que le hizo su mujer: "necesito un frasco grande de salsa para espagueti; no llegues tarde." (53). Líder representa el puente y las contradicciones entre dos mundos fronterizos, el hogar y el narco, y dentro de esos dos espacios, la necesidad de cumplir con dos encargos uno para su jefe y otro para su esposa. El conflicto emerge cuando Líder está a punto de cumplir con uno de esos encargos, el asesinato y no puede detenerse a comprar la salsa. Ese conflicto que producen ambas peticiones o trabajos que debe hacer, le crea una preocupación constante que se representa alternadamente a través del texto. El texto así alude al hecho de que los criminales narcos de la frontera llevan una doble vida; tienen que cumplir por un lado con una familia y por otro con el narco-mundo. No obstante, a pesar de que el encargo en el que le va la vida o la muerte es el asunto narco, en el cuento de Crosthwaite Líder está más preocupado por el encargo de su

---

152 La ausencia de nombres y detalles personales en "Mínima historia", con la excepción de Líder, evade la personificación y presenta el anonimato necesario de la ficción ante hechos reales que se podrían ubicar en cualquier ciudad. No obstante, la ciudad sin nombre en el texto, por sus referencias codificadas y por su geografía, recuerda a Tijuana, aunque la violencia en el texto de Crosthwaite no es exclusiva a una ciudad o un grupo de personas. El texto ofrece pocos detalles en su descripción urbana: "Bajando la loma, frente a central de autobuses" (53) y "Se baja; camina rumbo a una taquería; Tacos El Gordo" (54). El lector que esté familiarizado con Tijuana sabe que la estación de autobuses se encuentra bajando una de las tantas lomas de Tijuana y que los Tacos El Gordo es el nombre de una cadena de taquerías muy popular en Tijuana. En *Instrucciones para cruzar la frontera* de Crosthwaite no existe evidencia concreta que asocie la acción narrada a Tijuana, por el contrario, el texto parece construir un espacio liminal urbano, fronterizo, en el que simplemente hay lomas y taquerías llamadas "El Gordo". De hecho, también la ciudad de Chula Vista en California, ubicada cerca de la frontera, tiene lomas y un puesto de tacos con el mismo nombre.

esposa que por la orden de cumplir con el asesinato que está a punto de cometer. De hecho, el texto deja la narración a modo de conclusión inconclusa con los pensamientos de Líder sobre su casa y su familia: "Salsa para espagueti". Salsa para espagueti" (58), pensamientos que lo dominan e incluso que aminoran su participación en el mundo narco.[153] La violencia en esta historia es un acto implícito que se representa por medio de las órdenes de venganza de un supuesto narco-jefe. El texto aproxima al lector a ese orden de vida mediante una parodia humorística y satírica del *modus operandi* de estos individuos y de los aspectos que hacen que el sur de la frontera de Estados Unidos sea el espacio legendario del narcotráfico como de los otros elementos que componen la "leyenda negra". En la actualidad, es a raíz de este componente que se ha fortalecido lo que Price observa como una ansiedad que se ha creado en el imaginario colectivo de los Estados Unidos. Esta es una visión generalizadora que, como ya se ha notado en este estudio, cataloga a toda la frontera por igual, y por ende a todos sus habitantes como posibles participantes inminentes del narcotráfico. Crosthwaite presenta una situación narco con la que se afirman mitos bilaterales, trasnacionales, que conforman la "leyenda negra" para, a la misma vez, desde el mito, exponer una realidad no maniquea sino rizomática, compleja, híbrida de un grupo de personas que comparten un espacio y una condición de vida común en la zona fronteriza del norte de México. Esa realidad abarca tanto la violencia como la máscara del exotismo, pero también memorias locales y las experiencias de sus habitantes, un conocimiento regional de lo vivido, con lo que se disipa, en los textos de Crosthwaite, los mitos que se le impone como "esencia" cultural a un pueblo. Por medio de un acto de violencia, "Mínima historia" de Crosthwaite a su vez violenta, con la imagen de la salsa de espagueti que le encarga la mujer desde el espacio doméstico, la violencia con la que se ha definido a la frontera y los mitos que aprisionan al fronterizo, proponiéndose así un contra discurso al de la "leyenda negra". Ese contra discurso es el que señala la cara humana, la condición fronteriza, el mundo que viven los propios escritores fronterizos.

---

[153] El pensar en su casa y no el asesinato que va a cometer demuestra lo cotidiano de este trabajo.

Luis Humberto Crosthwaite lleva a sus lectores a un viaje íntimo y personal a través de la humanización de tijuanenses, turistas estadounidenses, prospectos a indocumentados, polleros y narcotraficantes, personajes que a pesar de sus diferencias se asemejan en que comparten desde diferentes miradas y realidades en diferentes momentos, el mismo espacio fronterizo. Mediante el acto trasformativo de la escritura, Crosthwaite reconstruye el ambiente caótico y superficial de la Avenida Revolución, de la zona roja y del narco-mundo para cuestionarlo sin negarlo, y para proponer a través de la propia violencia del texto (violencia que incluye también el estereotipo, la fragmentación y sintaxis) la urgencia de una revisión del proceso con el que se crean los mitos asociados a los problemas bilaterales de la frontera. Crosthwaite presenta una frontera que va más allá de las imágenes estereotípicas del "*South of the borderism*"que convierten a Tijuana en una ciudad de pecado, peligrosa, y, simultáneamente, reta la visión del "*North of the borderism*": el prejuicio mexicano que se empeña en catalogar a las ciudades fronterizas como americanizadas e incultas.

Esa subversión se da a diversos niveles y en todos sus cuentos a través de la parodia, el humor, la caricatura y la hipérbole, técnicas con las que el escritor trasmite el complejo lado humano, cotidiano y vital de la frontera norte de México. En "Por qué Tijuana es el centro del universo", Crosthwaite coloca la frontera, Tijuana, en el centro del universo y presenta al "verdadero" Adán y a la "verdadera" Eva como representantes de los tijuanenses ajenos y distantes de las construcciones foráneas que han envilecido esta región. Por otro lado, haciendo de la frontera el centro de su cosmos narrativo, y siempre pasando la frontera más allá del mito y la leyenda, en "Todos los barcos" se humaniza al fronterizo que ofrece sus servicios, así como también al visitante turista quien, en este cuento, tiene la opción de participar o no en el juego fronterizo, caso prototípico de los jóvenes turistas como Steve, Mark y Bob y aceptar o no la artificialidad del "*zonkey*" en la Avenida Revolución como la única realidad o ganar conciencia de la artificialidad y deshumanización de ese juego como parece hacer Ken. Por otro lado, en "Where have you gone, juan escutia" se ofrece un acercamiento a las personas que laboran en la zona roja que no sólo las humaniza sino que desarticula su condición de víctima dándoles agencia histórica a personajes marginados: individuos que frecuentemente subsisten en el anonimato, considerados únicamente por los servicios que ofrecen y no por sus cualidades humanas, caso opuesto al que se presenta en el texto al describir las circunstancias que motivaron al cantinero y a la gordita a trabajar en un bar. Otros personajes marginados, relacionados por el discurso nacional y anti mexicano del Norte, como son tanto los polleros como los aspirantes a indocumentados, también adquieren "voz" en los cuentos de Crosthwaite, como en el caso del relato "Muerte y esperanza en la frontera norte". Por último, como hemos visto en "Mínima historia", el conflicto que enfrenta Líder entre la vida del hogar que lo define como esposo y la vida ajena que le impone un nombre falso caricaturesco, y un papel narco, propone que el personaje de Crosthwaite es una versión similar, pero humana del falso "*zonkey*". Es decir, las rayas del personaje pertenecen al narco-mundo, al igual que el nombre que lo define por su función impersonal en ese mundo, pero su rostro humano, está ligado al hogar.

Con el humor, el estereotipo, el desdoblamiento de sus personajes y de sus textos Crosthwaite subvierte, (ofrece sub-versiones de) la "leyenda negra" como condición fronteriza y propone la localización de una cultura fronteriza, humana, como Sergio Gómez Montero sugiere, como el principio y la continuación de "un discurso de creación y reflexión" (*Tiempos de cultura* 115); un discurso que también se distancia de una frontera percibida por medio de la atracción y el temor, el deseo y la paranoia. Detrás de las "rayas" del "*zonkey*" hay una vida local fronteriza, mexicana, construida por memorias, deseos, temores, amor, odio, inocencia, conocimiento, silencio, negación y leyendas. Los cuentos de Crosthwaite proponen cruzar "la línea", a "la playa" donde, como observa Canclini, "todos los domingos las familias fragmentadas a ambos lados de las fronteras se encuentran en los picnics" (301). La construcción literaria de ese fronterizo olvidado, en el que se articulan las complexiones humanas de la hibridez cultural fronteriza, contribuirá a disipar las rayas exóticas del burro de la Avenida Revolución para rescribir otra historia, otros mitos, otras leyendas, diferentes a los impuestos por el exterior. La obra de Crosthwaite, como la de Trujillo Muñoz y la de Rosina Conde, rescribe la frontera desde la mirada del fronterizo para "contar", "recontar", "reinventar" desde la perspectiva de la propia condición fronteriza mexicana, las historias y las necesidades que han construido ese espacio humano, social, geográfico, tanto imaginario como real que es la zona de la frontera norte de México.

5

MUJER Y FRONTERA EN LOS CUENTOS DE ROSINA CONDE

La Leyenda Negra

ANUNCIADOR: ¡En esta esquina...: Con 72 kilos, 400 gramos, Manolo "El Huasteco" Ortiz, (*Mientras se escucha a Pedro Infante cantar "Yo soy quien soy", entra Manolo, saltando como boxeador.*) retador al título mundial de "La Razón me Asiste" (*Manolo se jacta de un triunfo seguro mediante gestos y señalamientos hacia sí mismo.*)..., y en esta otra..., con 56 kilos, 200 gramos, Teresa "Coronela" Gámez, (*Mientras se escucha la canción "Coronelas", entra Teresa, quien tiene nueve meses de embarazada, dando golpes al aire con los puños.*) ganadora de 95 contiendas verbales: 30 por *nock out* efectivo, 27 por nockout técnico y el resto repartido entre decisiones divididas y unánimes, a lo largo de siete años de relación intermitente...! ¡Esta noche, damas y caballeros, Manolo y Teresa se reencuentran después de seis meses de separados para pelear por la reconciliación! (Conde. "Cuarto Asalto." *En esta esquina*.... 69)

Vírgenes en potencia o fabricadas se deslizan exagerando sus formas con costillas de ballena e irradiando irrevocables su itinerario constantemente de semidiosas (Conde. "Viñetas revolucionarias".
En la tarima. 47).

Sonaron siete balazos, Camelia a Emilio mataba
la policía sólo halló una pistola tirada
del dinero y de Camelia, nunca más se supo nada.

(Los Tigres del Norte. "Contrabando y traición")

Si en la conclusión del capítulo previo se hizo referencia a la construcción literaria del fronterizo olvidado, cuya imagen ha sido opacada por la "leyenda negra", en el presente se le prestará atención a otra figura también olvidada por el discurso centralista y estadounidense sobre la frontera, la de la mujer. Los cuentos de Rosina Conde[154] rescatan a la mujer, dándole voz y agencia si no social, sí personal en contradiscurso al que la estereotipa. Ese rescate se articula en tres de sus cuentos: "¿Estudias o trabajas?"[155] en el que María Elena, la joven narradora, cuenta sus historias amorosas y laborales al margen de los abusos del hombre y la mención de algunas acusaciones relacionadas a la prostitución; en "Viñetas revolucionarias"[156] donde se narra la acción en los prostíbulos de la Avenida Revolución; en "Sonatina"[157] cuento

---

154 Rosina Hilda Conde Zambada (Mexicali, 1954) es una de las escritoras más reconocidas y destacadas de la frontera por colecciones de cuentos como: *En la tarima*, 2001 *Embotellado de origen*, 1994; *Arrieras somos*, 1994; *El agente secreto*, 1990 y *De infancia y adolescencia*, 1982. En 1998 publicó una novela titulada *La Genara*. También ha publicado libros de poesía: *Poemas de seducción*, 1981; *Bolereando el llanto*, 1993; *De amor gozoso (textículos)*. En el 2000 apareció su cuento "El silbido" en la colección titulada *Se habla español. Voces latinas en USA*. Para obtener mayor información sobre la obra y vida artística de Conde se recomienda consultar su página Web: http://www.rosinaconde.com.mx/.
155 Este cuento aparece en las colecciones *Embotellado de origen* y *Arrieras somos*.... En las próximas páginas se hará referencia al texto que aparece en *Arrieras Somos*...(1994).
156 Este relato apareció originalmente en *El agente secreto* (1990) y fue publicado de nuevo en *En la tarima* (2001), colección citada en este estudio.
157 Sonatina fue recopilado en *Embotellado de origen* (1994) y *En la tarima* (2001). Se utilizará la publicación más reciente.

en el que la trama se centra en la relación de dos lesbianas. Se analizará también, por último, "El silbido",[158] uno de los pocos relatos de Conde donde el protagonista no es una mujer y en el que se trata una temática hasta cierto punto poco característica de la cuentística de Conde: el cruce fronterizo ilegal entre México y Estados Unidos. Este cuento, sin embargo dialoga con los otros ya que en la cuentística de Conde la mujer siempre se ubica en una zona de cruce. En la mayor parte de sus textos, Conde expresa desde el panorama mayormente fronterizo de Tijuana el conflicto de poder entre géneros para señalar, entre las múltiples fronteras el fronterizo, fronteras geográficas y sexuales. Trujillo Muñoz en *Mensajeros de Heliconia*, observa sobre la narrativa fronteriza de Conde:

> …Rosina Conde se impuso, de cara a la literatura nacional, como una narradora privilegiada y como una escritora decidida a describir, desde la perspectiva de la mujer, las vicisitudes de la vida fronteriza (geográfica y sexualmente) con una carga crítica considerable y con un ojo capaz de desnudar un sistema patriarcal, autoritario, sin falsas culpabilidades o sin desgarrarse las vestiduras (450).

En efecto y como se podrá constatar en tres de los cuatro cuentos que se analizarán a continuación, una extensa porción de la narrativa de Conde refleja su preocupación por el tema del poder. Conde articula esa preocupación a través de un constante juego de cruces de límites que más que geográficos, son humanos y, especialmente, de género.[159] Asimismo, la obra de Conde presenta una constante en el juego de toma y daca con el que que la escritora cuestiona los límites establecidos por la sociedad patriarcal mexicana. Sus textos se convierten en un campo de batalla donde sobresalen recursos como la oralidad que exhibe un lenguaje directo e impregnado de mexicanismos, dichos y caló.[160] Las cosas se dicen

---

158 Este cuento fue incluido en la selección hecha por Edmundo Paz Soldán y Alberto Fuguet en *Se habla español. Voces latinas en USA*.
159 Señala Emily Hicks que: "…much contemporary Latin American literature is a literature of borders: cultural borders…, gender borders between women and men…" (xxiv).
160 Jeffrey Lamb en *Identities on the Margin: Perspectives of Cisneros, Conde, Crosthwaite and Morales* apunta referente al lenguaje que: "The fact that Conde utilizes language implies that she is adhering to the Law of the

como son, sin tapujos, tal y como dice Trujillo Muñoz en "La literatura bajacaliforniana contemporánea: el punto de vista femenino": "Rosina Conde fue la primera escritora bajacaliforniana en explorar, sin ninguna clase de cortapisas, la relación amorosa en un mundo de dominados y dominadores" (181). Ésta se hace con la intención de expresar tanto la realidad que golpea a las víctimas de una sociedad machista como a sus victimarios, ya sean hombres o mujeres. En su ensayo, "Rosina Conde: una lectura", que aparece en el *Diario 29,* Gabriel Trujillo Muñoz afirma:

> Fue la que ha tenido más ovarios (iba a decir huevos, pero mi mala conciencia no me lo permitió), para decir las cosas por su nombre, para no sacarle el bulto a la ley del deseo y sus inesperadas repercusiones y consecuencias, sobre todo en un medio, como lo es el cultural, donde la gente se jacta de su liberalismo como si éste fuera una pose que una postura ante la vida, más un espectáculo que uno toma de posición ante las realidades del mundo (6).

Por su parte Sergio Gómez Montero comenta lo siguiente sobre el lenguaje de Rosina Conde en el suplemento cultural "Identidad"del diario *El Mexicano:*

> Un lenguaje cuya esencia y construcción están al servicio del lector: se trata de que éste se centre en lo que se dice y no en el cómo se dice; al margen de que esto segundo nunca está

Father. So how can she escape the cycle?... This is no simple matter because the option might be to remain in silence or utterance, the realm before language, the realm of the mother. This silence will not, of course, successfully allow her to communicate her message. In discussing options for women, Kristeva proposes the following:

> This leads to active research, still rare, undoubtedly hesitant but always dissident, being carried out by women in the human sciences, particularly those attempts, in the wake of contemporary art, to break the code, to shatter language, to find a specific discourse closer to the body and emotions, to the unnamable repressed by the social contract (Toril 200)

It would seem that language is the unavoidable tool for her task because, even given its limitations, it is the only game in town (109).

descuidado (si así fuera, la lectura no sería, como en este caso, absorbente, total) (6).

En el intento de expresar la realidad que afecta a la mujer, sus "personajas"[161] como Conde llama a sus personajes femeninos, se encuentran en una ambigüedad, una transformación, un estado liminal con el que se arriba a una zona donde los cruces de *Borderlands* son constantes. Ese cruce no se refiriere a un cruce físico *per se* de una línea geo-política, sino a una ruptura en la que las "personajas" de Conde cuestionan el papel que generalmente les asigna una sociedad patriarcal, y consiguen traspasar la ignorancia y objetivisación que esa sociedad les asigna para convertirse en agentes de su realidad, aún cuando ésta sea limitada y sus opciones pocas. Como explica Conde en una entrevista:

> El hombre no está dispuesto a optar o a decidir ser amo de casa. Lo jodido es que a las mujeres se les exige, no se les da la opción, sino se les exige nada más a las mujeres elegir por ser amas de casa. Los hombres no quieren compartir con las mujeres ese territorio (Cota 97).

Los textos de Conde representan a las mujeres en el contexto de sus limitaciones, pero a la misma vez les brinda la posibilidad de decidir por sí mismas para así ser creaciones propias y sujetos de sus propias consecuencias. Se hace patente pues en la propia voz de sus protagonistas, el cruce de lo que Anzaldúa llama "...psychological borderlands, the sexual borderlands and the spiritual borderlands..." (*Borderlands* 19). Uno de los problemas más severos que afronta la mujer en la frontera norte de México y en el resto del país es la prostitución. Por lo tanto, las "personajas" de Conde frecuentemente se mueven en torno a los vínculos de la prostitución ya que la prostitución, uno de los componentes de la "leyenda negra" fronteriza, es una de las pocas opciones que el patriarcado

---

[161] Al preguntarle a Conde en una entrevista sobre el término "personaja" dijo: Tiene que ver con una corriente, una tendencia feminista, de feminizar las palabras y además para mí es muy económico porque no tengo que decir el personaje femenino (Cota 105).

le brinda a la mujer. Para Conde, en México: "A la mujer sólo se le dan tres alternativas: la prostitución, el claustro y la maternidad" (Cota 87).[162] Como asevera Félix Berumen en "Expresión y sentido en la poesía y la prosa de Rosina Conde", además de ser feminista, la obra de Conde, es un compromiso, "una crítica demoledora [de] las relaciones sociales que determinen el papel de la mujer" (198). En su obra, como se arguye en este capítulo, se advierte también una preocupación por la denigrante fama de la región fronteriza ya que en la cuentística de Conde la frontera y la mujer son metáforas una de la otra, y ambas siempre proponen en su obra otras fronteras ya sea de género, psicológicas, ontológicas, etc. De esta manera, no sólo estamos ante la construcción de fronteras en asociación a la figura femenina, sino que consecuentemente Conde representa y reconstruye la "leyenda negra" a través de la mujer y de ese entorno que la marca en la sociedad mexicana fronteriza que es la prostitución.

A pesar de que a primera instancia "¿Estudias o trabajas?" aparenta ser un cuento distante de los temas relacionados a la "leyenda negra" de la frontera, en éste se representa la prostitución como la única alternativa que se le ofrece a la mujer en su intento por traspasar otras fronteras de género. La prostitución como tema fronterizo, se inserta en la cuentística de Conde en el contexto de otro intento frustrante de cruzar otras fronteras, en este caso, de género. En ese sentido se podría concluir que en éste y otros cuentos de Conde la mujer es un ser fronterizo no sólo en la frontera sino en la sociedad mexicana, en todo México. Ésta es una ubicación similar a la que Guillermo Gómez-Peña representa mediante su performance del Border Brujo, la cual le brinda la posibilidad como él lo dice, de cruzar fronteras culturales, comunitarias, institucionales y territorios de pensamiento y acción (*Warrior* 29). En síntesis las perspectivas fronterizas de Conde y Gómez-Peña van acorde con las de Emily Hicks, específicamente con las ideas que ella señala referente a una escritura fronteriza que se representa y se traduce desde una multiplicidad de perspectivas (*Border Writing. The Multidimensional Text* 10).

En "¿Estudias o trabajas?" la protagonista narradora, María Elena, se ve rodeada de múltiples conflictos cuando intenta cruzar límites que

---

162 Por su preocupación con la situación de la mujer en la sociedad mexicana, la cuentística de Conde sigue la misma temática de escritoras como: Rosario Castellanos, Elena Garro, Elena Poniatowska, y otras.

se le imponen por ser mujer. La primera barrera que encuentra es la de la condición del hombre ante la mujer y su virginidad como condición social. Al tratar de establecer una relación de igual en el trabajo, María Elena termina consciente de que tanto Leonardo como Miguel Ángel la han engañado y la imagen que ambos han construido de ella, por ser mujer, ha construido también una barrera difícil si no imposible de traspasar. Con ese conocimiento reclama:

> ¡Ya ves el cabrón de Leonardo!, que según él, es muy liberal, y ahora está anulando su matrimonio por la Iglesia para poderse volver a casar de blanco (porque, has de saber, él ya se casó de blanco una vez, como si también el fuera virgencita). ¡El cabrón está divorciado y con un hijo, y anda buscando una muchachita joven y rica que le sirva de criada mientras él se realiza! (22).

María Elena, al ironizar y poner en tela de juicio la virginidad masculina, también subraya el comportamiento de la mujer ante su propia virginidad. Para poder arribar a la observación previa, había sido necesario pasar por un proceso que se inició con su temor de ser rechazada por los hombres por no ser virgen: "…yo estaba muy clavada con el Antonio y pensaba que si no me casaba con él ya no me podría casar; con eso de que ya no era virgen, creía que ya nadie más me iba a querer" (22). María Elena concluye lo anterior basándose en lo que establecen los patrones de la sociedad patriarcal y en general en la opinión del sexo opuesto. Como mencionan Patricia J. Bedolla Miranda y Blanca Elva García en su ensayo "Las relaciones de poder y violencia vinculadas al hostigamiento sexual":

> Vemos a su vez que la mayoría de las mujeres depende de la aprobación de los hombres para aceptarse: llevando una vida sexual donde complacer al otro es más importante que complacerse a sí misma. Se vive la sexualidad en términos masculinos, de ahí que muchas veces sea tan necesario el halago masculino para valorarse" (42).

La Leyenda Negra

Como constatan Bedolla Miranda y García, comunmente, en las relaciones de pareja es importante la opinión del compañero/a para crear o convalidar una imagen positiva propia. Esto se ha construido en las expectativas sociales como una necesidad para la mujer, como si ésta necesitara siempre de la aprobación del hombre para completarse, a través de complementos o de la propia satisfacción personal del hombre.

En los cuentos de Conde, esa expectativa y construcción de la imagen de la mujer, establece una frontera tan difícil de cruzar como la de la línea con los Estados Unidos. Los comentarios de María Elena, con los cuales se expresa la situación a la que están expuestos la mujer y el hombre referente a la virginidad proponen las siguientes interrogantes: ¿Por qué se le exige una virginidad a la mujer si en el hombre tiende a pasar desapercibida? ¿Por qué el hombre al reclamar la virginidad femenina, no se sale de los parámetros sociales, pero al momento que es cuestionado por la mujer, se le recrimina a ella y no a él? "La mujer es mito" (9), escribe la escritora mexicana Rosario Castellanos en su ensayo "La mujer y su imagen"; y es ese mito que se construye en torno a la mujer lo que le roba de su identidad y establece murallas difíciles de traspasar. María Elena, como la protagonista narradora en "Lección de cocina" de Rosario Castellanos, se encuentra en una zona fronteriza entre ser consecuente consigo misma, o usar el mito de la mujer que "ni estudia ni trabaja", dependiente e ignorante, para sub-vertir su condición de víctima, siempre consciente de la imposibilidad de pasar al otro lado de esa barrera.[163]

La perspectiva binaria de una sociedad machista que define a la mujer como débil, algo negativo, un ser incapaz y objeto de placer co-

---
163 Toril Moi cita a Hélène Cixous y expone la siguiente lista de oposiciones binarias:
    Actividad/Pasividad
    Sol/Luna
    Cultura/Naturaleza
    Día/Noche
    Padre/Madre
    Cabeza/Corazón
    Inteligible/Sensible
    Logos/Pathos (114).
Moi comenta que:
    Al corresponder a la oposición subyacente, hombre/mujer, estas oposiciones binarias están muy relacionadas con el sistema de valores machista: cada aposición se puede considerar como una jerarquía en la que el lado "femenino" siempre se considera el negativo y el más débil (114). Es decir que en la mayoría de los aspectos, el hombre es y será oposición a la mujer, masculino/femenino, especialmente en la relación de parejas. Siempre existirá la oposición y también lo bueno/malo o lo positivo/negativo.

labora a que rara vez se le recrimine al hombre por su vida sexual previa al matrimonio. Conde, consciente de esta situación desfavorable, le brinda a su "personaja" una visión que le permita ver más allá de los parámetros masculinos. También es enfática ante el abuso verbal y psicológico al que es sometida la mujer cuando ésta pierde su virginidad: "Y éste me hizo el numerito de que qué digna, que ultimadamente yo no era virgen y ya me había acostado con otros y qué casualidad que saliera con el Miguel, si él nomás traía puras putitas" (26). Al romper la mujer con los límites preconcebidos, se percibe como puta y se le coloca en el casillero de "las malas", de la mujer desechable. Brianda Domecq comenta al respecto:

> Aun cuando reconozcamos que, hoy en día, la mayoría de las mujeres no aspiran a emular a la Virgen, y que aceptan –gozosas pero sin gozar- la mínima salida que la religión y la sociedad patriarcales ofrecen (El matrimonio y una sexualidad casi virginal realizada con el sólo fin de procrear hijos) no por ello debemos juzgar que estas mujeres estén libres de dolorosas contradicciones. Porque después de la Virgen María, por debajo de ella en la escala de valores morales, sociales y económicos (recordemos que en muchas religiones y pueblos la dote de una virgen es tres veces la de una desvirgada) sólo hay dos tipos de mujer: la buena y la mala, la pura y la puta (separadas apenas por una letra más o menos del grosor del mismo himen... (42).

En su cuento Conde propone que aunque en la actualidad la mujer no aspira a ser virgen, como tampoco aspira a ser puta, todavía quedan muchas contradicciones y acusaciones las cuales la mujer debe de afrontar referente a su pureza y a su desempeño social. En un acto de sub-versión de la "leyenda negra" que propone que la prostitución también se encuentra al sur de la frontera del norte de México, María Elena cruza la frontera hacia Estados Unidos. Desde la perspectiva de su novio Antonio, el cruce fronterizo de María Elena también es un cruce social con el que ingresará en el mundo de la prostitución ya que irse a San Diego, será su "perdición":

Me fue a buscar a mi casa con los ojos colorados de rabia y se soltó gritando que era lo único que me faltaba, que no conforme con ponerle los cuernos con otros cabrones, que todavía me quería ir de puta a San Diego a trabajar dizque de modelo; que si no me daba cuenta de que ese trabajo nada más me iba a conducir a la perdición, porque todas terminaban en lo mismo (23-24).

María Elena no opta por la virginidad ni por la prostitución, pero sí intenta sobrevivir o apenas subsistir, en ese mundo laboral que, como se puede observar en este relato, es un mundo exclusivamente machista. Desde el momento que la "personaja" resiste e intenta destacarse de una manera honesta en el patriarcado, se expone a abusos:

> "Pero sí me saca de onda que sea tan hipócrita el cabrón y que a mí nada más me hubiera utilizado…" (22).
> …mientras te manipulan ideológicamente para que les sueltes todo lo que ellos necesitan –mientras te necesitan-, y te chupan el tiempo, y el cuerpo, y las ideas y el amor y la nostalgia y los recuerdos y tus anhelos, y te lavan el coco diciéndote que eres el camino tanto tiempo buscado. Y nomás te chupan y chupan sin darte nada a cambio… (23)

La joven María Elena sufre por los premeditados abusos de los hombres que van apareciendo en su camino. Los problemas que afronta en la cotidiana lucha laboral contra el "sexo fuerte" están siempre envueltos de engaños. Ella intentó, por distintos medios, traspasar los parámetros que le ha fijado el hombre: ser abiertamente una mujer fuerte, autosuficiente e independiente, para no sucumbir ante los embates de la sociedad, pero la Ley del Padre se impone como una frontera imposible de cruzar. Finalmente, se percata de que: "…eso de navegar con bandera de liberada o inteligente no te conviene" (27). Mejor opta por jugar el juego de los hombres y fingir ser una idiota. Así como el burro-cebra de la Avenida Revolución, María Elena aprende que su única forma de liberación está en disfrazarse de lo que no es. Opta por una actitud de resistencia, al fingir ser lo que ellos esperan y se apropia del discurso masculino, aprovechándose ahora de los hombres, en un tipo de "engaño" o enmascaramiento a modo de resistencia, y creación propia con el cual manipula su situación de víctima a su favor. Mientras ellos piensen que ella es una mujercita idiota y que no es autosuficiente económicamente, María Elena obtendrá beneficios económicos que el trabajo honesto de mujer independiente no le permite tener, ya que, según ella, sólo así finalmente le "pagan todo":

> ...ahora cuando conozco a un chavo y me pregunta ¿estudias o trabajas?", yo le contesto como pendeja: ¡"Ay!", ¡pues ni estudio, ni trabajo!", porque eso es lo que ellos quieren: mujercitas idiotas que ni piensen, ni sean autosuficientes económicamente. Finalmente, me pagan *todo*" (27). [164]

Como señalan Debra A. Castillo, María Gudelia Rangel y Bonnie Delgado en "Border Lives: Prostitute Women in Tijuana" sobre las razones por las que la mujer fronteriza se ve forzada al permanente incursionar en la prostitución, se encuentra el hecho de que:

> While many circumstances vary, most indicate that they come from the country side, often from situations of extreme poverty. Family violence (mother beaten by fathers, children beaten by parents) is common, and the women frequently seek to escape abusive homes either by forming partnerships with young men at a very early age (often as young as thirteen or fourteen) or by seeking work. They tend to fall into prostitution, which they may or may not drop in and out of over the years, in response to economic necessity propelled by the failure of a relationship or by the intolerable working conditions in other jobs. Some of the women are on their own and others have partners; most have children (403).

---

[164] Con frecuencia, esta situación y la doble función que "deberá" desempeñar de reproductora y productora, ya que existen muchas madres solteras y que también podría ser el caso de la protagonista, ocasiona que la mujer tenga que buscar empleos donde pueda combinar ambas responsabilidades y/o le otorgue una buena recaudación monetaria para sacar adelante a su familia. Muchas veces esas acciones o expectativas terminan con algunas esperanzas de la mujer y finalmente la convierten en víctima o cómplice del patriarcado y en otros casos, le abren las puertas a la prostitución, a la "leyenda negra".

A pesar de ser acusada de puta, por ahora María Elena no necesita recurrir a una prostitución abierta y organizada, aunque sus condiciones laborales y amorosas han sido desesperantes e intolerables. Como comentan Elena Azaola y Cristina José Yucamán en su libro *Las mujeres olvidadas*: "...en realidad, la prostitución ha sido ante todo una fuente de trabajo y, en casos excepcionales, el origen de un pequeño poder" (39), situación similar a la que Conde presenta en "Viñetas revolucionarias" y, desde otra perspectiva social y de género, en "Sonatina". No obstante, María Elena sí se prostituye cuando, al intentar ser modelo, se vende primero como un objeto que Miguel Ángel ofrece a otros hombres con el fin de agilizar los trámites de la compañía, y después para que, explica ella: "le paguen todo". A fin de cuentas, la intención de Miguel Ángel había sido ganar dinero, subyugar a la mujer, hecho con el que sobresale una prostitución endémica de la situación y el mito que crea la imagen de la mujer, según Rosario Castellanos. En "La mujer y su imagen" en *Mujer que sabe latín...* Castellanos escribe:

> A lo largo de la historia (la historia es un archivo de los hechos cumplidos por el hombre, y todo lo que queda fuera de él pertenece al reino de la conjetura, de la fábula, de la leyenda, de la mentira) la mujer ha sido, más que un fenómeno de la naturaleza, más que un componente de la sociedad, más que una criatura humana, un mito (9).

Consecuente con las observaciones de Castellanos, Conde representa esas otras fronteras sociales complejas que hacen de la mujer un mito, a la misma vez que subvierte esa mitificación, representado y alterando las expectativas sociales. En "Viñetas revolucionarias", por ejemplo, Conde regresa a la zona de la frontera norte para representar cruces fronterizos partiendo del ambiente de la Avenida Revolución, cuna de la "leyenda negra". En este relato se plasma de manera muy sucinta el papel de la mujer, en su entorno de centros de *floor show*, como una más de las facetas de la ciudad de Tijuana que la identifica con su mala fama. Como observa Santiago Vaquera-Vásquez, la estructura del relato apunta hacia ese ambiente nocturno que atrae a los turistas a Tijuana:

Narrated in the third person, "Viñetas revolucionarias" moves in a fragmentary fashion from strip club to strip club, capturing brief images from each one. The story is arranged in 8 vignettes and one epilogue, each one functioning as a snapshot in a nocturnal city. Interspersed with the strippers are music lyrics and the doormen who try to entice customers into the clubs. Compositionally, the story is organized as a strip club performance: there are two strippers, followed by a break-the first is the emcee singing a song-two strippers, another break-a musical number-two strippers, and the epilogue (138). [165]

Tomando en cuenta la observación de Vaquera-Vásquez y la progresión de las viñetas, también podríamos advertir que Rosina Conde emplea lo que pudiera parecer una estructura fragmentaria para destacar aspectos personales de las *strippers* y los clientes. Las narraciones evocan la memoria del público varonil que asiste a estos espectáculos. Parece claro que la narración fragmentaria en este texto se relaciona a la recolección parcial de las experiencias vividas en esta ciudad: primero la sexy y aparentemente ingenua "Virgen, aún virgen" (36); posteriormente Lyn Su, "la diosa extravagante" (36); a continuación a manera de intermedio una "bella cancioncita" (37); el turno es de Zoraida quien "se abre de piernas sobre el piso" (38); enseguida aparece Mariela quien se prepara meticulosamente para su acto (39); con la invitación a comer del maestro de ceremonias, aparece la intensa Micaela "it's the moment for... lunch time!" (40); se reanuda el espectáculo con la presencia de un travesti, "Alta e imponente, la Darling..." (42); el último acto de sensualidad está a cargo de Zarina quien cree estar embarazada, "estoy panzona" (43); para concluir, el texto ofrece un epílogo que, entre otras cosas, muestra la competitividad entre los anunciadores que tratan de atraer espectadores, implícitamente del norte, afuera de los centros de *strip tease*, "¡Camín, sir, camín, sir! ¡Biutiful señouruitas" (47).

---

[165] La estructura del cuento también alude a la ansiedad del espectador que aquí se asocia con el turista de paso que avanza en su trayectoria por estos establecimientos. Se justifica así que conforme progresa el relato, las viñetas, los *strip shows*, en su mayoría, adquieran paulatinamente un carácter narrativo más prolongado. Como ejemplo se puede consultar la primera viñeta que no se extiende más de una cuartilla y la octava, la última, que casi abarca cuatro cuartillas. También hay un incremento en la sexualidad. Cada prostituta es más que la anterior hasta llegar a la última, a Zarina, quien es el contrapunto de la Virgen.

La Leyenda Negra

"Viñetas revolucionarias" funciona como un texto subversivo de la "leyenda negra" (en torno a la mujer/frontera) gracias a la humanización recurrente de las *strippers*, además de la sugerencia implícita de que estas mujeres son objeto de placer para los visitantes estadounidenses. Los elementos de la "leyenda negra" se hacen patentes por medio del enmascaramiento o disfraz de las bailarinas y de una ciudad que se prostituye para explotar el turismo. No obstante, la máscara es doblemente engañadora. Veamos cómo se presenta esta situación en el texto. Para iniciar el peregrinaje por los prostíbulos de la Avenida Revolución el texto presenta primero la cuidadosa preparación o enmascaramiento de la protagonista, la Virgen, como *performance* narrativo, a modo de inversión de su acto. Aquí la Virgen se pone su máscara para después descubrirse en el *performance* de su baile. En el escenario debe de lucir impecable, cubrir cualquier imperfección con maquillaje, agrandar sus pestañas con rímel y tal vez, tiene tiempo de pensar, "habría que comprar esa crema para hacerlas crecer y más abundantes" (35). Todo con la intención de parecer "sensualmente bella" (35), transmitir su jovial papel de virginidad no sólo ante su público, sino en su vida personal: para satisfacer a su presunto novio, Pablo, quien vendría a verla. Esta imagen, como apunta Vaquera-Vásquez, es una máscara, parte de su actuación, una mezcla de sensualidad e inocencia, aplicada de la misma manera que su maquillaje (139) con la que:

> Habría que bajar lentamente la escalera, apretando las piernas sin ver al público; con la cara en alto, muy alto, cruzando las rodillas para esconder aquello con los muslos, dar la vuelta por el escenario a lo sumo tres veces jugando con el cabello y volver a subir marcando el paso con las caderas (Conde 36).

Castillo y Tabuenca Córdoba, en *Border Women. Writing from la frontera*, recalcan la elección de Conde de verbos y tiempo –"vendría," "habría que ser," "habría que bajar" con lo que Virgen muestra un coqueteo entre bajar a la tarima o permanecer en su camerino y no llevar a cabo su espectáculo virginal. Sin embargo, una vez más Virgen cruza la frontera de su ambigüedad y "se asoma por la escalera" (36), (134). La

Virgen va a presentarse como lo que no es, pero se espera que sea, hecho que la asemeja a la frontera norte de México, ya que ambas se cuidan de representarse en la imagen de su mito. La mujer fronteriza y otros personajes que laboran en la Avenida Revolución, alimentan una imagen preconcebida por unos y explotada por otros, pero ésta es una imagen que, como se verá más adelante, las "personajas" de Conde invierten para ser coherentes consigo mismas, para cuestionar y a la misma vez utilizar concientemente su propio enmascaramiento como método de sobrevivencia. Es decir, y como señala Rosario Castellanos al final de su artículo "La mujer y su imagen", a pesar de todo:

> La hazaña de *convertirse en lo que no se es* (hazaña de privilegiados sea el que sea su sexo y sus condiciones) exige no únicamente el descubrimiento de los rasgos esenciales bajo el acicate de la pasión, de la insatisfacción o del hastío sino sobre todo el rechazo de esas falsas imágenes que los falsos espejos ofrecen a la mujer en las cerradas galerías donde su vida transcurre (21).

La farsa continúa, ahora a cargo del doble enmascaramiento de Lyn Su quien de inicio aparenta ser "una diosa extravagante" por medio de movimientos tahitianos y el esfuerzo de la banda por sonar "lo más chino, japonés u oriental posible" (36). Una vez que se despoja de su atuendo oriental, muestra otro disfraz y se convierte en "la reina de la rumba" (36-37). El público, en su mayoría de Estados Unidos, "estalla": "Los *marines*, recuperada el habla, gritaban *more!, more!*". "Las dimas y las coras gringas empezaron a sonar sobre el parquet de la tarima..." (37). Lyn Su culmina su presentación marchándose e ignorando el aclamo de los *marines* de "*more!*" Esta actitud denota la intención de permanecer sólo el tiempo necesario para presentar su espectáculo y dejar a su público eufórico, reacción que implícitamente debe generar mayores expectativas, deseo, y que motive el consumo de bebidas alcohólicas las cuales acentúan la liminalidad del espectáculo, que aquí es, no sólo la mujer espectáculo sino el espacio fronterizo. El siguiente número es una "bella cancioncita" a cargo del maestro de ceremonias como para calmar un poco los ánimos. No deja de llamar la atención que aún en este número continúa el enmascaramiento, la construcción de la frontera esta vez por el hecho de que la canción, al igual que las caracterizaciones de Lyn Su, aluden a culturas extranjeras, el exótico Oriente y la exótica España flamenca: "Granada, tu tie-rrestá lleena de lindas mujeres..." (37)[166] El escenario queda listo para el siguiente show.

En la próxima viñeta el espectáculo carnavalesco está a cargo de Zoraida, disfrazada de ninfa:

> ...veinte gasas blancas penden del collar de plástico que simula perlas; frotan entre sueños de luz negra, y se pegan al cuerpo estilizado y brillante. Los pezones, de color platino, hacen juego con la armadura que carga sobre su pubis, ostentando un león fiero con grandes ojos de fuego, colmillos de coral y una larga lengua roja que baja y la aprisiona hasta las nalgas (38).

En esta viñeta Zoraida invita a un adolescente de dieciocho años a que suba a la tarima, para que cruce esa frontera que es la de su cuerpo, el cual el resto del público masculino está ansioso de violentar. No obstante, éstos, conocedores de los códigos de este tipo de sitios, saben que sólo podrán entrar a ese espacio por petición de la bailarina. De otra manera correrían el riesgo de tener que salir del bar a la fuerza. El cuerpo disfrazado de la mujer, y el deseo que éste produce en el otro, le concede poder. El público se imagina en el lugar del adolescente: "Sus amigos aplauden y gritan desaforados al ritmo de las luces, como si fueran ellos quienes se encontraran con la belleza" (38). El joven "vestido de mezclilla y camisa jaguayana" no resiste la presión y "sale corriendo avergonzado en busca de las luces de la Avenida Revolución" (39). Por su vestimenta, el texto sugiere que el joven espectador, como los que observan el acto de Lyn Su, podría ser un turista estadounidense. Zoraida y los espectadores, todos cómplices de la mala fama fronteriza, colaboran en la derrota del joven que, como Ken en el cuento de Luis Humberto Crosthwaite, "Todos los barcos", huye del ambiente de bullicio y penumbra para salvaguardarse

---

[166] La canción titulada "Granada" fue compuesta por el mexicano Agustín Lara. Como se puede apreciar, y a pesar de ser de autoría mexicana, de nuevo se opta por continuar con el ambiente extranjero, exótico.

en "las luces de la Avenida Revolución" (39). Como Ken, el joven parece también ser víctima de la construcción fronteriza, de la que es cómplice, seducido por la frontera/mujer que lo atemoriza.

La quinta viñeta es similar a la primera de la Virgen. En esta ocasión también aparece Mariela, la protagonista aplicándose el disfraz con el que se presenta al público, arreglándose meticulosamente antes de saltar al escenario. No obstante, como señala Santiago Vaquera-Vásquez, el contraste aquí surge en el aire de fatiga que impregna el cuarto (141).

Después de discernir entre reír o llorar por el plantón de Nico, Mariela optó por abrir el estuche de malaquita, tomar un poco de talco con el índice y retocarse las ojeras y los párpados. Se miró en el espejo para comprobar que todo rastro de cansancio había desaparecido: parpadeó un poco mientras tocaba con la yema una pelusa que nadaba sobre la superficie gelatinosa del iris, y con cuidado, sacudió el exceso de polvo de las mejillas. Con meticulosidad, alineó por tamaño pestañitas y pestañotas sobre el tocador, y, después de poner a tip de pegamento, con esa misma meticulosidad las colocó una por una alrededor de cada ojo. "Tarda más uno en arreglarse que lo que se dura allá afuera", pensó; "tengo que blicharme el cabello de nuevo" (Conde 39).

Mariela revisa su rostro, su figura, su vestuario, antes de iniciar su número. Todo está en orden para entrar a la pista excepto su estado de ánimo, el cual no puede enmascarar fácilmente con maquillaje, así que abre su estuche de malaquita de nuevo pero esta vez para inhalar cocaína: otro tipo de disfraz que le ayuda a ocultar su estado emocional, su resistencia a la condición que vive. La observación de Castillo y Tabuenca Córdoba es muy perspicaz al mencionar que lo familiar y lo extraño se unen en el estuche de malaquita (136), que por un lado contiene polvo facial para cubrir las imperfecciones del rostro, y por el otro lado, el lado secreto, oculta otro tipo de polvo, cocaína. El texto sugiere que Mariela coexiste en la frontera en esos dos lados de su estuche, simultáneamente entre ambos polvos. Uno lo usa para enmascarar su rostro y el otro para cubrir su estado emocional, en una simultaneidad y ambigüedad de realidades que se entremezclan con las que Conde trata y contrasta: la realidad estereotipada y marginada ambas la mujer y de la frontera. Aquí el texto representa otro doble enmascaramiento que oculta una realidad pero que simultáneamente expone otro elemento de la "leyenda negra" que también marca la vida de las mujeres fronterizas: la drogadicción. En este caso, es una drogadicción que paradójicamente ayuda a la danzante a sobrevivir la necesidad de la falsificación de una identidad que se vende por otra.

El ambiente exótico continúa con un número musical, a ritmo de "rumba-rumba / rumba-rumbera" (40) en el que se destaca la presencia de Micaela quien "sube un pie a la mesa del *marine* jala la cabeza y la cubre..." (41). De nuevo se hace hincapié en la presencia del turismo anglosajón y de la interacción de la bailarina con éste. Micaela deja el ambiente preparado para que continúe circulando "la cerveza, el tequila, el ron con Coca Cola, los clamatos..." (41) y para que se reanude el espectáculo con la poderosa Darling. Ésta con "los ojos, que se esconden bajo unas largas pestañas postizas" (41) y con el exceso de plumas que cubren parcialmente su cuerpo, enloquece a los "quinientos ojos afiebrados" (42) al punto que motiva a un hombre a subirse a la pista y darle un ardiente y prolongado beso ante el furor y la admiración del público. El epítome de la farsa revela triunfante su secreto: "La Darling avienta penacho y lentejuelas y, sonriente, triunfante, muestra de lleno el fletap y un pecho plano y brillante ante los ¡ohes! Estupefactos de sus admiradores." (43). El público, al igual que el lector, se sorprende con el desenlace, y se crea un ambiente de repudio y asco, especialmente hacia el hombre que besa apasionadamente a la Darling, un travesti. Como reacción del público, "Un hombre vomita" (142). En este caso el victimario se convierte en víctima dentro de la complejidad rizomática de la frontera. Heriberto Yépez en "Tijuana. Procesos de una ciudad de ciencia ficción sin futuro" comenta que:

> Los travestis, *by the way*, son uno de los rasgos de la vida nocturna de Tijuana. En la Avenida Revolución –sí, la Revolución mexicana terminó hecha una pintoresca avenida para turistas- algunos antros tienen que colocar anuncios que dicen "Real Women

Here", y los laboratorios del centro colocan en sus cristales el letrero "Papanicolao SÓLO para mujeres". En Tijuana parece que nadie quiere ser quién es (39).

Así como la Darling quiere ser alguien más y esconde un secreto, Zarina en la última viñeta, la más extensa, sospecha que está embarazada e intenta ocultar su estado a pesar de que no puede contener el antojo de comer papas que le causa la preñez:

> Papas. Su mente sólo pensaba en papas; le valían madre los carteles y las fotografías y los clientes y todo lo demás. Ella sólo quería papas: papas-a-la-francesa, papas-cocidas, papas-asadas, papas-al-horno-con-mayonesa-o-mantequilla, papas-con-huevo, papas-con-chorizo... En fin: papas. No le interesaban la fama, ni ser el centro de atención ni codiciada. Quería papas, papas y más papas. Hartarse, enfermarse, morirse de papas. ¿Cómo era posible que los hombres, y algunas mujeres, no pudieran comprender lo que es tener antojos? (43).

Otro síntoma de esa condición humana que esconde es el asco que siente por todo, hasta por sí misma: "Quería vomitar todo el asco que sentía... Vomitárselo a los clientes..." (45). Lo único que la motiva a subir a la tarima son sus hijos: "¿Tú vas a mantener a mis hijos?" (44) le responde al cantinero cuando éste cuestiona su situación. En el caso de Zarina no se hace alusión a la preparación de su disfraz por el simple hecho de que por ahora ésa no es una prioridad para ella; además lo que esconde no es una identidad, sino la condición que le ocasiona el deseo de comer papas, condición que pronto no podrá esconder tras el disfraz. Lo único que le importa es el hambre que le produce su embarazo, las papas y sus hijos. De hecho, el texto sólo hace dos leves referencia a su vestuario: "se quitó el caftán y subió a la tarima en biquini,..." (45) y que lleva mallas con la intención de ocultar imperfecciones físicas: ...embobado con el movimiento de las mallas que sujetaban la celulitis de sus piernas..." (45). Aún así, y a pesar de su asco y desconcentración, capta la atención de un vaquero atraído por sus "nalgas y las chichis aumentadas de tamaño por el posible embarazo" (45). Entabla un breve y agresivo diálogo con él durante su show para negociar sus servicios e ingresar al cuarto de arriba:

> -Entonces, ¡qué! –preguntó él.
> -Pues aviéntame con uno de a veinte y el cuarto aquí arriba –le respondió, arremedándolo, haciendo ruido con el metal.
> -¡Hecho!
> El vaquero se levantó abrazándola por la cintura, y desde su cuerpo de uno ochenta y cinco miró a Zarina, quien subía pendiendo de él por una escalera de caracol. Ella se sintió pequeñita a su lado, y se alegró ante la idea de que, tal vez, el sabor de la moneda postergaría, al final, el de las alucinadas, maravillosas y vomitables papas (46).

Vaquera-Vázquez destaca que esta viñeta es la única en que la bailarina habla con su público: "Zarina's vignette is also contrasted with the others in that she speaks and interacts with the public (143). También existe otro contraste entre esta viñeta y las otras, ya que sólo aquí se alude directamente al acto de la prostitución. El hecho de que ésta sea la última de las viñetas sugiere un movimiento hacia el acto concreto de la venta del cuerpo por una moneda que sólo temporalmente podrá aplacar el hambre y la necesidad. Con estas cortas viñetas, Conde ofrece distintas facetas, o experiencias, de las bailarinas incluyendo a un travesti en el *performance* fronterizo y el entorno donde laboran, haciendo hincapié en la complejidad de los hombres, espectadores y turistas, que construyen ese mundo.

No obstante, lo exótico de la fantasía que se monta para los turistas no lo resulta ser para los actores del *performance* fronterizo. El epílogo al cuento alude a la circularidad que se vive en la Avenida Revolución al llegar el amanecer. El peregrinaje de muchos turistas continúa, según se representa la zona en el cuento de Conde, ahora en la búsqueda de un puesto de tacos o un restaurante para comer y contrarrestar los efectos de la cruda, la resaca:

...las ostentosas letras capitulares que anuncian a las estrellas del centro no nocturno sino de por vida, quienes día y noche se presentan dejando atónitos a los turistas que a las ocho, diez u once de la mañana recorren la Avenida Revolución en busca de un restaurante para curar la cruda de la juerga de hace apenas unas horas (47).

Otros, para los que la noche nunca termina, siguen saciando sus deseos de prostíbulo en prostíbulo, ya sea comprando servicios sexuales o conformándose con un "taco de ojo".[167] Tijuana sigue operando, continúa compartiendo y expandiendo su *performance* legendario de prostitución, drogas y alcohol. No importa si es de día o de noche, ya que dentro de los prostíbulos domina la oscuridad que sólo cede paso a las luces de colores que iluminan los cuerpos de las bailarinas; el espectáculo continúa. A cualquier hora hay un espectáculo al cual acudir, como anuncia la voz que cierra el cuento:

>¡Camín, sir, camín, sir! ¡Biutiful señouruitas", grita competitivo el del centro nocturno de al lado, mostrando a los transeúntes las fotografías de las afroditas mortales de su predilección, y tomándolos del brazo para arrastrarlos por la boca que eructa síncopas excitantes y platillos timbrantes y remedadores de víboras de cascabel que los sume en la incógnita del paraíso revolucionario. "¡Camín, sir!, ¡camín, sir! ¡Chou taim nau sir...!" (47).

"Viñetas revolucionarias" presenta en el contexto de los espectáculos de *strip tease* varios aspectos recurrentes en la frontera. En primer lugar, los puestos en escena son las mujeres mexicanas y travestis que se ganan la vida en este medio, en segundo lugar, el público, en este caso masculino, es generalmente estadounidense.

"¡Camín, sir, camín! ¡Camín, sir! ¡Biutiful señouruitas!", dice el anfitrión a la entrada a los *marines* arrastrando las erres y

---

[167] En México se utiliza esta frase con frecuencia para aludir a la vista placentera de observar a una persona bella, igual que "eye candy" en inglés.

agringando el señoritas, mientras los adolescentes miran maravillados su reloj para dejarse conducir por el tipo hacia un salón que a cualesquiera hacen pensar que a las diez de la mañana o a las seis de la tarde, ya es de nuevo la noche (47).

Como señala la cita anterior, un buen número de los clientes de los prostíbulos fronterizos son jóvenes miembros de las fuerzas armadas estadounidenses. Este es un dato que constata Castillo, Rangel Gómez y Delgado en "Border Lives: Prostitute Women in Tijuana": "The Black Legend" of Tijuana as a giant brothel for U.S. tourists, soldiers based in San Diego, and transient Mexicans on their way to California's prosperous agricultural fields..." (402). En el texto de Conde cuyo título, "Viñetas revolucionarias", implica resistencia y rebelión, la escritora fronteriza reitera la imagen de los *marines* en cuatro ocasiones (37, 41 y 47). Esa reiteración, relacionada a la clientela estadounidense que caracteriza el cuento, resalta la complicidad de Estados Unidos en perpetuar y en diseminar de la "leyenda negra" de la frontera norte de México. A la misma vez, el cuento remite a sus lectores a la época de la Prohibición en la que el auge del turismo anglosajón también era bastante numeroso. En ese sentido los textos de Conde evocan, por un lado, (como se ha propuesto en el segundo capítulo) los orígenes de la construcción de la "leyenda negra" y, por otro, a la complicidad del turista norteamericano en la construcción y sustentación de la imagen fronteriza, pero, también, ofrece desde una mirada interna de la mujer/frontera la complicidad de los mexicanos que por diferentes razones explotan esta situación, y contribuyen a reafirmar los estereotipos que los define.

Como se representa en estas viñetas, las personas, hombres y mujeres, que laboran en estos centros de entretenimiento para adultos subsisten económicamente gracias a las retribuciones de sus servicios, razón por la que continúan por demanda, espectáculos como los de la Virgen, Lyn Su, el maestro de ceremonias, Zoraida, Mariela, Micaela, la Darling y Zarina. Los personajes que Conde ubica en la Avenida Revolución contribuyen y son parte de esa farsa fronteriza que, como el maquillaje de las bailarinas, enmascara el rostro de Tijuana con la sombra de su leyenda. Es una ocultación similar al de las "personajas" de Conde, como es el caso de Mariela quien con el maquillaje y la cocaína disfraza su cansancio, o el acto de la Darling, personaja/personaje cuya presentación incluye ocultar su masculinidad, o la falsa identidad oriental de Lyn Su o el doble enmascaramiento carnavalesco de Zoraida. Todas las viñetas y sus protagonistas en este texto de Conde apuntan hacia la falsedad: la intención de crear fantasías mediante el maquillaje, las luces, la música, el alcohol y las drogas. Esa ocultación de la cara que revela el texto, está asociado a lo revolucionario que desde un principio anuncia el propio título: "Viñetas revolucionarias". Es ese sentido de contradiscurso, de revolución, el que confirma el texto: "La noche…, noche eterna revolucionaria que compite con las del polo norte; noche densa, tersa, falsa; noche de luces y sombras; una sola noche de por vida, vida alegre, intensa, mansa" (47). Por un lado, la representación de la imagen falsa del burro-cebra es de por sí un llamado revolucionario que violenta y cuestiona la fantasía de la máscara. Por otro lado, se representa el "Zonkeismo revolucionario" que caracteriza lo fronterizo. Es decir, este elemento revolucionario del *performance* (la fantasía) es un juego lúdico, un coqueteo, un ocultamiento a través del cual se reduce y controla al otro; es el *striptease* no sólo de una fantasía sino de un cuerpo: el de la frontera norte de México bajo la sombra de su "leyenda negra". En este caso, Tijuana, al igual que las *strippers* participan en el juego, en la seducción de construir y perfeccionar una belleza ajena, exótica, de otredad y atracción que es la que monta una escena. Los cuentos de Conde, sin embargo, como los de Crosthwaite, presentan directa o indirectamente el lado humano de Tijuana, desde la mirada de sus "personajas" detrás de la máscara. En "Viñetas revolucionarias", es desde ese otro lado humano, en este caso, el de la mujer, lo femenino (el maquillaje, la preñez) de donde se concibe y representa el mundo falso de la Avenida Revolución, siendo tal vez el caso de Zarina el más representativo. Como observa Santiago Vaquera-Vásquez:

> In drawing on the theme of the Tijuana nightclubs, Conde appears to reinforce the "Black Legend" of Tijuana: Tijuana as a zone of prostitution, drugs, and of violence. But this is not the case. In focusing on this "masculine" theme-the city as a space

of prostitution, or as spectacle of desire-Conde subverts the black legend. In placing emphasis on the strippers, and in the employment of a direct language-most effectively used in the figure or Zarina-which does not pretend to overdramatize nor romanticize her characters, Conde demystifies one conception of Tijuana by subverting the male gaze (*Wandering Stories* 147).

Conde subvierte la "leyenda negra" como señala Vaquera-Vásquez al subvertir la perspectiva masculina que la construye mediante el acercamiento a sus "personajas" como sujetos y no objetos de ese mundo tanto real como imaginario. Con la subversión de la mirada masculina los textos de Conde desmitifican la frontera, ya que, además de la voz femenina que articulan sus personajas, como se observa en las viñetas, las mujeres son las que controlan hasta cierto punto su situación, se distancian de su *performance* y manipulan las emociones que producen en el otro: sus espectadores hombres y turistas. Vaquera-Vásquez observa que: "In focusing on the strippers, Conde, demonstrates how these women in the city, by living in a second city-the world of the clubs-survive and flourish in this space. When the men enter the club they are not entering a male dominated space, they are the ones on display, not vice versa" (*Wandering Stories* 147).

Por su parte Castillo y Tabuenca Córdoba señalan que:

> This strategy of emphasizing contortions and concealment borrows heavily from the old border image of the striptease. Using this concept of the brief and revealing performance, Conde describes an intimate moment in the lives of each of these characters. It is by definition a transitory moment, of movement and crossing. There is no attempt to "redeem" Tijuana or to provide a revisionist understanding of the sex workers' lives, as is often the case in feminocentric texts by other authors (134-35).

Ésta es una mirada femenina que desde la óptica del centro de México se convierte en mirada malinchista: la de ese México que se abre al invasor. Es una mirada que también custiona el poder y la imagen que éste le impone. Por ende, el texto le concede a las "personajas" méritos entre los que se incluyen su instinto de supervivencia, el control que ejercen sobre el público con el espectáculo que montan en el escenario, y la consciente evasión de esa fantasía al otro lado, en su vida privada. En ese sentido, las mujeres en "Viñetas revolucionarias" son metáforas de un panorama más amplio: el de la farsa, exotismo, seducción y temor que la frontera norte de México ejerce ante los Estados Unidos y el centro de México. El epílogo de "Viñetas revolucionarias" encapsula magistralmente el control que las bailarinas (anfitriones) ejercen sobre los turistas (los morigerados), y el hecho de que ambos grupos subsisten bajo la estela de "viejas leyendas eróticas": "Viejas leyendas eróticas reviven entre las penumbras de los salones pintados de negro, y los anfitriones exaltan la lujuria contenida de los morigerados" (47).

En contraste a ese cuento, y a pesar de que en "¿Estudias o trabajas? de Conde no se da una subversión *per se* de la "leyenda negra" fronteriza como en "Viñetas revolucionarias", el texto también sub-vierte una condición patriarcal que sirve de alegoría a la condición del fronterizo: atrapado entre imágenes construidas que se ve obligado a reproducir. La subversión de esa condición patriarcal es doble en ambos cuentos ya que se percibe la frontera desde la frontera, y se percibe el patriarcado desde la mirada de la mujer que, significativamente en "Viñetas revolucionarias" no parece sentirse víctima, sino que adquiere en su contexto agencia de su situación.

En otro de los cuentos de Conde, "Sonatina", la escritora representa el cruce de otras fronteras sociales para exponer desde diferente perspectiva, también de la mujer, el abuso al que se expone la mujer en una relación de pareja, cuando el control, el poder, se basa en un control económico que ejerce la mujer sobre otra mujer. En "Sonatina" la relación amorosa de Sonatina, la protagonista narradora, es con una mujer, Pilar. De inicio el título del cuento, recuerda uno de los poemas del poeta modernista, Rubén Darío,[168] como apuntan Castillo y Tabuenca Córdoba en *Border Women*:

---

[168] María Socorro Tabuenca Córdoba hace un detallado estudio en relación al poema de Darío en el capítulo titulado "La revaloración de Rosina Conde" que aparece en su libro, *Mujeres y Fronteras. Una perspectiva de género*.

"'Sonatina' ... also projects a transgressive response to Darío's now-exhausted late-nineteenth-century aesthetics modeled on the quintessence of beauty" (128).
"One of the most obvious ways in which Conde's story responds to Dario is by allowing the protagonist to express herself in her own voice" (128).

Las observaciones de Castillo y Tabuenca Córdoba son importantes para entender los juegos narrativos de este texto ya que en su diálogo con Rubén Darío, en cuya obra como indica Rosario Castellanos, la mujer es mito, se subvierte esa mitificación con la auto apropiación de una voz y agencia propia por parte de Sonatina

A un nivel de lectura, "Sonatina" parece tratar de nuevo, desde diferente ángulo, la problemática que gira en torno a la mujer y la prostitución. El texto describe en detalles las circunstancias que llevaron a Sonatina a incursionar en el ámbito de la prostitución, su iniciación en las relaciones bisexuales, las enfermedades, y otros riesgos a los que se exponen las prostitutas tales como son los abusos del sistema patriarcal en el cual se incluye a la propia policía. En esa trayectoria de Sonatina, diferente a otras de la protagonista de Conde, Sonatina termina en una relación lesbiana, en la que se repite el mismo patrón de control que sufriera anteriormente en relaciones heterosexuales.

La relación que se recalca en este cuento es la compleja relación también fronteriza, de dominantes y dominados económicamente, relación siempre de un factor determinante en la prostitución. Las dos mujeres forman un hogar en el cual habita la discordia y el dolor. Sonatina, quien en una época se dedicó a la prostitución, ahora es ama de casa. Su compañera es una lesbiana que cuenta con un buen empleo ya que es ingeniera agrónoma egresada de la UNAM, y quien tal y como lo denota su nombre, Pilar, es quien mantiene y protege a Sonatina. Así lo explica la narradora: "le gusta sentirse como mi protectora y yo la dejo. Finalmente, es mi protectora."(90). La protección y las comodidades brindadas son a cambio de continuos atropellos y humillaciones, entre ellos el encierro, las reiteraciones sobre su negro pasado de prostitución y la crítica de las amistades que hizo en esa época: "¡Qué enfado estar todo el día sola en casa!; pero Pilar no quiere que salga, tiene miedo que me agarren de nuevo, o de que me vaya con mis amigas "las putas", como las llama ella. Y sí, sí lo son, pero no hay necesidad de llamarlas así" (87). La prostitución sería la opción más factible para que Sonatina pueda escapar de su nueva prisión, la casa de su amante Pilar, ya que, anteriormente, esta actividad también la había "liberado" del hogar de sus padres: "Para cuando mis jefes se dieron cuenta que yo andaba en el talón y me corrieron de la casa, yo ya había conocido a Pilar y fue cuando me fui a vivir con ella" (89). No obstante, Sonatina opta por quedarse con Pilar.

En un momento Sonatina ingresa a la preparatoria para continuar con su educación. Pero es Pilar, quien no quería perder el control absoluto de la relación, la que logra con su actitud acusadora que Sonatina abandone los estudios. El hecho de asistir a clases durante un tiempo, hace que Sonatina se aleje del sendero de la prostitución que había tomado, pero que también se dé cuenta de su incapacidad social y laboral:

> Esa vez que no quise ir a Bahía Concepción, Pilar se quedó más tiempo del acostumbrado y yo me quedé sin dinero; sólo que entonces no me fui al talón, no sé si porque tuve miedo, o me daba vergüenza encontrarme con mis compañeros de la escuela. De lo que sí me di cuenta fue de que no sirvo para nada: no sé escribir a máquina, no sé taquigrafía, ni tengo buena ortografía, así que de secretaria no la hago. Tampoco sé coser. Por otra parte, me faltan muchos estudios como para hacerla de auxiliar de alguien. En fin, no sé hacer nada (97).

Ahora que la prostitución no es una vía de escape y que ha comprobado que la educación tampoco es una posibilidad factible para ella, Sonatina piensa que no está preparada para obtener un empleo: "El caso es que de lo único que podría conseguir trabajo sería de recepcionista o de obrera y, sin embargo, me daría miedo o hueva[169] salir a buscar en un ambiente desconocido" (97). Sonatina recurre a lo que podría parecer una evasión más de su realidad, y responsabiliza a Pilar por su falta de interés para conseguir empleo: "Estoy tan acostumbrada a vivir bien, y

---
169 En el lenguaje popular quiere decir pereza.

a lo mejor Pilar me tiene demasiado chiqueada adrede" (97). A pesar de que vive materialmente bien, el encierro al cual la ha sometido Pilar le produce una intensa soledad. Jeffrey Norman Lamb en su disertación doctoral, *Identities on the Margin: Perspectivas of Cisneros, Conde, Crosthwaite and Morales* señala la funsión que tiene la soledad en los personajes de Conde:

> Solitude is a key, recurrent and particularly unavoidable, element of Conde's discourse. 'Unavoidable' in the sense that the very process of writing or in some instance the (re)telling of the story involves a solitary act. These women are alone in language, both figuratively and literally. In this way it is from a unique position of isolation that they relate their personal journey. When a man writes he too is alone with text and language but he is in his own realm and plays out an accepted role in society (101).

Esa inconsecuencia consigo misma que la excluye de sí misma tiene como resultado la soledad. En los cuentos de Conde, la mujer, al imitar una imagen que otro construye de ella, se encuentra en la soledad del vacío que produce la inconsecuencia de la imagen consigo misma. Esta situación es similar a la de la frontera "zonkeista". Como consecuencia de esa soledad que le produce su dependencia y autoestima, Sonatina explica que ha recurrido al suicidio como modo de liberación: "Varias veces he tratado de suicidarme" (87). De hecho, lo que la protagonista considera una opción definitiva se ha convertido en otro intento frustrado de auto destrucción. Para su (mala) fortuna, es Pilar de nuevo quien la salva de la muerte obligándola a vomitar los medicamentos que había ingerido. "¿Te das cuenta? ¿Por qué nunca me podría salir nada bien?" (106). Su estado de frustración por la serie de infortunios sufridos la lleva a "resignarse" a su destino y de esa manera continuar "en una lucha por ver quién domina a quién" (107). Finalmente concientemente reconoce y plenamente acepta plenamente su papel como uno más de los objetos pertenecientes a Pilar: "…para asegurarse que me tendría aquí, como uno más de sus bellos y lustrosos muebles" (107). En última instancia, Sonatina a través del acto de reconocimiento, acepta su relación de pasiva ante Pilar como una oportunidad de activa revancha y resistencia: "porque tengo ganas de chingarla; de cobrarme todas las que me ha hecho y sigue haciéndome;..." (107). Sonatina transforma el espacio en el cual recientemente se sentía prisionera (Castillo y Tabuenca Córdoba 130) y convierte su pasividad y dependencia en armas de poder. No sólo acepta y asume su realidad sino que decide por cuenta propia las condiciones para permanecer en lo que ahora considera su propiedad: "esta es mi casa" (107).

Antes de ese momento de auto-reconocimiento de su situación, sus fallidos intentos por terminar su vida y el hecho de que continúa encerrada en una situación de absoluta dependencia bajo el control de una amante mujer, en una relación desigual, hace que Sonatina se sienta que está en una "casa que se volvía más pequeña" (36), una prisión. No obstante, esa prisión se le convierte en un sitio más ameno, factible, cuando Sonatina decide luchar por defender "su territorio" utilizando la imagen que construye Pilar de ella, para no dejarse ganar en el juego de dominación.

"Sonatina" propone un análisis sobre el dominado y el dominante al otro lado de las fronteras divisorias de géneros, en una relación en la que la mujer puede también controlar a otra mujer: en una relación en que la mujer cruza las fronteras sociales que la limitan. Pilar, dice Sonatina, "es un macho" (106). Pese al rechazo y la repulsión de Pilar por los hombres ésta se comporta con Sonatina como uno de ellos. La existencia de Sonatina parece girar en torno a una actitud machista, primero en su relación con hombres y después en su relación con su compañera, en ambos casos determinado por las limitadas opciones con las que cuenta para librarse de los abusos.

El cuento señala también las limitadas oportunidades que se le brindan a la mujer en la sociedad patriarcal mexicana y la desigualdad de los roles sociales que hacen de la prostitución a veces la única opción para las mujeres. En éste, como en otros cuentos de Conde no existe un balance entre la distribución laboral y el trato recibido por una mujer, trato que deja mucho que desear en la sociedad mexicana. La preocupación de Conde es la mujer mexicana, pero como escritora fronteriza, es el caso de la mujer mexicana como metáfora de una condición fronteriza que define a la mujer en la sociedad mexicana: de inconsecuencia cultural, desplazamiento, desigualdad, explotación, exoticismo, soledad, falsificación de identidad y resistencia o sub-versión a través de una imagen (leyenda) construida por las expectativas y deseos del otro. El hecho de que "Sonatina" no se ubique en la frontera, como las "personajas" de "Viñetas revolucionarias", propone la idea de que en México hay otras fronteras excluyentes, así como la idea de que la condición fronteriza que preocupa a Conde es también una condición de género nacional tanto en la frontera como en el centro de México, en un contexto público, como social y económico.

La situación que viven los personajes de Conde no sólo se hace presente en las ciudades fronterizas sino que también impera en el resto del país, sobre todo en la Ciudad de México, zona igualmente fronteriza de múltiples *Borderlands*, pero cuya construcción de la mala fama de la frontera norte niega la suya propia. En "Sonatina" también Pilar, oriunda de la capital, DF, critica a los hombres por ser dominantes y machistas, sin ver que ella es lo que ella critica. En este sentido, "Sonatina" apunta a otras fronteras que el mexicano precisa cruzar, como a otras zonas igualmente fronterizas que en este cuento Conde ubica en el centro del país.

El que Rosina Conde desplace la mala reputación fronteriza a la ciudad de México, propone el cuestionamiento un discurso nacional y propone una reflexión referente a las ciudades fronterizas, sobre todo porque, en este cuento, Conde ubica la prisión/hogar de Sonatina y Pilar en Ciudad de México, en Tlatelolco, en la Plaza de las Tres Culturas donde se dio la masacre de estudiantes y obreros por el gobierno en 1968; el mismo lugar donde, Cuahutémoc fue ejecutado por los vencedores, los conquistadores españoles. Al proponer en el cuento que en esta relación el dominante hombre, es mujer, rompe con los límites tradicionales del discurso mexicano sobre la conquista y la Revolución y pone en tela de juicio la idea de que el dominio es territorio exclusivo de la Ley del Padre, del género masculino. Al borrar esos márgenes en un espacio liminal de fronteras borrosas entre dominados y dominadores se sugiere que el otro es un elemento interno y propone que en esa zona fluida la víctima es también victimaria, que el débil puede ser el fuerte y que a final de cuentas la mujer termina siendo consecuente consigo misma a pesar de su situación, siempre sujeto propio, no objeto de otro.

La subversión del texto se advierte también en la representación de una realidad que los personajes, al tomar conciencia de ella, rechazan y transforman y que, a pesar de tener que ajustarse a su situación, ganan conocimiento y se definen reapropiándose de su espacio y situación. Las "personajas" de Conde logran agencia, se convierten en sujetos propios. Es decir, la figura construida adquiere vida propia, el objeto se resiste a ser propiedad o poesía y transforma su objetificación logrando ser sujeto propio, a veces convirtiéndose en victimario de áquel o aquélla que la domina. En "¿Estudias o trabajas?", "Viñetas revolucionaras" y "Sonatina" Conde problematiza los discursos de la imagen de la mujer estereotípica, para desmantelar un sistema en el que frecuentemente la mujer es víctima. La actitud de las "personajas" de Conde es subversiva no sólo porque frecuentemente traspasan los roles que la sociedad machista mexicana le ha asignado a la mujer, sino por su conocimiento de ese rol que logra manipular. Lo que a simple vista pudiera parecer una actitud sumisa, como en el caso de María Elena, de algunas *strippers* y también en el de Sonatina, es, sin duda, una actitud desafiante, una amenaza contra un sistema establecido a favor de los hombres. Las personajas de Conde al adquirir voz propia, expresan la capacidad y oportunidad de hacer sus propias decisiones. Con la representación de ese momento de autorreconocimiento y decisión, el texto desmantela el sistema patriarcal que le niega voz propia a la mujer y la construye como objeto de posesión y espectáculo: como mito. Ésta es la preocupación que Rosina Conde trabaja en muchos de sus relatos, al utilizar un lenguaje sin tapujos, a rajatabla, con el que acusa las vicisitudes vividas cotidianamente por la mujer. Con ese mismo desenfado, Conde plasma y cuestiona la pesadilla de la prostitución, la destitución, la exclusión y el dominio de la mujer.

En sus cuentos Rosina Conde no niega la existencia de la prostitución en la frontera, sino todo lo contrario. Aunque la prostitución no es el único elemento que conforma la "leyenda negra" de esta zona, ésta es la que más directamente afecta a la mujer. Como escritora fronteriza, Conde responde, como hace Crosthwaite al acto de pasar la línea y, en el caso de sus "personajas", a las consecuencias que resultan en los cruces de las *borderlands* con relación a la mujer pero también en el contexto de la zona fronteriza. En su cuento "El silbido" Conde parece distanciarse de la violencia que acecha a la mujer para presentar otro tipo de violencia fronteriza: la que muchos indocumentados viven en su intento de inmigrar a los Estados Unidos a través de la frontera mexicana-norteamericana. "El silbido" es un cuento polisémico, ya que se incluyen y omiten detalles que se prestan a diversas interpretaciones y cruces fronterizos en ambas direcciones: norte y sur. Sin embargo, y a pesar de su estructura lineal, se hace patente la capacidad narrativa de Conde por medio de la oralidad del texto que caracteriza su obra y del lenguaje fronterizo con el que impregna esta aventura justo en la frontera entre ambos países.

La trama se inicia cuando Sammy y Beto, provenientes de Tijuana, están terminando de enterrar el cuerpo del Moquillo razón por la cual aparentemente cruzaron ilegalmente la frontera hacia los Estados Unidos. Mediante el diálogo de ambos personajes, se indica que Beto mató al Moquillo por razones personales,[170] y también se puede concluir que los tres se dedicaban a alguna actividad delictiva que el texto calla. El Sammy le dice a Beto:

"No sé por qué tenías que tronarlo.
-¡El imbécil me quería echar de cabeza! –respondió Beto molesto.
-¡Cómo sabes!
-¿Y tú cómo no?
-Lo que pasa es que le tenías tirria y nomás esperabas un pretexto (105).

La actividad que el texto no especifica, ni tiene que especificar ya que los estereotipos llenan el vacío que dejan la narración y los diálogos, es la que establece un enlace entre el relato y la "leyenda negra" implíci-

---

170 Lo que no está claro es si lo mató en la franja fronteriza previo al intento de cruzarla o si lo asesinó en otro sitio de Tijuana y decidieron cargar el cuerpo y enterrarlo en el "otro lado". Un detalle que pone en duda la primera interpretación es que tanto Sammy como Beto premeditadamente traían cada uno una pala para enterrarlo. No obstante, no tiene mucho sentido enterrar el cuerpo del delito en un área que está bajo la constante vigilancia de la "migra", la patrulla fronteriza de Estados Unidos, al no ser que el acto de cruzar sea tan común y fácil que se borra la línea para crear un lugar o zona francade paso a ambos lados de la línea geo-política considerado territorio propio pese a sus riezgos.

tamente en el contexto del narco, la violencia y la corrupción como razones posibles para el crimen. Ante la ambigüedad del texto, los lectores pueden imaginar que ambos personajes podrían ser narcotraficantes, "coyotes", sicarios, etc. Lo que sí queda claro es el ambiente violento en el que se mueven los personajes en torno a la línea divisoria entre México y Estados Unidos. Jugando con los estereotipos sociales que forman parte del conocimiento previo de los lectores, es de suponer que la meta de los personajes al cruzar la línea es permanecer en los Estados Unidos una vez que hayan enterrado al Moquillo, ya que según el lenguaje coloquial de la región y las frases que usa el Sammy, se puede intuir esa intención: "-¿Ya qué que lo descubran…? Tons vamos a estar del otro laredo" (105). "¡Preocúpate por llegar al otro lado de la línea, cabrón!" (105). No obstante, el hecho de que lleven palas inventa y cancela las suposiciones ya asentadas de los lectores. Por lo tanto, contrario a esa realidad que hace noticia todos los días en la frontera, los personajes de Conde invierten el camino y regresan a Tijuana. Su retirada se ve interrumpida por la discusión entre ellos sobre las palas. El Sammy las quiere dejar donde han enterrado el cuerpo, y el Beto se las quiere llevar porque había pagado mucho por ellas, a pesar del riesgo que esto implica ya que los haría más visibles. Finalmente se aproxima el helicóptero de la patrulla fronteriza, los dos se esconden detrás de arbustos pero Beto se olvida de recoger una de las palas y ya es muy tarde para tratar de rescatarla. En efecto, lo primero que enfoca el faro del helicóptero es la pala que había aventado el Beto a escasos metros del sitio donde se escondían. A pesar de las advertencias de Sammy, el Beto patea a Sammy y corre desesperado hacia México pero el intenso polvo y el viento le limitaron la visibilidad e impidieron su huida. Llega un segundo helicóptero, y sintiéndose acorralado Beto sacó su pistola e intentó dispararles en vano. De repente:

> Un silbido rasgó el viento. Beto cayó como un costal de arena.
> Las dos vagonetas de la migra se detuvieron a cierta distancia con precaución. Los agentes bajaron en guardia con las pistolas en alto, cubriéndose tras los autos. Los helicópteros siguieron dando vueltas alrededor de Beto. Minutos después, los agentes recogían su cuerpo inerme para subirlo en una de la Ramblers (108).

Contrario otra vez a lo que se espera en una situación como ésta, el Sammy es quien le dispara y mata a Beto – por vengarse tal vez de haberlo pateado en el rostro, o quizá para que no confesara. Sammy es quien termina cruzando la frontera libremente y camina rumbo a la colonia Libertad[171] : "Miró con ironía la pistola en su mano, caliente aún". "-¡A tu salud!, "carnal" –le dijo con una mueca de burla en el rostro, y se la guardó en la chaqueta" (108). Su acción la justifica el deseo de libertad que encuentra en Tijuana a cuesta del amigo. Entre las posibilidades que intima el texto, están la que el Sammy se haya querido vengar del Beto por sus múltiples errores que por poco le cuestan su libertad, entre estos: matar al Moquillo, cargar las palas y dejar una a la vista, patearle el rostro al Sammy cuando éste intenta evitar que saliera del escondite y delatara su ubicación. Muerto al Beto, el cuerpo del otro le sirve para entretener a la migra mientras el Sammy logra escabullirse de regreso a la Libertad, México.

La polisemia y la ambigüedad del texto trasmiten al lector una sensación de confusión, desesperación y de peligro que frecuentemente vive el fronterizo, especi almente los que intentan cruzar la frontera por medios ilegales. También se destaca el clima de violencia entre delincuentes como es la relación de los protagonistas de "El silbido". De hecho, el área que le sirve de escenario al cuento es peligrosa porque en ella se concentran bandas de "coyotes" y de narcotraficantes que estafan, roban, abandonan, golpean y violan a los aspirantes al sueño americano. Lo más lamentable es que generalmente las personas saben del riesgo que corren al internarse en ese territorio pero pasan desapercibidas las advertencias en busca de una mejor vida. Una vez más, como en los relatos anteriores, la subversión surge del propio acercamiento del texto a los personajes involucrados en la cotidianidad fronteriza. Conde recalca lo peligroso que resulta cruzar la frontera al compartir, a ritmo vertiginoso, la sensación de desesperación, inseguridad e impotencia de la que son presa el Beto y Sammy; recuerda que en ese cruzar, cuando las personas son descubiertas, la salvación es huir hacia México, su país, donde no son ilegales, para aspirar a otra posibilidad de pasar a los Estados Unidos.

---

171 Colonia que colinda con el cerco fronterizo.

En este cuento Conde no sólo parece invertir las razones para cruzar la frontera, sino también la dirección hacia la cual corren los ilegales. Es posible que en primera instancia, la meta haya sido cruzar a los Estados Unidos, pero al complicarse la situación con la presencia de la migra, se invierte la dirección y se intenta regresar a Tijuana. Esa inversión es simbólica ya que la zona en México hacia la cual intenta escapar Beto y hacia la cual escapa Sammy lleva el nombre de Libertad. No obstante, lo que resalta en la representación del homicidio en la zona fronteriza que representa Conde es la condición de paranoia, de acecho y venganza de los personajes que establece una zona liminal de relaciones en la que Beto, victimario de su cuate, el Moquillo, termina siendo víctima del otro cuate, el Sammy. De nuevo se observa desde otra óptica la tensión que crea Conde en la relación de dominadores y dominados en un constante cruce de fronteras. Así como la mujer es la que domina a la mujer en "Sonatina", el peor enemigo del personaje en "El silbido" es el cuate, su "carnal". La frontera y lo fronterizo se proponen como metáfora para la condición rizomática de las interrelaciones humanas.

En "El silbido" no sólo se cruza físicamente la frontera entre México y Estados Unidos sino que también se desplaza la línea de demarcación en la actividad de los personajes. Los textos de Rosina Conde violentan las fronteras geopolíticas, de género y de poder, y en "El silbido" se cruzan inclusive las fronteras de lealtad. En este traspazo de fronteras, en los relatos de Conde, los personajes "dominados" resisten y rompen los límites y/o estereotipos establecidos por la sociedad, y son sorpresivamente espontáneos y fuertes en cuestionar, al igual que la escritora en sus textos, las barreras que los excluyen, así como las imágenes que se les impone. Esa resistencia, como la resistencia que los escritores fronterizos observan en la reapropiación de su territorio a través de la imitación y parodia de sus estereotipos, parece ser pasiva, no obstante, en su complicidad rizomática, es una pasividad "revolucionaria" con la que se desautoriza al dominante y se le controla a través de las propias fantasías de sus expectativas y demandas. Ésa es la resistencia popular que no sólo se articula en expresiones literarias fronterizas de escritores como Trujillo Muñoz, Crosthwaite y Conde, sino a la que también se le ha dado voz en una cultura popular que emerge y se transforma según las condiciones a ambos lados de la línea fronteriza. Esa es la resistencia que se articula en corridos populares como los de Vicente Fernández:

"La migra a mí me agarró,
trescientas veces digamos,
pero jamás me domó,
a mí me hizo los mandados,
los golpes que a mí me dio,
se los cobré a sus paisanos"
(Los mandados, Vicente Fernández).

CONCLUSIÓN

La Leyenda Negra

El hecho de que México y Estados Unidos compartan una frontera que no sólo divide dos naciones sino que también establece una diferencia basada en hegemonías entre dos mundos, tiene implicaciones que generalmente desfavorecen al país del sur. Mediante la separación, Estados Unidos conceptualiza a México como ese Otro, es decir, inventa la imagen de ese país para excluir y continuar con su intento de barbarizar a los mexicanos con el fin de ensalzar su propia imagen. Éste es un discurso similar al que se da entre Oriente y Occidente como muestra Edward Said, así como ha señalado Norma Klahn, en el que se construye la imagen del otro basándose en un esencialismo occidental. Esta proyección del otro también surge como parte del discurso de poder y de la exclusión social que propone Michel Foucault; proyección en la que suprime a los indeseados para que los "privilegiados" se sientan superiores y libres para ejercer y justificar su autoridad. Las ideas de Foucault se pueden aplicar a la frontera ya que como se ha visto en el segundo capítulo, las tensiones entre México y Estados Unidos culminaron en una guerra que tuvo como resultado la pérdida de un vasto territorio mexicano y la construcción de una nueva frontera entre ambos países. Como se señala en este estudio, éste fue el momento en el que se da la ruptura y en el que se construye un discurso hegemónico centralista mexicano y estadounidense en torno a la nueva frontera. Ante la preocupación por la exclusión e invención del Otro, los escritores de la frontera norte de México, desde su hibridez, se resisten a aceptar las concepciones ajenas al territorio fronterizo norte de México. En sus textos cuestionan, rechazan y reescriben la percepción de Estados Unidos así como también la del centro de México.

Gabriel Trujillo Muñoz, Luis Humberto Crosthwaite y Rosina Conde desautorizan en sus textos las imágenes peyorativas del centro de México y de Estados Unidos referente a su tierra natal bajacaliforniana. En sus textos no niegan la violencia que marca la vida cotidiana en la frontera sino que, partiendo de la realidad vivida, presentan otra versión desde la mirada del fronterizo de esa realidad: es decir, otra cara del territorio fronterizo. Los tres escritores, partiendo de historias locales y de memorias colectivas reescriben la frontera norte de México para incluir, reevaluar y cuestionar las construcciones hiperbolizadas que han dominado la caracterización de la zona bajo la "leyenda negra". Esa reevaluación ha llevado a discurrir en el concepto de frontera más allá de la frontera, como una reflexión de la sociedad mexicana y, sobre todo, de la Ciudad de México como espacio fronterizo, híbrido, de múltiples conexiones e interrelaciones rizomáticas.

La construcción e imposición de la "leyenda negra" en la frontera norte de México con Estados Unidos ha sido tan persistente que aparenta ser endémica de la región. Ésta es una de las razones por las que los escritores mexicanos fronterizos discutidos en el presente trabajo, se aproximan a este territorio por medio de textos que representan elementos de la "leyenda negra", en los que también se representa a la frontera y a la mujer como metáforas una de otra. En el caso de los textos de Conde esa metáfora subvierte e invierte la óptica con la que se ha definido esta región para proponer otra versión, una que se aparte del malinchismo, es decir, de la mirada centralista mexicana. En el caso de Trujillo Muñoz, esa óptica fronteriza se hace patente por medio del regreso, del rencuentro del fronterizo con su propio espacio como alegoría del propio proceso del escritor fronterizo que escoge la frontera como tema principal de su obra en un afán de descifrar ese espacio en su condición humana: una frontera que es tanto geográfica como imaginaria. Por su parte, Crosthwaite subvierte la "leyenda negra" fronteriza para rescatar el lado humano de esa región; y Conde ofrece la frontera como metáfora de la mujer y a la mujer como sujeto fronterizo en todo México, siempre limitada por líneas divisorias, excluyentes, que sus "personajas" intentan cruzar. A pesar de esa tensión y limitaciones que mantiene a la mujer mexicana en una condición fronteriza, Conde le otorga agencia propia a sus "personajas" como también al fronterizo.

Los escritores seleccionados para este estudio no son los únicos cuyos textos comparten una óptica fronteriza. Están también los miembros de la Generación X, llamados los Novísimos, entre los que se destacan Rafa Saavedra (1967) y Heriberto Yépez (1974) de Tijuana y Alejandro Espinoza (1970) de Mexicali. Queda por hacerse un estudio más extenso que incluya la narrativa de estos escritores jóvenes bajacalifornianos en su aproximación al territorio fronterizo del norte y en la representación literaria de la "leyenda negra" desde una óptica fronteriza mexicana. Por ende, este estudio espera aportar un instrumento novedoso a la crítica de la frontera norte de México; uno que, partiendo de la "leyenda negra" de este territorio, permita un análisis de la representación, subversión y resistencia de imágenes negativas impuestas sobre la frontera en las letras bajacalifornianas contemporáneas:

> Ya me gritaron mil veces
> que me regrese a mi tierra
> porque aquí no quepo yo.
> Quiero recordarle al gringo
> yo no crucé la frontera,
> la frontera[172] me cruzó.
> América[173] nació libre
> el hombre la dividió.
> (Los Tigres del Norte. "Somos más americanos").

FIN

---

[172] La Malinche violada.
[173] El conquistador

BIBLIOGRAFÍA

Alurista, Herberto Espinoza, Pedro Gutiérrez Revuelta, d. j. Lind Espinoza, Vanesa Nieto-Gómez, and Xelina, eds. *Literatura Fronteriza: Antología del Primer Festival*. United States: MAIZE Press, 1982.

Anaya Rudolfo A., Francisco Lomelí, eds. *Aztlán Essays on the Chicano Homeland*. New Mexico: El Norte Publications/Academia, 1989.

Anderson, Benedict 1991. *Imagined Communities. Reflections on the Origin and Spread of Nationalism*. New York: Verso.

Anderson, Mark Cronlund. *Pancho Villa's Revolution by Headlines*. United States: University of Oklahoma Press, 2000.

Anzaldúa, Gloria. *Borderlands La Frontera*. United States: Aunt Lute Books, 1999.

---. "Chicana Artists: Exploring Nepantla, el Lugar de la Frontera". *The Latino Studies Reader*. Great Britain: Blackwell Publishers Ltd, 1998.

Arwari Tracy. "El narcocorrido: Cantando de la frontera." *Divergencia revista de estudios ligüísticos y literarios* 2 (2004): 99-107.

Astorga, Luis. "La cocaína en el corrido." *Revista Mexicana de Sociología* 2 (2000): (151-73).

---. "El traficante de drogas: la identidad en construcción." *El cotidiano: Revista de la realidad mexicana actual*. (mayo-junio 1999): 98-103.

Azaola, Elena, y Cristina José Yacamán. *Las mujeres olvidadas*. México: El Colegio de México, 1996.

Bayardo, Patrico. *El Signo y la Alambrada: Ensayos de Literatura y Frontera*. México: Editorial entrelíneas, 1990.

Beaupied, Aída. "Ironía y los actos de comunicación en "Las dos doncellas"." *Anales cervantinos*. Madrid: 1983. 165-176.

Bedolla Miranda, Patricia J. y Blanca Elva García y García. "Las relaciones de poder y violencia vinculadas al hostigamiento sexual." *Estudios de género y feminismo II*. Eds. Patricia Bedolla, Olga Bustos, Gabriela Delgado, Blanca García y García, y Lorenia Parada. México: Distribuciones Fontarama, S.A., 1993. 37-48.

Bhabha, Homi K. *The Location of Culture*. Great Britain: Routledge, 1994.

Bhaduri, Amit. *On the Border of Economic Theory and History*. United States: Oxford University Press, 1999.

Bonifaz de Novelo, María Eugenia. "El trazo y monumentación de la línea divisoria internacional." *Una visión histórica de la frontera Norte de México. Tomo I La frontera en general*. Comp. Piñera Ramiréz, David. México: Editorial Kino, 1994.

Bringas, Nora L., y Jorge Carrillo V. cods. *Grupos de visitantes y actividades turísticas en Tijuana*. México: El Colegio de la Frontera Norte, 1999.

Britton, John A. *Revolution and Ideology. Images of the Mexican Revolution in the United States*. United States: The University Press of Kentucky,

1995.
Burroughs, William S. *Junky: 50ᵗʰ Anniversary Definitive Edition*. United States: Penguin Books: 2003.
---. *Queer*. United Status: Viking: 1985.
Bustamante, Jorge A. *Cruzar la línea. La migración de México a los Estados Unidos*. México: Fondo de Cultura Económica, 1997.
"Cámara de Diputados H. Congreso de la Unión." *Ley federal de juegos y sorteos*. Nueva ley publicada en el Diario Oficial de la Federación el 31 de diciembre de 1947.
    <http://www.cddhcu.gob.mx/leyinfo/pdf/109.pdf.>.
Campbell, Federico. *Tijuana Stories on the Border*. United States: University of California Press, 1995.
Campbell, Ysla comp. *Estudios de Literatura Mexicana IX Encuentro Nacional de Escritores de la Frontera Norte*. México: Universidad Autónoma de Ciudad Juárez, 1998.
Carballal, Manuel. "Entrevista a Salvador Freixedo. El jesuita rebelde". *mundomisterioso.com* VI (X). 20 July 2006
    <www.mundomisterioso.com>.
Castellanos, Rosario. *Mujer que sabe latín*. México: Fondo de Cultura Económica, 1997.
---. *Poesía no eres tú*. México: Fondo de Cultura Económica, 1997.
Castillo, Debra A. "Unhomely Feminine. Rosina Conde." *The Effects of the Nation. Mexican Art in the Age of Globalization*. Ed. Carl Good and John V. Waldron. United States: Temple University Press, 2001. 178-95.
Castillo, Debra A., María Guidelia Rangel Gómez and Bonnie Delgado. "Border Lives: Prostitute Women in Tijuana." *Signs*. 24 (Winter, 1999): 387-422.
Castillo, Debra A., and María Socorro Tabuenca Córdoba. *Border Women. Writing from la frontera*. United States: University of Minnesota Press, 2002.
Castillo Elias and Peter Unsinger. "Mexican Drug Syndicates in California." *Organized Crime & Democratic Governability*. Ed. John Bailey and Roy Godson. United States: University of Pittsburgh Press, 2000. (199-216).
Cirlot, Juan-Eduardo. *Diccionario de símbolos*. Colombia: Grupo Editor Quinto Centenario, 1994.
Clifford, James, y George E. Marcus. *Writing Culture. The Poetics and Politics of Ethnography*. England: University of California Press, 1986.
Conde, Rosina. *Arrieras somos...* México: Difocur, 1994.
---. *Bolereando el llanto*. México: Consejo nacional para la cultura y las artes, 1993.
---. "Cuarto asalto." *En esta esquina...* México: Universidad Autónoma de Baja California, 1991.

---. *El agente secreto*. México: Universidad Autónoma de Baja
   California, 1990.
---. "El silbido." *Se habla español. Voces latinas en USA*. Eds. Edmundo Paz
   Soldán y Alberto Fuguet. México: Alfaguara, 2000. (103-8).
---. *Embotellado de origen*. Consejo nacional para la cultura y las artes, 1994.
---. *En la tarima*. México: Ediciones Ariadne, 2001.
---. *La Genara*. México: Consejo nacional para la cultura y las artes, 1998
---. *Women on the Road*. United States: San Diego State University
   Press, 1994.
Cota, Edgar. "Análisis de voces y temas en "Arroz y Cadenas" de Rosina
   Conde." *Proceedings of the Pacific Coast Council on Latin American
   Studies*. Fullerton: California State University, Fullerton, 1999.
---. *La narrativa de Rosina Conde: lenguaje, voces y temas*. Master Thesis.
   San Diego State University, 1998.
Cravey, Altha J. *Women and Work in Mexico's Maquiladoras*. United States:
   Rowman & Littlefield Publishers, Inc., 1998.
Crosthwaite, Luis Humberto. *Estrella de la calle sexta*. México: Tusquets
   Editores, 2000.
---. *Idos de la mente*. México: Editorial Joaquín Motriz, S. A. de C. V., 2001.
---. *Instrucciones para cruzar la frontera*. México: Editorial Joaquín Motriz,
   S. A. de C. V., 2002.
---. *La luna siempre será un amor difícil*. México: Ediciones Corunda, 1994.
---. *Marcela y el rey al fin juntos*. México: Juan Boldó i Climent,
   Editores, 1988.
---. *Mujeres con traje de baño*. México: Universidad Pedagógica Nacional,
   1990.
---. *No quiero escribir no quiero*. México: Ediciones del H. Ayuntamiento
   de Toluca, 1993.
Crosthwaite, Luis Humberto, John William Byrd and Bobby Byrd, ed.
   Puro Border: Dispatches, Snapshots & Graffiti from La Frontera. Canada:
   Cinco Puntos Press, 2003.
Curtis, James R., Daniel D. Arreola. "Zonas de Tolerancia on the Northern
   Mexican Border." *Geographical Review* 81 (1991): 333-46.
Dear, Michael and Gustavo Leclerc, eds. *Postborder City: Cultural Spaces of
   Bajalta California*. United States: Taylor and Francis Books, Inc. 2003.
De las Casas, Bartolomé. *Brevísima relación de la destrucción de las Indias*.
   España: Ediciones Cátedra, 1984.
---. *Historia de las Indias*. 3 vols. México: Fondo de Cultura
   Económica, 1995.
Deleuze, Gilles and Félix Guattari. *A Thousand Plateaus. Capitalism and
   Schizophrenia*. United States: University of Minnesota Press, 2005.
Delmar, Fernando, y Cecilia Garza eds. *Nuevas fronteras Nuevos lenguajes
   New frontiers New languages*. México: Consulado General de México
   en San Diego, 1996.

Di Bella, José Manuel. *Nailed to the Wound*. United States: San Diego State University Press, 1993.
Di Bella, José Manuel, Paul Ganster, Sergio Gómez Montero, Harry Polkinhorn, Gabriel Trujillo Muñoz. *Antologías y memorias. Memoria del encuentro de literatura de las fronteras*. United States: Institute for Regional Studies of the Californias; Instituto de Cultura de Baja California, 1989.
Di Bella, José Manuel, Rogelio Reyes, Gabriel Trujillo Muñoz, y Harry Polkinhorn, eds. *Literatura de la frontera México – Norteamericana: cuentos U.S. / Mexican Border Literature: Short Stories*. United States: Editorial Binational Press, 1989.
Di Bella, José Manuel, Sergio Gómez Montero, y Harry Polkinhorn. *Memoria del Primer Encuentro de Escritores de las Californias*. United States: Institute for Regional Studies of the Californias, 1987.
Di Bella, Juan Antonio. *Yízus the man y los kiosko boys*. México: Editorial Yoremito, 1997.
Domecq, Brianda. *Mujer que publica. Mujer pública*. México: Editorial Diana, 1994.
Durand, Jorge. *Más allá de la línea: Patrones migratorios entre México y Estados Unidos*. México: Consejo Nacional para la Cultura y las Artes, 1994.
Edberg, Mark Cameron. *El Narcotraficante Narcocorridos & the Construction of a Cultural Persona on the US-Mexico Border*. United States: University of Texas Press, 2004.
Eisenhower, John S.D. *Intervention! The United States and the Mexican Revolution 1913-1917*. United States: W. W. Norton & Company, 1993.
Elizondo, Sergio D. "ABC: Aztlán, the Borderlands and Chicago." *Missions in Conflict. Essays on the U.S.-Mexican Relations and Chicano Culture*. Renate von Bardeleben, Dietrich Briesemeister y Juan Bruce-Novoa, eds. Germany: Gunter Narr Verlag Tübingen, 1986. 13-23.
Ellingwood, Ken. *Hard Line*. United States: Pantheon Books, 2004.
Estrella, Gabriel Valenzuela, Alejandro Canales Cerón, y María Eugenia Zavala de Cosío. *Ciudades de la frontera norte: migración y fecundidad*. Mexicali, México: Universidad Autónoma de Baja California, 1999.
Exterminador. "Las monjitas." *Nuestra historia*. México, 2003.
Fabriol, Anaïs. *La frontera en la narrativa de Gabriel Trujillo Muñoz*. North Carolina: Crunch! Editores, 2005.
Félix Berumen, Humberto. "Expresión y sentido en la poesía y la prosa de Rosina Conde." *Mujer y literatura mexicana y chicana. Culturas en contacto*. Eds. Aralia López González, Amelia Malagamba y Elena Urrutia. México: El Colegio de México y El Colegio de la Frontera Norte, 1990. 194-9.
---. *La frontera en el centro*. México: Universidad Autónoma de Baja California, 2005.

---. "La narrativa en Baja Califronia. Breve recuento." *Cultura Norte* 19 (Agosto-Sept., 1992): 11-16.
---. "La narrativa que vino del norte." *Esquina baja* 8 (Enero-Marzo): 26-31.
---. "La novela de Baja California. Brevísimo recuento." *Yubai* 18 (Abril-Junio): 35-37.
---. *Narradores bajacalifornianos del siglo XX*. México: Departamento Editorial de la Dirección de Desarrollo Cultural de ICBC, 2001.
---. *Texturas: ensayos y artículos sobre literatura de Baja California*. México: Universidad Autónoma de Baja California; Plaza y Valdés Editores, 2002.
---. *Tijuana la horrible: Entre la historia y el mito*. México: El Colegio de la Frontera Norte; Librería El Día, 2003.
Fiala, Robert, y Susan Tiano. *Maquila Employment and fertility in Mexicali, Mexico: a study of the dynamics of productive and reproductive relations*. Albuquerque, New Mexico: University of New Mexico, 2003.
Foucault, Michel. *Madness and Civilization. A History of Insanity in the Age of Reason*. United States: Vintage Books, 1988.
---. *Power/Knowledge: Selected Interviews & Other Writings*. United States: Panteón Books, 1980.
Fox, Claire F. "Fan Letters to the Cultural Industries: Border Literature about Mass Media." *The Literature and Popular Culture of the U.S.-Mexican Border* 25 (Winter 2001): 15-45.
---. "Left Sensationalists at the Transnational Crime Scene. Recent Detective Fiction from the U.S.-Mexico Border Region." *World Bank Literature*. Ed. Amitava Kumar. United States: University of Minnesota Press, 2003. 184-200.
---. *The Fence and the River. Culture and Politics at the U.S.-Mexico Border*. Minneapolis, MN: University of Minnesota Press, 1999.
Freixedo, Salvador. *La amenaza extraterrestre*. España: Editorial Bitácora, 1989.
Frysinger, Galen R. 2006. 10 July 2006 <http://www.galenfrysinger.com/tijuana.htm>.
Fuentes, Carlos. *Aura*. México: Ediciones Era, 1997.
---. *Cristóbal Nonato*. México: Fondo de Cultura Económica, 1987.
---. *Gringo Viejo*. México: Fondo de Cultura Económica, 1992.
---. *El espejo enterrado*. México: Fondo de Cultura Económica, 1992.
---. *La frontera de cristal: una novela en nueve cuentos*. México: Alfaguara, 1997.
Galarza, Ernesto. *Merchants of Labor. The Mexican Bracero Story*. United States: McNally & Loftin, Publishers, 1964.
García Canclini, Néstor. *Culturas híbridas. Estrategias para entrar y salir de la modernidad*. México: Editorial Grijalbo, 1990.
García Canclini, Néstor, Patricia Safa y Lourdes Grobet. *Tijuana, la casa de toda la gente*. México: Programa Cultural de las Fronteras: 1989.

Gómez Estrada, José Alfredo. "Breve historia de un oscuro estigma."
    Yubai 2 (1993): 21-30.
Gómez Montero, Sergio. *Los caminos venturosos: Ensayos sobre literatura*.
    México: Universidad Autónoma de Baja California, 1987.
---. *Sociedad y desierto: Literatura en la frontera norte*. México: Universidad
    Pedagógica Nacional, 1993.
---. *The Border the Future of Postmodernism*. United States: San Diego
    State University Press, 1994.
---. *Tiempos de cultura, tiempos de frontera*. México: Fondo Regional para la
    Cultura y las Artes, 2003.
Gómez – Peña, Guillermo. *Dangerous Border Crossers: The Artist Talks Back*.
    London: Routledge, 2000.
---. *The New World Border: Prophecies, Poems & Loqueras for the End of the
    Century*. United States: City Lights Books, 1996.
---. *Warrior for Gringostroika*. United States: Graywolf Press, 1993.
Gómez – Peña, Guillermo, Enrique Chagoya, and Felicia Arce. *Codex
    Espangliensis: From Columbus to the Border Patrol*. Hong Kong: City
    Lights Books and Moving Parts Press, 2000.
Gómez – Peña, Guillermo, and Roberto Sifuentes. *Temple of confessions:
    Mexican beasts and living santos*. New York: PowerHouse Books, 1996.
González, Álvaro. "La primera frontera." *Punto G La crónica*.
    (Septiembre 2003): 1-5. *Punto G*. 5 de marzo, 2006
    <http://www.puntog.com.mx/>.
Greene, Graham. *Another Mexico*. United States: The Viking Press, 1968.
---. *The Travel Books of Graham Greene. Journey Without Maps The Lawless
    Roads*. Great Britain: Mercury Books, 1963.
Güemes, César. "Jesús Malverde: de bandido generoso a santo laico."
    Punto G El reportaje. (Agosto 2000): 1-11. *Punto G*. 5 de marzo,
    2006 <http://www.puntog.com.mx/>.
Hernández Gómez, Emilio. *Desarrollo industrial y polarización socio espacial
    en Tijuana, Baja California*. México: Universidad Autónoma de
    Baja California, 2002.
Hershfield, Joanne, and David R. Maciel, eds. *México's Cinema: A Century
    of Film and Other Filmmakers*. United States: Scholarly Resources, 1999.
Herzog, Lawrence A. *From Aztec to High Tech. Architecture and Landscape
    across the Mexico-United States Border*. United States: The Johns
    Hopkins University Press, 1999.
---. *Planning the International Border Metrópolis*. United States: Center
    for U. S. – Mexican Studies University of California,
    San Diego, 1986.
---, ed. *Shared Space: Rethinking the U. S. – México Border Environment*.
    United States: Centre for U. S. – Mexican Studies at the University
    of California, San Diego, 2000.
---. *Where North Meets South:Cities, Space, and Politics on the U.S.- México*

Border. United States: Center for Mexican American Studies, University of Texas at Austin, 1991.
Hicks, Emily D. *Border Writing The Multidimensional Text*. United States: University of Minnesota Press, 1991.
---. "Deterritorialization and Border Writing." *Memoria del Primer Encuentro de Escritores de las Californias*. Ed. José Manuel Di-Bella, Sergio Gómez Montero y Harry Polkinhorn. México: Institute for Regional Studies of the Caliornias, 1987. 80-89.
Hill, Sara. *Domesticated Responsibility: The Making of the U.S. – Mexico Border Environment*. Diss. John Hopkins University, 2000.
Homero. *La Odisea*. Chile: Editorial Ercilla, 1985.
Huizinga, Johan. *Homo ludens*. España: Emecé Editores, 1996.
Iglesias, Prieto. *Entre yerba, polvo y plomo: lo fronterizo visto por el cine mexicano*. 2 vols. México: El Colegio de la Frontera Norte, 1991.
Iglesias, Prieto Norma. *Beautiful Flowers of the Maquiladora*. United States: University of Texas Press, 1997.
Ikas, Karin R. *Chicana Ways. Conversations with Ten Chicana Writers*. United States: University of Nevada Press, 2002.
Insley, Jennifer. "Redefinig Sodom: A Latter-Day Vision of Tijuana." *Mexican Studies/Estudios Mexicanos* 20(1) Winter (2004): 99-121.
Juderías, Julián. *La leyenda negra*. España: Casa Editorial Araluce, 1926.
Kearny, Milo and Mannuel Medrano. *Medieval Culture and the Mexican American Borderlands*. United States: Texas A & M University Press, 2001.
King, Rosemary A. *Border Confluences. Border Narratives from the Mexican War to the Present*. United States:The University of Arizona Press, 2004.
Klahn, Norma. "Writing the Border: The Languages and Limits of Representation." *Common Border, Uncommon Paths*. Eds. Jaime E. Rodríguez and Kathryn Vincent. United States: Scholarly Resources, 1997.
Lamb, Jefferey Norman. *Identities on the Margin: Perspectives of Cisneros, Conde, Crosthwaite and Morales*. Diss. University of California Los Angeles, 1997.
Laufer, Peter. *Wetback Nation*. United States: Ivan R. Dee, 2004.
Leiker, James N. *Racial Borders: Black Soldiers Along the Rio Grande*. United States: Texas A & M University Press, 2002.
León – Portilla Miguel. *La California mexicana ensayos acerca de su historia*. México: Universidad Autónoma de México, Universidad Autónoma de Baja California, 2000.
Leasure, Thomas B. *All the Southwest*. United States: Arian Publications, 1974.
Lieurance, Suzanne. *The Prohibition Era in American History*. United States: Enslow Publishers, Inc, 2003.
López González, Aralia, comp. *Sin imágenes falsas sin falsos espejos*. México:

El Colegio de México, 1995.
Lorey, David E. *The U.S. Mexican Border in the Twentieth Century*. United States: Scholarly Resources Inc., 1999.
Los Tigres del Norte. "Jefe de jefes." *Jefe de jefes*. México, 1997.
Los Tucanes de Tijuana. 25 May 2006 <http://www.lostucanesdetijuana.com>.
Los Tucanes de Tijuana. "Mis tres animales." *14 tucanazos bien pesados*. México, 1995.
Lotman, Jurij M. Escuela de Tartu. *Semiótica de la cultura*. Madrid: Ediciones Cátedra, 1979.
Lucy, Niall. *Postmodern Literary Theory An Introduction*. United States: Blackwell Publishers Ltd, 1998.
Maciel, David R. *El México olvidado I: La Historia del Pueblo Chicano*. México: Universidad Autónoma de Ciudad Juárez; University of Texas at El Paso, 1996.
Maltby, William S. *The Black Legend in England*. United States: Duke University Press, 1971.
Martínez, Oscar J,ed. *U.S. – México Borderlands: Historical and Contemporary Perspectives*. United States: Jaguar Books and Scholarly Resources Inc., 1996.
Martínez, Rubén. *The Other Side: Notes from the New L.A., México City, and Beyond*. United States: First Vintage Departures Edition, 1993.
Meet the Players: The Tijuana Drug Cartel. Prod. ABC NEWS. Videocasete. 2001.
Méndez, Miguel. *Que no mueran los sueños*. México: Biblioteca Era, 1991.
Mendoza, Vicente T. *El corrido mexicano*. México: Fondo de Cultura Económica, 2003.
Menéndez, Pidal R. *Flor nueva de romances viejos*. España: Espasa-Calpe, 1968.
Messmacher, Miguel. *La interdependencia de la frontera norte de México*. México: Cuadernos de la Casa Chata, 1983.
Mignolo, Walter D. *Local Histories/Global Designs: Coloniality, Subaltern Knowledges, and Border Thinking*. United States: Princeton University Press, 2000.
---. "The Many Faces of Cosmo-polis: Border Thinking and Critical Cosmopolitanism." *Public Culture* 3 (2000): 721-748.
Moi, Toril. *Teoría literaria feminista*. España: Cátedra, 1988.
Moliner, María. *María Moliner: Diccionario de uso del español*. España: Gredos, 2001.
Monsiváis, Carlos. "La reinvención de Tijuana, frontera y transfrontera." *Tijuana Sessions*. Madrid: Turner, 2005. 12-24.
Mora, Pat. *Nepantla. Essays from the Land in the Middle*. Albuquerque: University of New Mexico Press, 1993.
Moyano Pahissa, Ángela. "La invasión norteamericana. 1846-1848."

Una visión histórica de la frontera Norte de México. Tomo I La frontera en general. Comp. Piñera Ramiréz, David. México: Editorial Kino, 1994.

Mummert, Gail, ed. *Fronteras fragmentadas*. México: Colegio de Michoacán, 1999.

Norman Lamb, Jeffrey. *Identities on the Margin: Perspectives on Cisneros, Conde, Crosthwaite and Morales*. Diss. University of California, Los Angeles, 1997.

Ochoa, John A. *The Uses of Failure in Mexican Literature and Identity*. United States: University of Texas Press, 2004.

Ortuño, Antonio. "Un puñado de polvo." *Punto G La crónica*. (Agosto 2002): 1-11. *Punto G*. 5 de marzo, 2006 <http://www.puntog.com.mx/>.

Paredes, Américo. *"With His Pistol in His Hand": A Border Ballad and Its Hero*. Austin: University of Texas Press, 1958.

Parra, Eduardo Antonio. "Norte, narcotráfico y literatura." October 2005 *Letras libres.com*. 26 May 2006 <http://www.letraslibres.com>.

---. *Nadie los vio salir*. México: Biblioteca Era, 2001.

Pat Brady, Mary. *Extinct Lands, Temporal Geographies: Chicana Literature and the Urgency of Space*. United States: Duke University Press, 2002.

Paz Octavio. *El laberinto de la soledad*. México: Fondo de Cultura Económica, 1994.

---. *México en la obra de Octavio Paz*. México: Fondo de Cultura Económica, 1987.

Pereira, Armando, Rogelio Arenas Monrreal, Santiago Vaquera Vásquez, Laura Cázares, Edmundo Valadés, Alverto Vital, Beatriz Espejo, Esteban Martínez Sifuentes, Florbela Rebelo Gomes, Pablo Brescia, Francoise Perus, Graciela Martínez-Zalce, Mario Muñoz, Humberto Felix Berumen, y José Homero. *Hacerle al Cuento la ficción de México*. México: Universidad Autónoma de Tlaxcala, 1994.

Piñera Ramiréz, David, cod. *Una visión histórica de la frontera Norte de México*. 6 vols. México: Editorial Kino, 1994.

Polkinhorn, Harry. "Alambrada: Hacia una teoría de la escritura fronteriza." Polkinhorn, Harry, Gabriel Trujillo Muñoz, and Rogelio Reyes, eds. Binational Press/Editorial Binacional, 1988. 29-36.

Polkinhorn, Harry, and José Manuel Di Bella, ed. *Encuentro internacional de literature de la frontera Borderlands Literature Towards an Integrated Perspective*. México: Institute for Regional Studies of the Californias San Diego State University; XIII Ayuntamiento de Mexicali Baja California, 1990.

Polkinhorn, Harry, Rogelio Reyes, Gabriel Trujillo Muñoz y Tomás Di Bella, ed. *Artes plásticas en la frontera México/Estados Unidos*. México: Editorial Binacional Press, 1991.

Polkinhorn, Harry, Gabriel Trujillo Muñoz, and Rogelio Reyes, eds. *Bodies Beyond Borders: Dance on the U.S. – México Border*. México:

Binational Press/Editorial Binacional, 1994.
---, eds. *Border Lives: Personal Essay on the U.S. – México Border*. México: Binational Press / Editorial Binacional, 1995.
---, eds. *La línea: ensayos sobre literatura fronteriza. México-Norteamericana*. México: Editorial Binational Press, 1988.
---, eds. *Open Signs: Language and Society on the United States-Mexico Border*. México: Binational Press/Editorial Binacional, 1993.
---, eds. *The Flight of the Eagle: Poetry on the U.S.-Mexico Border*. México: Binational Press/Editorial Binacional, 1993.
Polkinhorn, Harry, & Mark Weiss eds. *Across the Line / Al otro lado*. United States: Junction Press, 2002.
Poniatowska, Elena. *Las mil y una ... (la herida de Paulina)*. México: Plaza & Janés Editores, 2000.
Price, Patricia L. *Dry Place: landscapes of belonging and exclusion*. United States: University of Minnesota Press, 2004.
---. "Of Bandits and Saints: Jesús Malverde and the Struggle for Place in Sinaloa, Mexico." *Cultural Geographies*. 12 (2005): 175-97.
Puig, Manuel. *Recuerdo de Tijuana*. España: Editorial Seix Barral, 1985.
Quinones, Sam. *True Tales from Another México*. Albuquerque: University of New México Press, 2001.
Ragland-Sullivan, Ellie. *Jacques Lacan and the Philosophy of Psychoanalysis*. Chicago: University of Illinois Press, 1986.
Ramírez-Pimienta Juan Carlos. Home page. January 31 2006. 15 May 2006 <http://www-rohan.sdsu.edu/~jcramire/>
---. "Corrido de narcotráfico en los años ochenta y noventa: un juicio moral suspendido." *The Bilingual Review / La Revista Bilingüe*. XXIII (May-Aug 1998) 145-56.
. "Del corrido de narcotráfico al narcocorrido: Orígenes y desarrollo del canto a los traficantes." *Studies in Latin American Popular Culture* 23 (2004): 21-41.
Rentería Arróyave, Teodoro. "Zapateando." *Ya son 22 periodistas asesinados en este sexenio* March 2006. 5 June 2006 <http://zapateando.wordpress.com/2006/03/13/ya-son-22-periodistas-asesinados-en-este-sexenio>.
Rippberger, Susan J., and Kathleen A Staudt. *Pledging Allegiance: Learning Nationalism at the El Paso – Juárez Border*. United States: Routledge Falmer, 2003.
Riquer, Martin de. *Los Trovadores, I*. Barcelona: Planeta, 1975.
Rodríguez Lozano, Miguel G. "De fronteras asediadas: sobre *El festín de los cuervos* de Gabriel Trujillo Muñoz." *El norte y su frontera en la narrativa policiaca mexicana*. Eds. Juan Carlos Ramírez-Pimienta y Salvador C. Fernández. México: Occidental Collage y Plaza y Valdés, 2005. 23-37.
Romero, Martín. *Comicópolis: Periodismo cultural*. México: Consejo Nacional para la Cultura y las Artes, 1999.

Romero, Rolando. "Border of Fear Border of Desire." *Borderlines. Studies in American Culture* 1 (1993): 36-70.
Rosina Conde. Ed. Francisco Rocha. 2005. 20 June 2006 <http://www.rosinaconde.com.mx/>.
Rotella Sebastian. *Twilight on the Line*. United States: W.W. Norton & Company, 1998.
Rulfo, Juan. *El llano en llamas*. México: Fondo de Cultura Económica, 1996.
---. *Pedro Páramo*. México: Fondo de Cultura Económica, 1994.
Ruiz, Eduardo Ramón. *On the Rim of México: Encounters of the Rich and the Poor*. United States: Westview Press, 1998.
Ruiz, Eduardo Ramón, and Olivia Teresa Ruiz, comps. *Reflexiones sobre la identidad de los pueblos*. México: El Colegio de la Frontera Norte, 1996.
Ruiz, Vicki L., and Susan Tianco, eds. *Women on the U.S. – México Border: Responses to Change*. United States: Allen & Unwin, Inc., 1987.
Saavedra, Rafa. *Buten smileys*. México: Editorial Yoremito, 1997.
Sada, Daniel. *Albedrío*. México: Tusquets Editores, 2001.
---. *Una de dos*. España: Alfaguara, 1994.
Said, Edward W. *Culture and Imperialism*. United States: Vintage Books, 1993.
---. *Orientalism*. United States: Viintage Books, 1994.
Saldívar, José David. *Border Matters: Remapping American Cultural Studies*. United States: University of California Press, 1997.
Sánchez Ramírez, Óscar. "El problema de las drogas en Baja California a principios del siglo XX. *Calafia* IX.2 (Junio 1999): 48-53.
Sanmiguel, Rosario. *Callejón Sucre y otros relatos*. México: Ediciones de Azar A. C., 1994.
Saravia, Quiroz Leobardo ed. *Line of Fire: Detective Stories from the Mexican Border*. United States: San Diego State University Press, 1996.
---. "De la leyenda negra a la ciudad multiple y compleja." *Cultura Norte*. 1 (1988): 7-10.
Schantz, Eric Michael. *From the Mexicali Rose to the Tijuana Brass: Vice Tours of the United States-Mexico Border, 1910-1965*. Diss. University of California Los Angeles, 2001.
Simpson, Amelia S. *Detective Fiction from Latin America*. United States: Associated University Presses, 1990.
Skar Alba, Stacey, D. *Voces Híbridas. La Literatura de Chicanas y Latinas en Estados Unidos*. Chile: RiL Editores, 2000.
Spener David, and Kathleen Staudt, eds. *The U.S. México Border: Trascending Divisions, Contesting Identities*. United States: Lyenne Rienner Publishers, 1998.
Stavans, Ilan. *Antiheroes. Mexico and Its Detective Novel*. Trans. Jesse H. Lytle and Jennifer A. Mattson. United States: Associated University Presses, 1997.

EDGAR COTA TORRES

Sylvère, Lotringer ed. *The Collected Interviews of William S. Burroughs. Burroughs Live 1960-1997.* United States: Semiotext(e), 2001.
Tabuenca, Socorro Córdoba. *La frontera textual y geográfica en dos narradoras de la frontera norte mexicana: Rosina Conde y Rosario Sanmiguel.* Diss. State University of New York at Stony Brook, 1997.
---. "Mecerse entre fronteras. La literatura de mujeres fronterizas mexicanas y chicanas." *Quimera* 258 (junio 2005): 1-3. *Quimera.* 27 Aug 2005 <<http://www.revistasculturales.com/verRevista.php?cod=43>>.
---. *Mujeres y Fronteras Una perspectiva de género.* México: Instituto Chihuahuense de la Cultura, 1998.
Tarres, María Luisa, comp. *La voluntad de ser mujer.* México: El Colegio de México, 1997.
Tatum, Charles M. *La literatura chicana.* México: Consejo Nacional de Fomento Educativo, 1985.
Torrans, Thomas. *Forging the Tortilla Curtain.* United States: TCU Press, 2000. Trujillo Muñoz, Gabriel.
Torres, Vicente Francisco, comp. *El cuento policial mexicano.* México: Editorial Diógenes, 1982.
Trujillo Muñoz, Gabriel. "Conflictos y espejismos: la narrativa policiaca fronteriza mexicana." *El norte y su frontera en la narrativa policiaca mexicana.* Eds. Juan Carlos Ramírez-Pimienta y Salvador C. Fernández México: Occidental Collage y Plaza y Valdés, 2005. 23-37.
---. *El festín de los Cuervos. La saga de Miguel Ángel Morgado.* México: Grupo Editorial Norma, 2002.
---. *Entrecruzamientos. La cultura bajacaliforniana, sus autores y sus obras. de Baja California.* México: Universidad Autónoma de Baja California y Plaza y Valdés Editores, 2002.
---. *Gambusino de las letras. Textos en torno a la vida y obra de Gabriel Trujillo Muñoz (1981-2001).* Mexicali: Lito-Impremex, 2002.
---. *La cultura bajacaliforniana y otros ensayos afines.* México: Consejo Nacional para la Cultura y las Artes y Centro Cultural Tijuana, 2005.
---. "La frontera: Visiones vagabundas." *Puentelibre: Revista de Cultura.* 3 (1994): 4-15.
---. "La literatura bajacaliforniana contemporánea: el punto de vista femenino." *Mujer y literatura mexicana y chicana, culturas en contacto.* (1990): 177-87.
---. *Mensajeros de Heliconia. Capítulos sueltos de las letras bajacalifornianas 1832-2004.* México: Universidad Autónoma de Baja California, 2004.
---. *Mexicali centenario: una historia comunitaria.* México: Universidad Autónoma de Baja California, 2003.
---. "Mexican Narrative at the End of the Century: A Tourist Guide." *Fiction International 25. Special Issue: Mexican Fiction.* (1994): 1-11.
---. *Mitos y leyendas de Mexicali.* Mexicali: Editorial Larva, 2003.

---. *Tijuana City Blues*. México: Sansores y Fernández Editores, S.A de C.V., 1999.
---. *Trebejos*. México: Instituto de Cultura de Baja California, 2001.
Trujillo Muñoz, Gabriel, y Edgar Gómez Castellanos, comp. *Mexicali escenarios y personajes*. México: Universidad Autónoma de Baja California, 1987.
Urrea, Luis Alberto. *By the Lake of the Sleeping Children: the Secret Life of the Mexican Border*. United States: Anchor Books, 1996.
Valadés, Adrián. *Historia de la Baja California 1850/1880*. México: Universidad Autónoma de México, 1974.
Valenzuela Arce, José Manuel, comp. *Por las fronteras del norte: una aproximación cultural a la frontera México-Estados Unidos*. México: Consejo Nacional para la Cultura y las Artes, Fondo de Cultura Económica, 2003.
---, *Jefe de jefes Corridos y narcocultura en México*. México: Plaza & Janés, 2002.
Vaquera –Vásquez, Santiago R. Tijuana Postcards: geografías imaginarias." *Revista Latina de Literatura, Arte y Cultura*. 1 (1997): 22-31.
---. "Wandering in the Borderlands: Mapping and Imaginative Geography of the Border." *Latin American Issues* 14 (1998): 107-32.
---, *Wandering Stories: Place, Itinerancy, and Cultural Liminality in the Borderlands*. Diss. University of California Santa Barbara, 1997.
Vázquez, Francisco M. "A la sombra del pollero." *Punto G El reportaje*. (Diciembre 2001): 1-6. *Punto G*. 5 de marzo, 2006
< http://www.puntog.com.mx/>.
Vélez – Ibáñez, Carlos G. *Border Visions: Mexican Cultures of the Southwest United States*. United States: The University of Arizona Press, 1996.
Vélez Quero, Silvia Elena. "La "Guerra contra las drogas" y la frontera México-Estados Unidos." *El cotidiano: Revista de la realidad mexicana actual*. (julio-agosto 1996): 33-41.
Vila, Pablo. *Crossing Borders, Reinforcing Borders:Social Categories, Metaphors, and Narrative Identities on the U.S. – Mexico Frontier*. United States: University of Texas Press, 2000.
---, ed. *Ethnography at the Border*. United States: University of Minnesota Press, 2003.
Villalobos, José Pablo and Juan Carlos Ramírez Pimienta. "Corridos and la pura verdad: Myths and Realities of the Mexican Ballad." *South Central Review* 21.3 (Fall 2004) 129-49.
Villanueva, Tino. *Chicanos Antología histórica y literaria*. México: Fondo de Cultura Económica, 1980.
Wald, Elijah. *Narcocorrido Un viaje al mundo de la música de las drogas, armas y Guerrilleros* New York: Rayo, 2001.
Weeks, Jonh R., and Roberto Ham-Chande, eds. *Demographic Dynamics of the U.S. – Mexico Border*. United States: Texas Western Press, 1992.
Weisman, Alan. *La Frontera*. United States: Harcourt Brace Jovanovich,

Publishers, 1986.
Yates, Donald A, ed. *Latin Blood. The Best Crime and Detective Stories of South America*. United States: Herder and Herder, 1972.
Yépez, Heriberto. *Cuentos para oír y huir al Otro Lado*. México: Universidad Autónoma.
---. "Tijuana: Procesos de una ciudad de ciencia ficción sin futuro." *Tijuana Sessions*. Madrid: Turner, 2005. 36-43.
Zúñiga, Víctor. *Voces de la frontera: Estudios sobre la dispersión cultural en la frontera   México – Estados Unidos*. México: Universidad Autónoma de Nuevo León, 1998.

LA LEYENDA NEGRA

Se terminó de imprimir en abril de 2007 en la planta de producción
e impresión digital de *Editorial Orbis Press*.
El cuidado de la edición estuvo a cargo
del Dr. Manuel Murrieta Saldívar,
fundador y editor general.

It was printed in April 2007. The edition and publishing process were under
the supervision of Manuel Murrieta, Ph.D., editor in chief of *Editorial Orbis Press*.

Para adquirir este libro con fines académicos,
venta individual o en librerías, por favor diríjase a:

Oficinas e imprentas de:
Editorial Orbis Press
414 W. Flower St.
Phoenix, Arizona 85013
USA
Phone/Tel. (602) 264-5011
Fax (602) 604-8179
editor@orbispress.com
www.orbispress.com

OFICINAS EN MÉXICO:
General Pedro Anaya # 20
Colonia La Huerta
Hermosillo, Sonora
Tel. (662) 285-1080

www.ingramcontent.com/pod-product-compliance
Lightning Source LLC
Chambersburg PA
CBHW062021220426
43662CB00010B/1424